MÉMOIRES

SUR LA VIE PRIVÉE

DE MARIE-ANTOINETTE,

REINE DE FRANCE ET DE NAVARRE;

SUIVIS

DE SOUVENIRS ET ANECDOTES HISTORIQUES SUR LES RÈGNES
DE LOUIS XIV, DE LOUIS XV ET DE LOUIS XVI.

PAR Mme CAMPAN,

LECTRICE DE MESDAMES,
ET PREMIÈRE FEMME DE CHAMBRE DE LA REINE.

TOME TROISIÈME.

Deuxième Édition.

PARIS.
BAUDOUIN FRÈRES, LIBRAIRES,
RUE DE VAUGIRARD, N° 36.

1823.

COLLECTION
DES MÉMOIRES

RELATIFS

A LA RÉVOLUTION FRANÇAISE.

MÉMOIRES

(INÉDITS)

DE MADAME CAMPAN.

DE L'IMPRIMERIE DE J. TASTU,
RUE DE VAUGIRARD, N° 36.

MÉMOIRES
DE
MADAME CAMPAN.

SOUVENIRS, PORTRAITS, ANECDOTES.

AVANT-PROPOS
DE L'AUTEUR.

Il existe tant de livres, qu'avec un talent médiocre dans l'art d'écrire, il est impardonnable d'en faire de nouveaux. Blâmant cette triste manie, je n'ai nullement la faiblesse de m'en laisser atteindre; mais la destinée m'ayant placée près des têtes couronnées, je me plais, dans ma solitude, à réunir quelques faits qui, après moi, pourront intéresser ma famille. Déjà j'ai recueilli tout ce qui concernait l'intérieur d'une princesse infortunée dont la réputation est encore obscurcie par les atteintes de la calomnie, et qui méritait mieux de la justice des hommes, soit durant le cours de sa vie, soit après avoir succombé. Ces Mémoires, qui sont terminés depuis dix ans, ont obtenu les suffrages de quelques gens de goût; et mon fils, après moi, pourra les faire imprimer (1). J'ignore si mes souvenirs mériteront de voir le jour; mais en m'occupant de les écrire, je me distrais; je passe des heures plus calmes; et, autant que peut me le permettre un cœur sensible, je m'éloigne des scènes douloureuses dont je suis en ce moment environnée. L'idée de réunir tout ce que ma mémoire peut me rappeler d'intéressant, m'est venue en parcourant l'ouvrage intitulé *Paris, Versailles et les Provinces au dix-huitième siècle*. Ce recueil, composé par un homme de bonne compagnie, est plein d'anecdotes piquantes, et presque toutes ont été reconnues pour vraies par les contemporains de l'auteur. De semblables compilations valent bien ces amas, ces recueils de bons mots, de calembours, qui étaient en vogue il y a cinquante ans. On y trouve des faits; on y reconnaît des personnages qui ont

---

(1) Madame Campan, en écrivant ces lignes, ne pensait guère que la mort de son fils dût précéder la sienne. Voyez la notice.

(*Note de l'édit.*)

joué des rôles marquans. On y peut puiser quelque expérience, ce bien si précieux que nous acquérons par des erreurs, que l'âge rend presque inutile, et qui se transmet si imparfaitement.

ANECDOTES

DU

RÈGNE DE LOUIS XIV.

ANECDOTES

DU

RÈGNE DE LOUIS XIV.

Il existait à Versailles, avant la révolution, des usages et même des mots dont peu de gens ont connaissance. Le dîner du roi s'appelait *la viande du roi*. Deux gardes-du-corps accompagnaient les gens qui portaient le dîner; on se levait à leur passage dans les salles, et on disait : « C'est *la viande du roi*. » Tous les services de prévoyance s'appelaient des *en cas*. Quelques chemises et des mouchoirs conservés dans une corbeille, chez le roi ou chez la reine, en cas que Leurs Majestés voulussent changer de linge sans envoyer à leur garde-robe, formaient le paquet d'*en cas*. Leurs vêtemens, apportés dans de grandes corbeilles ou dans des toilettes de taffetas vert, s'appelaient le *prêt* du roi ou de la reine. Ainsi le service se demandait : « Le *prêt* du roi est-il arrivé ? » Un garde-du-corps disait : « Je suis d'*en cas* dans la forêt de Saint-Germain. » Le soir, on apportait chez la reine un grand bol de bouillon, un poulet rôti froid, une bouteille de vin, une d'orgeat, une de limonade et quelques autres objets : cela s'appelait l'*en cas* de la nuit.

Un vieux médecin ordinaire de Louis XIV, qui existait encore lors du mariage de Louis XV, raconta au père de M. Campan une anecdote trop marquante pour qu'elle soit restée inconnue. Cependant ce vieux médecin, nommé M. *Lafosse*, était un homme d'esprit, d'honneur, et incapable d'inventer cette histoire. Il disait que Louis XIV ayant su que les officiers de sa chambre témoignaient, par des dédains offensans, combien ils étaient blessés de manger à la table du contrôleur de la bouche avec Molière, valet de chambre du roi, parce qu'il avait joué la comédie, cet homme célèbre s'abstenait de se présenter à cette table. Louis XIV, voulant faire cesser des outrages qui ne devaient pas s'adresser à l'un des plus grands génies de son siècle, dit un matin à Molière à l'heure de son petit lever : « On dit que vous faites maigre » chère ici, Molière, et que les officiers de ma » chambre ne vous trouvent pas fait pour manger » avec eux. Vous avez peut-être faim, moi-même » je m'éveille avec un très-bon appétit ; mettez-» vous à cette table, et qu'on me serve mon *en cas* » *de nuit*. » Alors le roi, coupant sa volaille et ayant ordonné à Molière de s'asseoir, lui sert une aile, en prend en même temps une pour lui, et ordonne que l'on introduise les entrées familières qui se composaient des personnes les plus marquantes et les plus favorisées de la cour. « Vous me » voyez, leur dit le roi, occupé de faire manger Mo-» lière que mes valets de chambre ne trouvent pas

» assez bonne compagnie pour eux. » De ce moment, Molière n'eut plus besoin de se présenter à cette table de service, toute la cour s'empressa de lui faire des invitations (1).

---

(1) Cette anecdote est peut-être une de celles qui honorent le plus le caractère et la vie de Louis XIV. On est touché de voir ce roi superbe, accueillant, dans le comédien Molière, l'immortel auteur du Misanthrope et du Tartufe. Voilà par quels traits un prince qui a de la grandeur sait venger le génie de la sottise et le récompenser de ses travaux.

Louis XV aussi voulut encourager les lettres, mais il ne put leur accorder que cette protection froide et hautaine, qu'aucune grâce, qu'aucun mouvement bienveillant n'accompagne, et qui alors humilie plus qu'elle ne touche.

Les piquans Mémoires de madame du Hausset contiennent le passage suivant :

« Le roi qui admirait tout ce qui avait rapport au siècle de Louis XIV, en rappelant que les Boileau, les Racine, avaient été accueillis par lui, et qu'on leur attribuait une partie de l'éclat de ce règne, était flatté qu'il y eût sous le sien un Voltaire; mais il le craignait et ne l'estimait pas. Il ne put s'empêcher de dire : « Je l'ai aussi bien traité que Louis XIV a traité Racine et Boileau; » je lui ai donné, comme Louis XIV à Racine, une charge de » gentilhomme ordinaire et des pensions. Ce n'est pas ma faute » s'il a la prétention d'être chambellan, d'avoir une croix et de » souper avec un roi. Ce n'est pas la mode en France; et, comme » il y a plus de beaux esprits et de plus grands seigneurs qu'en » Prusse, il me faudrait une bien grande table pour les réunir » tous. » Et puis il compta sur ses doigts : Maupertuis, Fontenelle, La Motte, Voltaire, Piron, Destouches, Montesquieu, le cardinal de Polignac. « Votre Majesté oublie, lui dit-on, » D'Alembert et Clairault. — Et Crébillon, dit-il, et la Chaussée.

Ce même M. de Lafosse racontait aussi qu'un chef de brigade des gardes-du-corps, chargé de placer à la petite salle de comédie dans le palais de Versailles, fit sortir avec humeur un contrôleur du roi, qui était venu prendre sur une banquette la place que lui assignait la charge dont il était nouvellement pourvu. Ses protestations sur son état, sur son droit, tout fut inutile. Le démêlé s'était terminé par ces mots du chef de brigade : « Messieurs les gardes-du-corps, faites votre devoir. » Dans ce cas, le devoir était de prendre la personne et de la mettre à la porte. Ce contrôleur, qui avait payé sa charge soixante ou quatre-vingt mille francs,

---

» — Crébillon le fils, dit quelqu'un ; il doit être plus aimable » que son père, et il y a encore l'abbé Prevôt et l'abbé d'Olivet. » — Hé bien! dit le roi, tout cela, depuis vingt-cinq ans, aurait » dîné ou soupé avec moi. »

Il y a quelque chose de vrai dans ces réflexions, et le trait d'humeur contre la Prusse et assez piquant ; mais que le fond de la pensée, le dédain du prince et son orgueil révolté, se font bien voir dans ces mots : « *Tout cela* depuis vingt-cinq ans aurait dîné ou soupé chez moi ! » Qu'est-ce donc pour des hommes comme Voltaire, qu'un titre de gentilhomme, que des pensions et des croix, s'ils ne trouvent point dans le prince cette politesse qui les attire et cette affabilité qui les honore? Les lettres devaient trouver un jour un plus noble protecteur dans un des descendans de Louis XIV.

(*Note de l'édit.*)

était un homme de bonne famille, et qui avait eu l'honneur de servir le roi vingt-cinq ans dans un de ses régimens. Ainsi, honteusement chassé de cette salle, il vint se placer sur le passage du roi dans la grande salle des gardes, et, s'inclinant devant Sa Majesté, lui demanda de rendre l'honneur à un vieux militaire qui avait voulu terminer ses jours en servant son souverain dans sa maison civile, quand son âge lui interdisait le service des armes. Le roi s'arrêta, écouta son récit fait avec l'accent de la douleur et de la vérité, puis lui ordonna de le suivre. Le roi assistait au spectacle dans une espèce d'amphithéâtre où était son fauteuil ; derrière lui était un rang de plians pour le capitaine des gardes, le premier gentilhomme de la chambre et d'autres grands officiers. Le chef de brigade avait droit à une de ces places ; le roi s'arrêtant à la place qu'il devait occuper, dit à son contrôleur : « Monsieur, prenez près de moi, pour
» ce soir, la place de celui qui vient de vous of-
» fenser, et que l'expression de mon mécontente-
» ment pour cette injuste offense vous tienne lieu
» de toute autre réparation. »

Dans les dernières années de la vie de Louis XIV, ce prince ne sortait plus qu'en chaise à porteurs, et témoignait une grande bienveillance pour un nommé *d'Aigremont*, son porteur de devant, qui ouvrait toujours la portière de la chaise. La plus petite préférence accordée par les souverains au moindre de leurs serviteurs ne manque jamais d'être remarquée (1). Le roi avait fait quelque bien à la nombreuse famille de cet homme, et lui parlait souvent. Un abbé, attaché à la chapelle, s'avisa de le prier de remettre au roi un placet dans lequel il suppliait Sa Majesté de lui accorder un bénéfice. Louis XIV n'approuva pas la confiante démarche de son porteur, et lui dit d'un ton très-fâché : « D'Aigremont, on vous fait faire une chose très-» déplacée, et je suis sûr qu'il y a de la *simonie* » là-dedans. — Non, Sire, il n'y a pas la moindre » *cérémonie* là-dedans, reprit ce pauvre homme » d'un air très-effrayé; M. l'abbé m'a dit qu'il me » baillerait cent louis pour cela. — D'Aigremont,

---

(1) Une anecdote, que probablement l'auteur ignorait, justifie sa réflexion. De très-grands personnages ne dédaignaient pas de descendre jusqu'à d'Aigremont. « Lauzun, dit madame la duchesse d'Orléans dans ses Mémoires *, Lauzun fait quelquefois le niais, afin de pouvoir dire impunément aux gens leur fait; car il est très-malicieux. Pour faire sentir au maréchal de Tessé qu'il avait tort de se familiariser avec les gens du commun, il s'écria dans le salon de Marly : « Maréchal, donnez-moi un peu de ta-» bac; mais du bon, de celui que vous prenez le matin avec » M. d'Aigremont, le porteur de chaise. »

(*Notes de l'édit.*)

* Les *Mémoires de la duchesse d'Orléans*, beaucoup plus piquans que discrets et réservés, ont été publiés en 1822 chez Ponthieu, libraire, au Palais-Royal.

» dit le roi, je pardonne à ton ignorance et à
» ta sincérité; je te ferai donner les cent louis
» sur ma cassette, et je te ferai chasser la pre-
» mière fois que tu t'aviseras de me présenter un
» placet. »

Louis XIV était fort bon pour ses serviteurs intimes; mais aussitôt qu'il prenait son attitude de souverain, les gens les plus accoutumés à le voir dans ses habitudes privées étaient aussi intimidés que si, pour la première fois de leur vie, ils paraissaient en sa présence. Des membres de la maison civile de Sa Majesté, appelés alors *commensalité*, jouissant du titre d'*écuyers* et des priviléges attachés aux officiers de la maison du roi, eurent à réclamer quelques prérogatives dont le corps de ville de Saint-Germain, où ils résidaient, leur contestait l'exercice. Réunis en assez grand nombre dans cette ville, ils obtinrent l'agrément du ministre de la maison pour envoyer une députation au roi, et choisirent parmi eux deux valets de chambre de Sa Majesté, nommés *Bazire* et *Soulaigre*. Le lever du roi fini, on appelle la députation des habitans de la ville de Saint-Germain; ils entrent avec confiance, le roi les regarde et prend son attitude imposante. Bazire, l'un de ces valets de chambre, devait parler; mais Louis-le-Grand le regarde. Il ne voit plus en lui le prince qu'il sert habituellement dans

son intérieur; il s'intimide, la parole lui manque:
il se remet cependant, et débute, comme de raison,
par le mot *Sire*. Mais il s'intimide de nouveau, et,
ne trouvant plus dans sa mémoire la moindre des
choses qu'il avait à dire, il répète encore deux ou
trois fois le même mot, puis termine en disant:
« Sire, voilà Soulaigre. » Soulaigre, mécontent de
Bazire, et se flattant de se mieux acquitter de son
discours, prend la parole; *Sire* est répété de même
plusieurs fois; son trouble égale celui de son cama-
rade, et il finit par dire : « Sire, voilà Bazire. » Le
roi sourit et leur répondit : « Messieurs, je connais le
» motif qui vous amène en députation près de
» moi, j'y ferai raison, et je suis très-satisfait de la
» manière dont vous avez rempli votre mission de
» députés (1). »

---

(1) Cette plaisanterie n'est point amère et dure comme la plupart des railleries de Louis XV : elle ne laisse que l'idée d'un
badinage aimable. Jamais Louis XIV ne se permit un mot offensant pour personne, et ses reparties qui, presque toujours, sont
d'un grand sens, décèlent très-souvent un tact délicat et fin. En
général, l'esprit, qu'il fût vif et caustique, ou seulement agréable et gai, n'a pas manqué aux petits-fils de Henri IV. Les Mémoires de madame du Hausset contiennent une assez piquante
remarque de Duclos à ce sujet.

« M. Duclos était chez le docteur Quesnay, et pérorait avec sa
chaleur ordinaire. Je l'entendis qui disait à deux ou trois personnes : « On est injuste envers les grands, les ministres et les
» princes; rien de plus ordinaire que de parler mal de leur es-
» prit. J'ai bien surpris, il y a quelques jours, un des MM. de la
» brigade des infaillibles, en lui disant qu'il y avait plus d'esprit

» dans la maison de Bourbon que dans toute autre. — Vous avez
» prouvé cela ? dit quelqu'un en ricanant. — Oui, dit Duclos,
» et je vais vous le répéter. Le grand Condé n'était pas un sot,
» à votre avis ; et la duchesse de Longueville est citée comme
» une des femmes les plus spirituelles. M. le régent est un homme
» qui n'avait pas d'égaux en tout genre d'esprit. Le prince de
» Conti, qui fut élu roi de Pologne, était célèbre par son esprit,
» et ses vers valent ceux de la Fare et de Saint-Aulaire. M. le
» duc de Bourgogne était instruit et très-éclairé. Madame la
» duchesse, fille de Louis XIV, avait infiniment d'esprit, faisait
» des épigrammes et des couplets. M. le duc du Maine n'est
» connu généralement que par sa faiblesse ; mais personne n'avait
» plus d'agrément dans l'esprit. Sa femme était une folle, mais
» qui aimait les lettres, se connaissait en poésie, et dont l'ima-
» gination était brillante mais inépuisable. En voilà assez, dit-
» il, et comme je ne suis point flatteur, et que je crains tout ce
» qui en a l'apparence, je ne parle point des vivans. » — On fut
étonné de cette énumération, et chacun convint de la vérité de
ce qu'il avait dit. Il ajouta : « Ne dit-on pas tous les jours d'Ar-
» genson la bête, parce qu'il a un air de bonhomie et un ton
» bourgeois ? Mais, je ne crois pas qu'il y ait eu beaucoup de
» ministres aussi instruits et aussi éclairés. » — Je pris une plume
sur la table du docteur, et je demandai à M. Duclos de me dicter
les noms qu'il avait cités et le petit éloge qu'il en avait fait.
— « Si vous montrez cela à madame la marquise de Pompadour,
» ajouta-t-il alors, dites-lui bien comment cela est venu, et que
» je ne l'ai pas dit pour que cela lui revienne et aille peut-être
» ailleurs. Je suis historiographe et je rendrai justice, mais aussi
» je la *ferai* souvent. » (*Journal de madame du Hausset.*)

Nous ne connaissons pas de mot plus juste que celui de *rendre* justice et la *faire*. Tous les devoirs du véritable historien sont dans ces paroles ; tout écrivain qui n'en remplit qu'une partie est un flatteur ou bien un satirique.

Puisque nous avons déjà donné deux fois, dans les notes de ce volume, des extraits des Mémoires écrits par madame du Hausset, nous devons au lecteur quelques détails sur cette dame et sur son ouvrage.

« M. Senac de Meilhan, entrant un jour chez M. de Marigni, frère de madame de Pompadour, le trouva brûlant des papiers. Prenant un gros paquet qu'il allait aussi jeter au feu : « C'est, dit-il à M. de Meilhan, l'ouvrage d'une femme de chambre de ma sœur. Cette femme était estimable, mais tout cela est du rabachage; *au feu,* » et il s'arrêta en disant : « Ne trouvez-vous pas que je suis ici comme le barbier de Don Quichotte, qui brûle les ouvrages de chevalerie? — Je demande grâce pour celui-ci, dit son ami. J'aime les anecdotes, et je trouverai sans doute dans ce manuscrit quelque chose qui m'intéressera. — Je le veux bien, » répliqua M. de Marigni; et il le lui donna.

« Madame de Pompadour avait deux femmes de chambre qui étaient femmes de condition : l'une, madame du Hausset, ne changea point de nom; l'autre prit un nom emprunté, et ne se fit pas connaître aux yeux du public pour ce qu'elle était [*]. Le journal dont il s'agit est l'ouvrage de la première. »

Il n'a jamais été imprimé qu'à un très-petit nombre d'exemplaires. Notre intention est de le joindre à notre collection, en y ajoutant des morceaux inédits et fort piquans sur le règne de Louis XV.

(*Note de l'édit.*)

---

[*] On verra dans les éclaircissemens, lettre (A), que madame de Pompadour poussa son insolente vanité jusqu'à vouloir que son maître d'hôtel fût décoré d'un ordre militaire.

ANECDOTES

DU

RÈGNE DE LOUIS XV.

ANECDOTES

DU

RÈGNE DE LOUIS XV.

Le premier événement qui me frappa dans ma tendre enfance fut l'assassinat de Louis XV par Damiens. L'impression que j'éprouvai fut si vive, que les moindres détails sur la confusion et la douleur qui régnèrent ce jour-là dans Versailles, me sont aussi présens que les événemens les plus récens. J'avais dîné avec mon père et ma mère chez un de leurs amis. Beaucoup de bougies éclairaient le salon, et quatre tables de jeu étaient déjà occupées, lorsqu'un ami de la maison entra pâle et défiguré, et dit d'une voix presque éteinte : « Je vous » apporte une terrible nouvelle. Le roi est assas- » siné ! » A l'instant, deux dames de la société s'évanouissent, un brigadier des gardes-du-corps jette ses cartes et s'écrie : « Je n'en suis pas étonné, ce sont ces coquins de jésuites. — Que faites-vous, mon frère ? dit une dame en s'élançant sur lui, voulez-vous vous faire arrêter ? — Arrêter ! pourquoi ? parce que je dévoile des scélérats qui veulent un roi cagot ? » Mon père entra ; il recommanda de la prudence, dit que le coup n'était pas mortel, qu'il fallait que chacun retournât chez soi; que les réunions devaient cesser dans le moment d'une crise aussi affreuse. Il avait fait avancer une chaise pour ma mère; elle me plaça sur ses genoux. Nous demeurions dans l'avenue de Paris, et tout le temps de notre course, j'entendais sur les trottoirs de cette avenue, des pleurs, des sanglots. Enfin, je vis arrêter un homme : c'était un huissier de la chambre du roi, qui était devenu fou et qui criait : « Oui, je les connais, ces gueux, ces scélé-» rats! » Notre chaise fut arrêtée dans cette mêlée : ma mère connaissait l'homme désolé que l'on venait de saisir ; elle le nomma au cavalier de maréchaussée qui l'arrêtait. On se contenta de conduire ce fidèle serviteur à l'hôtel des gendarmes, qui était alors dans l'avenue. Dans les temps de calamités ou d'événemens publics, les moindres imprudences sont funestes. Quand le peuple prend part à une opinion ou à un fait, il faut craindre de le heurter et même de l'inquiéter. Les délations ne sont plus alors le résultat d'une police organisée, et les châtimens n'appartiennent plus à l'impartialité de la justice. A l'époque dont je parle, l'amour pour le souverain était une religion ; et cet événement de l'assassinat de Louis XV amena une foule d'arrestations non motivées (1). M. de La Serre, alors gouver-

---

(1) Louis XV était encore aimé à cette époque. Soulavie qui a composé des Mémoires sur la cour de France, pendant la

neur des Invalides, sa femme, sa fille et une partie de ses gens, furent arrêtés, parce que mademoiselle de La Serre, venue le jour même de son couvent, pour passer le temps de la *fête des rois* en famille, dit, dans le salon de son père, quand on apporta cette nouvelle de Versailles : « Cela n'est pas sur-
» prenant, j'ai entendu dire à la mère N... que cela
» ne pouvait manquer, parce que le roi n'aimait
» pas assez la religion. » La mère N..., le directeur et plusieurs religieuses de ce couvent furent interrogés par le lieutenant de police. Une malveillance, entretenue dans le public par les partisans de Port-Royal et par les adeptes de la nouvelle secte des philosophes, ne cachait pas les soupçons qu'ils faisaient tomber sur les jésuites; et bien certainement, quoiqu'il n'y eût pas la moindre preuve contre cet ordre, l'événement de l'assassinat du roi servit le parti qui, peu d'années après, obtint

---

faveur de madame de Pompadour, a placé dans cet ouvrage une notice qui lui avait été communiquée sur l'assassinat du roi. Les détails qu'elle contient s'accordent avec ceux que donne ici madame Campan sur la consternation dont les esprits étaient frappés.

A l'extrait de cette notice seront joints, dans les éclaircissemens lettre (B), des faits curieux, racontés par madame du Hausset, sur la disgrâce momentanée de madame de Pompadour après l'assassinat de Louis XV, sur le rétablissement du roi et le triomphe de la favorite.

(*Note de l'édit.*)

la destruction de la compagnie de Jésus. Ce scélérat de Damiens se vengea de beaucoup de gens qu'il avait servis dans diverses provinces, en les faisant arrêter; et, quand ils lui étaient confrontés, il disait aux uns : « C'est pour me venger de vos mé- » chancetés que je vous ai fait cette peur. » A quelques femmes, il dit : « Que dans sa prison, il » s'était amusé de l'effroi qu'elles auraient. » Ce monstre avoua qu'il avait fait périr le vertueux La Bourdonnaye en lui donnant un lavement d'eau-forte. Il avait encore commis d'autres crimes. On prend trop aisément des gens à son service : de semblables exemples prouvent qu'on ne saurait mettre trop de précautions aux renseignemens nécessaires avant d'ouvrir l'intérieur de sa maison à des étrangers (1).

J'AI entendu plusieurs fois M. de Landsmath, écuyer, commandant de la Vénerie, qui venait souvent chez mon père, dire qu'au bruit de la

---

(1) Quelque temps après son assassinat, Louis XV eut, dans ses appartemens, une aventure que madame du Hausset raconte ainsi :

« Le roi entra un jour chez Madame, qui finissait de s'habil- ler : j'étais seule avec elle. « Il vient de m'arriver une singulière » chose, dit-il, croiriez-vous qu'en rentrant dans ma chambre » à coucher, sortant de ma garde-robe, j'ai trouvé un monsieur » face à face de moi? — Ah Dieu! Sire, dit Madame effrayée, nouvelle de l'assassinat du roi, il s'était rendu précipitamment chez Sa Majesté. Je ne puis répéter les

---

» — Ce n'est rien, reprit-il, mais j'avoue que j'ai eu une grande
» surprise. Cet homme a paru tout interdit. Que faites-vous ici ?
» lui ai-je dit d'un ton assez poli. Il s'est mis à genoux en me di-
» sant: *Pardonnez-moi, Sire, et avant tout, faites-moi fouiller.*
» Il s'est hâté de vider ses poches; il a ôté son habit, tout trou-
» blé, égaré. Enfin, il m'a dit *qu'il était cuisinier de..... et ami*
» *de Beccari qu'il était venu voir; et que s'étant trompé d'esca-*
» *lier, et toutes les portes s'étant trouvées ouvertes,* il était arrivé
» jusqu'à la chambre où il était, et dont il serait bien vite sorti.
» J'ai sonné, et Guimard est entré, et a été fort surpris de mon
» tête-à-tête avec un homme en chemise. Il a prié Guimard de
» passer avec lui dans une autre pièce, et de le fouiller dans les
» endroits les plus secrets. Enfin, le pauvre diable est rentré
» et a remis son habit. Guimard me dit: *C'est certainement un*
» *honnête homme qui dit la vérité, et dont on peut, au reste,*
» *s'informer.* Un autre de mes garçons de château est entré, et
» s'est trouvé le connaître. *Je réponds,* m'a-t-il dit, *de ce brave*
» *homme qui fait, d'ailleurs, mieux que personne, du bœuf à*
» *l'écarlate.* Voyant cet homme si interdit qu'il ne savait trouver
» la porte, j'ai tiré de mon bureau cinquante louis. Voilà,
» Monsieur, pour calmer vos alarmes. Il est sorti après s'être
» prosterné. » Madame se récria de ce qu'on pouvait ainsi entrer dans la chambre du roi. Il parla d'une manière très-calme de cette étrange apparition; mais on voyait qu'il se contraignait, et que, comme de raison, il avait été effrayé. Madame approuva beaucoup la gratification : elle avait d'autant plus de raison, que ce n'était pas la coutume du roi. M. de Marigny, me parlant de cette aventure que je lui avais racontée, me dit qu'il aurait parié mille louis contre le don de cinquante louis, si toute autre que moi lui eût raconté ce trait. (*Journal de madame du Hausset.*) (*Note de l'édit.*)

expressions un peu cavalières dont il se servit pour rassurer le roi; mais le récit qu'il en faisait, lorsque l'on fut calmé sur les suites de ce funeste événement, amusa pendant long-temps les sociétés où on le lui faisait raconter. Ce M. de Landsmath était un vieux militaire qui avait donné de grandes preuves de valeur; rien n'avait pu soumettre son ton et son excessive franchise aux convenances et aux usages respectueux de la cour. Le roi l'aimait beaucoup. Il était d'une force prodigieuse et avait souvent lutté de vigueur du poignet avec le maréchal de Saxe, renommé pour sa grande force (1). M. de Landsmath avait une voix tonnante. Entré chez Louis XV, le jour de l'horrible attentat de Damiens, peu d'instans après, il trouva près du roi la dauphine et Mesdames filles du roi; toutes ces princesses, fondant en larmes, entouraient le lit de Sa Majesté. « Faites sortir toutes ces pleureuses, Sire, dit le vieil écuyer, j'ai besoin de vous parler seul. » Le roi fit signe aux princesses de se retirer. « Allons, dit Landsmath, votre blessure n'est rien, vous aviez force vestes et gilets. »

---

(1) Un jour que le roi chassait dans la forêt de Saint-Germain, Landsmath, courant à cheval devant lui, veut faire ranger un tombereau rempli de la vase d'un étang qu'on venait de curer; le charretier résiste, et répond même avec impertinence. Landsmath, sans descendre de cheval, le saisit par le devant de son habit, le soulève et le jette dans son tombereau.

(*Note de mad. Campan.*)

Puis, découvrant sa poitrine : « Voyez, lui dit-il en lui montrant quatre ou cinq grandes cicatrices, voilà qui compte ; il y a trente ans que j'ai reçu ces blessures ; allons, toussez-fort. » Le roi toussa. Puis, prenant le vase de nuit, il enjoignit à Sa Majesté, dans l'expression la plus brève, d'en faire usage. Le roi lui obéit. « Ce n'est rien, dit Landsmath, *moquez-vous* de cela ; dans quatre jours nous forcerons un cerf. — Mais si le fer est empoisonné? dit le roi. — Vieux contes que tout cela, reprit-il ; si la chose était possible, la veste et les gilets auraient nettoyé le fer de quelques mauvaises drogues. » Le roi fut calmé et passa une très-bonne nuit (1).

Ce même M. de Landsmath, qui, par son langage militaire et familier, avait calmé les alarmes de Louis XV, le jour de l'horrible attentat de Damiens, était de ces gens qui, au milieu des cours les plus

---

(1) Madame Campan a mis, dans le récit de l'anecdote qu'on vient de lire, une réserve qui sied à son sexe et qu'il est juste d'approuver. Mais dans des notes écrites pour elle seule, les mêmes circonstances se trouvent rapportées d'une manière plus vive, plus franche, plus cavalière, et qui, par cela même, peint mieux le caractère du vieux Landsmath. En citant cette version, au risque de choquer quelques bienséances, l'éditeur en prend tout le blâme sur lui.

« Le jour de l'assassinat du roi, son fidèle écuyer apprend

imposantes, font entendre quelquefois de brusques vérités. Il est à remarquer qu'il se trouve dans presque toutes les cours un personnage de ce genre, qui semble remplacer les anciens fous des rois, et s'arroger le droit de tout dire.

Un jour, le roi demanda à M. de Landsmath quel âge il avait? Il était vieux et n'aimait pas à s'occuper du nombre de ses années; il éluda la réponse. Quinze jours après, Louis XV sortit de sa poche un papier, et lut à haute voix : « Ce tel jour du mois de..... en 1680 et tant, a été baptisé par nous, curé de ***, le fils de haut et puissant seigneur; etc. — Qu'est-ce? dit Landsmath avec humeur, serait-ce mon extrait de baptême que Votre Majesté a fait demander? — Vous le voyez, Landsmath, dit le roi. — Eh bien, Sire, cachez cela bien vite; un prince chargé du bonheur de vingt-cinq millions d'hommes ne doit pas en affliger un seul à plaisir. »

---

cette nouvelle dans la ville : il monte au château, arrive jusqu'auprès du lit du roi, voit ses filles en pleurs, commence par les éloigner en disant à son maître : « Sire, faites renvoyer » ces pleureuses, elles ne vous font que du mal. » Il prend le pot de chambre, et le lui présente en disant : « Pissez, tous-» sez, crachez. » Le roi exécute tout ce qu'il commande. « Allons, » dit-il, rassurez-vous, la blessure n'est rien, il vous a manqué. » Il ouvre alors son habit, et découvrant sa poitrine : « Voyez, » dit-il, ces cicatrices. Ces blessures étaient des abreuvoirs à » mouches, et me voilà ; dans deux jours vous n'y penserez » plus. » Cette harangue rassura le roi. »

(*Note de l'édit.*)

Le roi sut que Landsmath avait perdu son confesseur, missionnaire de la paroisse de Notre-Dame; l'usage des lazaristes était d'exposer leurs morts à visage découvert. Louis XV voulut éprouver la fermeté d'âme de son écuyer : « Vous avez perdu votre confesseur ? lui dit le roi. — Oui, Sire. — On l'exposera sans doute à visage découvert? — C'est l'usage. — Je vous ordonne d'aller le voir. — Sire, mon confesseur était mon ami, cela me coûterait beaucoup. — N'importe, je vous l'ordonne. — Est-ce tout de bon, Sire? — Tout de bon. — Ce serait la première fois de ma vie que j'aurais manqué à un ordre de mon souverain! j'obéirai. » Le lendemain à son lever, le roi lui dit aussitôt qu'il l'aperçut : « M'avez-vous obéi, Landsmath? — Sans aucun doute, Sire. — Eh bien, qu'avez-vous vu? — Ma foi, j'ai vu que Votre Majesté et moi ne sommes pas grand'chose (1). »

---

(1) « Le roi parlait souvent de la mort, dit madame du Hausset dans ses Mémoires, aussi d'enterremens et de cimetières; personne n'était plus mélancolique. Madame m'a dit qu'il éprouvait une sensation pénible quand il était forcé à rire, et qu'il l'avait souvent priée de finir une histoire plaisante. Il souriait et voilà tout. En général, le roi avait les idées les plus tristes sur la plupart des événemens. Quand il arrivait un nouveau ministre, il disait: *Il a étalé sa marchandise comme un autre, et promet les plus belles choses du monde, dont rien n'aura lieu.*

A la mort de la reine Marie Leckzinska, M. Campan, depuis secrétaire du cabinet de la reine Marie-Antoinette, alors officier de la chambre, ayant rempli plusieurs fonctions de confiance au moment du décès de la princesse, le roi demanda à madame Adélaïde comment il pouvait le récompenser. Elle le pria de créer en sa faveur une charge de maître de la garde-robe dans sa maison, avec mille écus d'appointemens. « Je le veux bien, dit le » roi, ce sera un titre honorable; mais dites à Cam- » pan qu'il n'en fasse pas pour un écu de dépense » de plus dans son ménage, car vous verrez qu'ils » ne le paieront pas (1). »

Il ne connaît pas ce pays-ci : il verra.... Quand on lui parlait de projets pour renforcer la marine, il disait : « Voilà vingt fois » que j'en entends parler, jamais la France n'aura de marine, » je crois. » C'est M. de Marigny qui m'a dit cela. »

(*Note de l'édit.*)

(1) « Le chevalier de Montbarrey était fort aimé du feu roi Louis XV. Un de ses amis, qui vivait depuis long-temps en province, persuadé qu'un homme qui est bien traité du roi peut tout obtenir, lui écrivit pour l'engager à lui faire donner une place qui eût fait sa fortune. Le chevalier de Montbarrey lui répondit : « Si jamais le roi prend du crédit, je vous promets de » lui demander ce que vous désirez. » (*Souvenirs de Félicie.*)

(*Note de l'édit.*)

La manière dont mademoiselle de Romans, maîtresse de Louis XV, et mère de l'abbé de Bourbon, lui fut présentée, mérite, je crois, d'être rapportée. Le roi s'était rendu en grand cortége à Paris, pour y tenir un lit de justice. Passant le long de la terrasse des Tuileries, il remarqua un chevalier de Saint-Louis, vêtu d'un habit de lustrine, assez passé, et une femme d'une assez bonne tournure, tenant sur le parapet de la terrasse une jeune fille d'une beauté éclatante, très-parée, et ayant un fourreau de taffetas couleur de rose. Le roi fut involontairement frappé de l'affectation avec laquelle on le faisait remarquer à cette jeune personne. De retour à Versailles, il appela Le Bel, ministre et confident de ses plaisirs secrets, et lui ordonna de chercher et de trouver dans Paris une jeune personne de douze à treize ans, dont il lui donna le signalement de la manière que je viens de détailler. Le Bel l'assura qu'il ne voyait nul espoir de succès dans une semblable commission. « Pardonnez-moi, lui dit Louis XV; cette famille doit « habiter dans le quartier voisin des Tuileries, du « côté du faubourg Saint-Honoré, ou à l'entrée du « faubourg Saint-Germain. Ces gens-là vont sûrement à pied, ils n'auront pas fait traverser Paris « à la jeune fille dont ils paraissent très-occupés. « Ils sont pauvres; le vêtement de l'enfant était si

« frais, que je le juge avoir été fait pour le jour
« même où je devais aller à Paris. Elle le portera
« tout l'été; les Tuileries doivent être leur prome-
« nade des dimanches et des jours de fêtes. Adres-
« sez-vous au limonadier de la terrasse des Feuil-
« lans, les enfans y prennent des rafraîchissemens;
« vous la découvrirez par ce moyen. » Le Bel suivit
les ordres du roi; et, dans l'espace d'un mois, il
découvrit par ces perquisitions la demeure de la
jeune fille; il sut que Louis XV ne s'était trompé
en rien sur les intentions qu'il supposait. Toutes les
conditions furent aisément acceptées; le roi contribua, par des gratifications considérables pendant deux années, à l'éducation de mademoiselle
de Romans. On lui laissa totalement ignorer sa destinée future; et, lorsqu'elle eut quinze ans accom-
plis, elle fut menée à Versailles sous le simple prétexte de voir le palais. Elle fut conduite, entre
quatre ou cinq heures de l'après-midi, dans la galerie de glaces, moment où les grands appartemens
étaient toujours très-solitaires. Le Bel, qui les attendait, ouvrit la porte de glace qui donnait de la
galerie dans le cabinet du roi, et invita mademoiselle de Romans à venir en admirer les beautés.
Rassurée par la vue d'un homme qu'elle connaissait, et excitée par la curiosité bien pardonnable à
son âge, elle accepta avec empressement, mais elle
insistait pour que Le Bel procurât le même plaisir
à ses parens. Il l'assura que c'était impossible; qu'ils
allaient l'attendre assis dans une des fenêtres de la

galerie, et qu'après avoir parcouru les appartemens intérieurs, il la reconduirait vers eux. Elle accepta; la porte de glace se referma sur elle. Le Bel lui fit admirer la chambre, la salle du conseil, lui parlait avec enthousiasme du monarque possesseur de toutes les beautés dont elle était environnée, et la conduisit enfin vers les petits appartemens, où mademoiselle de Romans trouva le roi lui-même, l'attendant avec toute l'impatience et tous les désirs d'un prince qui avait préparé, depuis plus de deux ans, le moment où il devait la posséder.

Quelles réflexions affligeantes naissent de tant d'immoralité! L'art avec lequel cette intrigue avait été conduite; l'innocence réelle de la jeune de Romans, furent sans doute les motifs qui attachèrent plus particulièrement le roi à cette maîtresse. Elle est la seule qui obtint de lui de faire porter le nom de Bourbon à son fils. Au moment d'accoucher, elle reçut un billet de la main du roi, conçu en ces mots : « M. le curé » de Chaillot, en baptisant l'enfant de mademoi- » selle de Romans, lui donnera les noms suivans : » Louis N. de Bourbon. » Peu d'années après, le roi, mécontent des prétentions que mademoiselle de Romans établissait sur le bonheur qu'elle avait eu de donner le jour à un fils reconnu, et voyant, par les honneurs dont elle l'environnait, qu'elle se flattait de le faire légitimer, le fit enlever des mains de sa mère. Cette commission fut exécutée avec une grande sévérité. Louis XV s'était promis de ne légitimer aucun enfant naturel; le grand nombre de princes de ce genre, que Louis XIV avait laissés, était une charge pour l'État, et rendait la détermination de Louis XV très-louable. M. l'abbé de Bourbon était très-beau, ressemblait parfaitement à son père; il était fort aimé des princesses, filles du roi, et sa fortune ecclésiastique aurait été portée par Louis XVI au plus haut degré. On lui destinait le chapeau de cardinal, l'abbaye de Saint-Germain-des-Prés et l'évêché de Bayeux. Sans être rangé parmi les princes du sang, il aurait eu une très-belle existence. Il mourut à Rome d'une petite vérole confluente; il y fut généralement regretté; mais les événemens sinistres qui ont assailli l'illustre maison dont il avait l'honneur de porter le nom, doivent faire envisager sa mort prématurée comme un bienfait de la Providence. Mademoiselle de Romans s'était mariée à un gentilhomme nommé M. de Cavanac; le roi en fut mécontent, et tout le monde la blâmait d'avoir, en quelque sorte, quitté par cette alliance le simple titre de mère de l'abbé de Bourbon (1).

Les monotones habitudes de la grandeur royale donnent trop souvent aux princes le désir de se

---

(1) Une pareille anecdote serait un sujet de réflexion trop pénible. Faut-il ajouter encore à l'impression qu'elle doit laisser

procurer les jouissances des plus simples particuliers, et alors ils se flattent vainement de se cacher sous l'ombre du mystère : on devrait les garantir de ces erreurs passagères et les accoutumer à supporter les ennuis de la grandeur, comme ils savent très-bien jouir de ses éminens avanta-

---

dans l'esprit, en disant que les aventures de ce genre étaient nombreuses, ou que le même fait a servi de texte à plusieurs versions? On trouvera dans les éclaircissemens deux anecdotes racontées, l'une par Soulavie, l'autre par madame du Hausset, et qui ont, quoique sous des noms différens, une malheureuse conformité avec celle qu'on vient de lire. Voyez lettre (C). La même note renferme aussi de nouvelles particularités sur mademoiselle de Romans.

Le morceau suivant, écrit avec une rare impartialité par M. Lacretelle, ne peut laisser aucun doute sur la source et sur l'étendue de ces désordres.

« Louis, rassasié des conquêtes que lui offrait la cour, fut conduit, par une imagination dépravée, à former pour ses plaisirs un établissement tellement infâme, qu'après avoir peint les excès de la régence, on ne sait encore comment exprimer ce genre de désordre. Quelques maisons élégantes, bâties dans un enclos nommé le Parc-aux-Cerfs, recevaient des femmes qui attendaient les embrassemens de leur maître. On y conduisait de jeunes filles vendues par leurs parens, ou qui leur étaient arrachées. Elles en sortaient comblées de dons, mais presque sûres de ne revoir jamais le roi qui les avait aviliées, même lorsqu'elles portaient un gage de ces indignes amours. La corruption entrait dans les plus paisibles ménages, dans les familles les plus obscures. Elle était savamment et long-temps combinée par ceux qui servaient les débauches de Louis. Des années étaient employées à séduire des filles qui n'étaient point encore nubiles; à combattre dans de jeunes femmes des principes de pudeur et ges. Louis XV, par la noblesse de son maintien, par l'expression de ses traits à la fois doux et majestueux, appartenait parfaitement aux successeurs de *Louis-le-Grand* (1). Mais ce prince s'est trop souvent donné des plaisirs cachés, qui naturellement finissaient par être connus. Il aima avec passion, pendant plusieurs hivers, les bals à *bouts de chandelles* : c'est ainsi qu'il appelait les assemblées des gens du dernier étage de la société. Il se faisait indiquer les pique-niques que se donnaient les petits marchands, les coiffeuses, les couturières de Versailles, et s'y rendait en domino noir et masqué; son capitaine des gardes l'y accompagnait masqué comme lui. Le grand bonheur était d'y aller en brouette; on avait soin de dire à cinq ou six

---

de fidélité. Il y en eut quelques-unes qui eurent le malheur d'éprouver une vive tendresse, un attachement sincère pour le roi. Il en paraissait touché pendant quelques momens; mais bientôt il n'y voyait que des artifices pour le dominer, et il s'en rendait le délateur auprès de la marquise qui faisait rentrer ses rivales dans leur obscurité. Mademoiselle de Romans fut la seule qui obtint que son fils fût déclaré l'enfant du roi. Madame de Pompadour réussit à écarter une rivale qui paraissait avoir fait une impression assez profonde sur le cœur du roi. On lui enleva son fils qui fut élevé chez un paysan. Mademoiselle de Romans n'osa réclamer contre cette violence qu'après la mort du roi. Louis XVI lui rendit son fils qu'il protégea, et qui fut connu sous le nom d'abbé de Bourbon. » (*Hist. de France* par Lacretelle, T. III.)

(*Note de l'édit.*)

(1) Ce que madame la duchesse d'Orléans, dans ses Mémoires, dit de Louis XV encore enfant, annonçait déjà tous les avantages

des officiers de la chambre du roi ou de celle de la reine de s'y trouver, afin que Sa Majesté y fût environnée de gens sûrs sans qu'elle pût s'en douter ni en être gênée. Probablement que le capitaine des gardes prenait aussi de son côté d'autres précautions de ce genre. Mon beau-père, pendant la jeunesse du roi et la sienne, a été plusieurs fois du nombre des serviteurs à qui il était enjoint de se présenter sous le masque dans ces réunions formées souvent à un quatrième étage, ou dans quelque salle d'aubergiste. Dans ce temps-là, pendant la durée du carnaval, les sociétés masquées avaient le droit d'entrer dans les bals bourgeois; il suffisait qu'une personne de la compagnie se démasquât et se nommât.

---

que sa figure, sa taille et son maintien lui donneraient dans la maturité de l'âge.

« On ne saurait voir un enfant plus agréable que notre jeune roi. Il a de grands yeux noirs et de longs cils qui frisent; un joli teint, une charmante petite bouche, une longue et abondante chevelure brune, de petites joues rouges, une taille droite et bien prise, une très-jolie main, de jolis pieds; sa démarche est noble et altière; il met son chapeau comme le feu roi. Il a le tour du visage ni trop long ni trop court; mais ce qu'il y a de mal, et ce qu'il a hérité de sa mère, c'est qu'il change de couleur d'une demi-heure à l'autre. Quelquefois il a mauvaise mine; mais, au bout d'une demi-heure, toutes ses couleurs reviennent. Il a des manières aisées; et on peut dire, sans flatterie, qu'il danse bien. Adroit dans tout ce qu'il fait, il commence déjà (1720) à tirer des faisans et des perdrix; il a une grande passion pour le tir. »

(*Note de l'édit.*)

Ces excursions secrètes, la fréquentation trop habituelle de Louis XV avec des demoiselles qui remplaçaient par des attraits les avantages de l'éducation, avaient sans doute appris au roi beaucoup d'expressions vulgaires qu'il eut, sans cela, toujours ignorées (1).

Cependant, au milieu même de ses plus honteux désordres, le roi reprenait quelquefois tout-à-coup, avec beaucoup de noblesse, la dignité de son rang. Les courtisans familiers de Louis XV s'étant un jour livrés à toute la gaieté d'un souper, au retour de la chasse, chacun vantait et peignait les beautés de sa maîtresse. Quelques-uns s'étaient amusés à rendre compte du peu de charmes de

---

(1) « Le roi, dit madame du Hausset, se plaisait à avoir de petites correspondances particulières que Madame très-souvent ignorait ; mais elle savait qu'il en avait, car il passait une partie de sa matinée à écrire à sa famille, au roi d'Espagne, quelquefois au cardinal de Tencin, à l'abbé de Broglie, et aussi à des gens obscurs. « C'est avec des personnes comme cela, me dit-elle » un jour, que le roi sans doute apprend des termes dont je suis » toute surprise. Par exemple, il m'a dit hier, en voyant passer » un homme qui avait un vieil habit : *Il a là un habit bien exa-* » *miné*. Il m'a dit une fois, pour dire qu'une chose était vraisem- » blable : *Il y a gros*. C'est un *dictum* du peuple, à ce qu'on m'a » dit, qui est comme *il y a gros à parier*. » Je pris la liberté de dire à Madame : « Mais, ne serait-ce pas des demoiselles qui lui » apprennent ces belles choses ? » Elle me dit en riant : « Vous avez » raison, *il y a gros*. » Le roi, au reste, se servait de ces expressions avec intention, et en riait. » (*Journal de madame du Hausset.*)

(*Note de l'édit.*)

leurs femmes; du mérite qu'ils avaient à s'acquitter de leurs devoirs de maris. Un mot imprudent, adressé à Louis XV et ne pouvant être applicable qu'à la reine, fait à l'instant cesser toute la joie du repas. Louis XV prend son air imposant, et, frappant deux ou trois coups sur la table avec son couteau : *Messieurs*, dit-il, *voilà le roi* (1).

Trois jeunes gens de Saint-Germain, qui venaient de terminer leurs années de collège, ne connaissant personne en place à la cour, et ayant

---

(1) Nous ne pensons point qu'aucune anecdote puisse mieux peindre l'excès de la corruption, que cette réunion d'hommes profanant la sainteté du mariage, dévoilant ses secrets, et se faisant un jeu de leur propre infamie. La conduite des femmes n'aurait pu même servir d'excuse aux maris, quoiqu'elle ne valût pas mieux. Les petites maisons recevaient presque autant de femmes titrées que de courtisanes. Des comédiens inspiraient aux duchesses, aux marquises, des passions qu'elles auraient dédaigné d'environner des ombres du mystère*. Des noms qu'on aurait dû respecter se trouvaient mêlés aux déréglemens des plus honteux asiles. S'il faut en croire un fait qu'on trouvera rapporté dans les éclaircissemens, lettre (D), on osa se faire un titre de la prostitution même, pour invoquer des séparations; et cette audace du vice arma l'indignation du jeune d'Aguesseau, digne héritier des vertus de son père.

(*Note de l'édit.*)

* Voyez les Mémoires de Besenval et ceux de Lauzun.

entendu dire que les étrangers y étaient toujours très-bien traités, s'avisèrent de se costumer parfaitement en Arméniens, et de se présenter de cette manière, pour voir le grand cérémonial de la réception de plusieurs chevaliers de l'ordre du Saint-Esprit. Leur ruse obtint tout le succès dont ils s'étaient flattés. Lorsque la procession défila dans la longue galerie de glaces, les suisses des appartemens les mirent sur le premier rang, et recommandèrent à tout le monde d'avoir beaucoup d'égards pour ces étrangers; mais ils firent l'imprudence de pénétrer dans l'œil-de-bœuf. Là se trouvaient messieurs Cardonne et Ruffin, interprètes des langues orientales, et le premier commis des consulats, chargé de veiller à tout ce qui concernait les Orientaux qui étaient en France. Aussitôt les trois écoliers sont environnés et questionnés par ces messieurs, d'abord en grec moderne. Sans se déconcerter, ils font signe qu'ils n'entendent pas. On leur parle turc, arabe; enfin un des interprètes, impatienté, leur dit : « Messieurs, vous devriez en-
» tendre une des langues qui vous ont été parlées;
» de quel pays êtes-vous donc? — De Saint-Ger-
» main-en-Laye, Monsieur, reprit le plus con-
» fiant. Voilà la première fois que vous nous le
» demandez en français. » Ils avouèrent alors le motif de leur travestissement; le plus âgé d'entre eux n'avait pas dix-huit ans. On en rendit compte à Louis XV; il en rit beaucoup. Il ordonna quelques heures à la geôle, et que la liberté leur

fût rendue après leur avoir fait une bonne semonce.

Louis XV aimait à parler de la mort quoiqu'il la craignît beaucoup ; mais son excellente santé et son titre de roi lui faisaient probablement espérer qu'il serait invulnérable : il disait assez communément aux gens très-enrhumés : « Vous avez là une toux » qui sent le sapin. » Chassant un jour dans la forêt de Sénard, une année où le pain avait été extrêmement cher, il rencontre un homme à cheval portant une bière. « Où portez-vous cette bière? dit le » roi. — Au village de..... répond le paysan. — » Est-ce pour un homme ou pour une femme ? » — Pour un homme. — De quoi est-il mort ? — » De faim, » répond brusquement le villageois. Le roi piqua son cheval et ne fit plus de questions (1).

---

(1) « Le roi était fort mélancolique habituellement, dit madame du Hausset, et aimait toutes les choses qui rappelaient l'idée de la mort, en la craignant cependant beaucoup. En voici un exemple: Madame de Pompadour se rendant à Crécy, un écuyer du roi fit signe d'arrêter, et lui dit que la voiture du roi était cassée; et que, sachant qu'elle n'était pas loin, il la priait d'attendre. Il arriva bientôt après, se mit dans la voiture de Madame, où étaient, je crois, madame de Château-Renaud et madame de Mirepoix. Les seigneurs qui suivaient s'arrangèrent dans d'autres voitures. J'étais derrière, dans une chaise à deux, avec

J'ai beaucoup vu en société, dans ma jeunesse, madame de Marchais, femme du premier valet de chambre du roi : c'était une personne fort instruite, et qui avait eu les bonnes grâces de Louis XV, étant parente de madame de Pompadour. M. de Marchais, riche et fort considéré, avait servi, était chevalier de Saint-Louis, et réunissait à la charge de premier valet de chambre le gouvernement du Louvre. Madame de Marchais recevait chez elle

---

Gourbillon, valet de chambre de Madame ; et nous fûmes étonnés quand, peu de temps après, le roi fit arrêter la voiture ; celles qui suivaient s'arrêtèrent aussi. Le roi appela un écuyer et lui dit : « Vous voyez bien cette petite hauteur ? Il y a des croix, et c'est » certainement un cimetière ; allez-y, et voyez s'il y a quelque » fosse nouvellement faite. » L'écuyer galopa et s'y rendit ; ensuite il vint dire au roi : « Il y en a trois tout fraîchement » faites. » Madame, à ce qu'elle m'a dit, détourna la tête avec horreur à ce récit ; et la maréchale dit gaiement : « En vérité, ». *c'est faire venir l'eau à la bouche.* » Madame, le soir, en se déshabillant, nous en parla. « Quel singulier plaisir, dit-elle, que » de s'occuper de choses dont on devrait éloigner l'idée, sur-» tout quand on mène une vie aussi heureuse ! Mais le roi est » comme cela ; il aime à parler de la mort, et il a dit, il y a quel-» ques jours, à M. de Fontanieu, à qui il a pris à son lever un » saignement de nez : *Prenez-y garde ; à votre âge, c'est un* » *avant-coureur d'apoplexie.* Le pauvre homme est retourné » chez lui tout effrayé et fort malade. »

(*Note de l'édit.*)

toute la cour; les capitaines des gardes y venaient habituellement, et beaucoup d'officiers des gardes-du-corps. Les auteurs célèbres dans tous les genres se faisaient présenter chez elle comme chez madame Geoffrin. Elle avait du crédit, surtout de l'influence lorsqu'elle sollicitait des voix pour les prétendans aux fauteuils de l'Académie. J'ai vu chez elle tous les gens célèbres du siècle, La Harpe, Diderot, D'Alembert, Duclos, Thomas, etc. Elle avait autant d'esprit que son mari avait de bonhomie; autant de recherche qu'il affectait de simplicité; il aimait à la déjouer dans ses prétentions les plus légitimes. Personne ne résumait un discours académique, un sermon ou le sujet d'une pièce nouvelle avec autant de précision et de grâces que le faisait madame de Marchais. Elle avait aussi l'art d'amener à sa volonté la conversation sur un ouvrage nouveau ou ancien, et souvent son mari se plaisait à dire à ses voisins dans le cercle: « Ma femme a lu cela ce matin. » Le comte d'Angiviller, épris de la grâce de son esprit, lui faisait une cour assidue, et l'épousa quand elle devint veuve de M. de Marchais. Elle vivait encore à Versailles dans les premières années du règne de Napoléon, mais ne sortait plus de son lit. Elle avait conservé son goût pour la parure, et était, quoique couchée, frisée et coiffée comme on l'était vingt ans avant cette époque. Une prodigieuse quantité de blanc et de rouge déguisait le ravage du temps, pour ne laisser voir, à la faible clarté de jalousies baissées et de rideaux tirés par-dessus ces jalousies, qu'une espèce de poupée dont les discours étaient encore pleins de charme et d'esprit. Elle avait conservé de fort beaux cheveux dans l'âge le plus avancé : on prétendait que le fameux comte de Saint-Germain, qui avait paru à la cour de Louis XV comme un des plus célèbres alchimistes, lui avait donné une liqueur qui conservait les cheveux et les préservait de blanchir avec les années (1).

Louis XV avait, comme on le sait, adopté le système bizarre de séparer Louis de Bourbon du

---

(1) « Il venait souvent chez *Madame* (c'est ainsi que madame du Hausset désigne continuellement la marquise de Pompadour) un homme qui était aussi bien étonnant qu'une sorcière : c'est le comte de Saint-Germain qui voulait faire croire qu'il vivait depuis plusieurs siècles. Un jour Madame lui dit devant moi à la toilette : « Comment était fait François Ier? C'est un roi
» que j'aurais bien aimé. — Aussi était-il très-aimable, dit Saint-
» Germain, » et il dépeignit ensuite sa figure et toute sa personne, comme l'on fait d'un homme qu'on a bien considéré.
« C'est dommage, ajouta-t-il, qu'il fut trop ardent; je lui au-
» rais donné un bien bon conseil qui l'aurait garanti de tous ses
» malheurs.,... Mais il ne l'aurait pas suivi; car il semble qu'il y
» ait une fatalité pour les princes qui ferment leurs oreilles,
» celles de leur esprit, aux meilleurs avis, surtout dans les mo-
» mens critiques. — Et le connétable, dit Madame, qu'en dites-
» vous? — Je ne puis en dire ni trop de bien, ni trop de mal,

roi de France. Comme homme privé il avait sa fortune personnelle, ses intérêts de finances à part.

» répondit-il. — La cour de François Ier était-elle fort belle ?
» — Très-belle ; mais celle de ses petits-fils la surpassait infini-
» ment ; et du temps de Marie-Stuart et de Marguerite de Valois,
» c'était un pays d'enchantement, le temple des plaisirs ; ceux
» de l'esprit s'y mêlaient. Les deux reines étaient savantes, fai-
» saient des vers, et c'était un plaisir de les entendre. » Madame
lui dit en riant : « Il semble que vous ayez vu tout cela. — J'ai
» beaucoup de mémoire, dit-il, et j'ai beaucoup lu l'histoire de
» France. Quelquefois je m'amuse, *non pas à faire croire*, mais
» *à laisser croire* que j'ai vécu dans les plus anciens temps. —
» Mais enfin vous ne dites pas votre âge, et vous vous donnez
» pour très-vieux ? La comtesse de Gergy qui était, il y a cin-
» quante ans, je crois, ambassadrice à Venise, dit vous y avoir
» connu tel que vous êtes aujourd'hui. — Il est vrai, Madame,
» que j'ai connu, il y a long-temps, madame de Gergy. — Mais,
» suivant ce qu'elle dit, vous auriez plus de cent ans à présent ?
» — Cela n'est pas impossible, dit-il en riant ; mais je conviens
» qu'il est encore plus possible que cette dame, que je respecte,
» radote. — Vous lui avez donné, dit-elle, un élixir surprenant
» par ses effets. Elle prétend qu'elle a long-temps paru n'avoir
» que vingt-quatre ans. Pourquoi n'en donneriez-vous pas au roi ?
» — Ah ! Madame, dit-il avec une sorte d'effroi, que je m'avise
» de donner au roi une drogue inconnue ! il faudrait que je fusse
» fou. »

» Je rentrai chez moi pour écrire cette conversation. Quelques jours après, il fut question entre le roi, Madame, quelques seigneurs et le comte de Saint-Germain, du secret qu'il avait pour faire disparaître les taches des diamans. Le roi se fit apporter un diamant médiocre en grosseur, qui avait une tache. On le fit peser ; et le roi dit au comte : « Il est estimé *six mille livres*,
» mais il en vaudrait *dix* sans la tache. Voulez-vous vous charger

Louis XV traitait comme particulier dans toutes les affaires ou les marchés qu'il faisait; il avait

---

» de me faire gagner quatre mille francs? » Il l'examina bien et dit : « Cela est possible, et dans un mois je le rapporterai à
» Votre Majesté. » Un mois après, le comte rapporta le diamant sans tache; il était enveloppé dans une toile d'amiante qu'il ôta. Le roi le fit peser, et, à quelque petite chose près, il était aussi pesant. Le roi l'envoya à son joaillier, sans lui rien dire, par M. de Gontaut qui rapporta neuf mille six cents livres; mais le roi le fit redemander pour le garder par curiosité. Il ne revenait pas de sa surprise, et il disait que M. de Saint-Germain devait être riche à millions, surtout s'il avait le secret de faire avec de petits diamans de gros diamans. Il ne dit ni oui ni non; mais il assura très-positivement qu'il savait faire grossir les perles et leur donner la plus belle eau. Le roi le traitait avec considération, ainsi que Madame. C'est elle qui m'a raconté ce que je viens de dire. M. Quesnay m'a dit au sujet des perles : *C'est une maladie des huîtres, et il est possible d'en savoir le principe.* Ainsi M. de Saint-Germain peut grossir les perles, mais il n'en est pas moins un charlatan, puisqu'il a un élixir de longue vie, et qu'il donne à entendre qu'il a plusieurs siècles.

» Je l'ai vu plusieurs fois : il paraissait avoir cinquante ans; il n'était ni gras, ni maigre, avait l'air fin, spirituel, était mis très-simplement, mais avec goût; il portait aux doigts de très-beaux diamans, ainsi qu'à sa tabatière et à sa montre. Il vint un jour où la cour était en magnificence, chez Madame, avec des boucles de souliers et de jarretières de diamans fins, si belles, que Madame dit qu'elle ne croyait pas que le roi en eût d'aussi belles. Il passa dans l'antichambre pour les défaire, et les apporta pour les faire voir de plus près, en comparant les pierres à d'autres. M. de Gontaut qui était là dit qu'elles valaient au moins deux cent mille livres. Il avait, ce même jour, une tabatière d'un prix infini et des boutons de manche de rubis, qui étaient étincelans.

acheté au Parc-aux-Cerfs, à Versailles, une assez jolie maison où il logeait avec une de ces maîtresses obscures que l'indulgence ou la politique de madame de Pompadour avait tolérées, pour ne pas perdre ses droits de maîtresse en titre (1).

On ne savait pas d'où venait cet homme si riche, si extraordinaire, et le roi ne souffrait pas qu'on en parlât avec mépris ou raillerie. On l'a dit bâtard d'un roi de Portugal.

» M. de Saint-Germain dit un jour au roi : « Pour estimer les » hommes, il ne faut être ni confesseur, ni ministre, ni lieute-» nant de police. » Le roi lui dit: *Et roi.* — « Ah ! Sire, dit-il, » vous avez vu le brouillard qu'il faisait il y a quelques jours, on » ne se voyait pas à quatre pas. Les rois, je parle en général, » sont entourés de brouillards encore plus épais, que font naître » autour d'eux les intrigans ; et tous s'accordent dans toutes les » classes pour leur faire voir les objets sous un aspect différent » du véritable. » — J'ai entendu ceci de la bouche du fameux comte de Saint-Germain, étant auprès de Madame incommodée et dans son lit. » (*Note de l'édit.*)

(1) « La tradition et le témoignage de plusieurs personnes attachées à la cour, dit M. de Lacretelle le jeune, ne confirment que trop les récits consignés dans une foule de libelles relativement au Parc-aux-Cerfs. Il paraît que ce fut dans l'année 1753 que commença cet infâme établissement. On prétend que le roi y faisait élever de jeunes filles de neuf ou dix ans. Le nombre de celles qui y furent conduites fut immense. Elles étaient dotées, mariées à des hommes vils ou crédules.

» Les dépenses du Parc-aux-Cerfs se payaient avec des acquits au comptant. Il est difficile de les évaluer ; mais il ne peut y avoir aucune exagération à affirmer qu'elles coûtèrent plus de cent millions à l'État. Dans quelques libelles, on les porte jusqu'à un milliard. »

Nous craignons que M. de Lacretelle n'exagère un peu les

Ayant réformé cet usage, le roi voulut vendre sa petite maison. Sévin, premier commis de la guerre, se présenta pour l'acheter : le notaire qui était chargé de cette commission en rendit compte au roi. Le contrat de vente fut passé entre Louis de Bourbon et Pierre Sévin, et le roi lui fit dire de lui apporter lui-même la somme en or. Le premier commis réunit quarante mille francs en louis, et, introduit par le notaire dans les cabinets intérieurs du roi, il lui remit la valeur de sa maison.

Le roi, sur ses fonds particuliers, payait l'entretien des maisons de ses maîtresses, l'éducation de ses filles naturelles qui étaient élevées dans des couvens à Paris, et enfin leurs dots quand il les mariait.

Les hommes les plus entraînés par des mœurs dissolues n'en rendent pas moins hommage à la vertu des femmes. Madame la comtesse de Périgord était aussi belle que vertueuse ; elle s'aperçut, pendant la durée de quelques petits voyages de Choisy, où elle avait été invitée, que Louis XV était fort

---

torts et surtout les dépenses de Louis XV. On trouvera dans les éclaircissemens des détails fournis par madame du Hausset, sur le Parc-aux-Cerfs, et qui pourraient donner à croire que cet établissement n'était ni aussi considérable, ni aussi coûteux qu'on l'imagine. Voyez la lettre (E). *(Note de l'édit.)*

occupé d'elle. Les formes d'un glacial respect, le soin d'éviter le moindre entretien suivi avec le monarque, ne parvinrent pas à détruire cette flamme naissante; le roi finit par adresser à la comtesse une lettre des plus passionnées. A l'instant le parti de cette femme estimable fut pris; son honneur l'empêchant de répondre à la passion du roi, son profond respect pour son souverain lui prescrivant de ne pas troubler son repos, elle s'exila volontairement dans une terre nommée Chalais, qu'elle avait auprès de Barbezieux, et qui, depuis près d'un siècle, n'avait pas été habitée. Le logement du concierge fut le seul qui put la recevoir; de là elle écrivit au roi les motifs de son départ, et resta plusieurs années dans cette terre sans revenir à Paris. De nouveaux goûts rendirent promptement à Louis XV un repos auquel madame de Périgord avait cru devoir faire un si grand sacrifice. Quelques années après, la dame d'honneur de Mesdames vint à mourir; beaucoup de grandes familles demandèrent cette place : le roi ne répondit à aucune de ces sollicitations, et écrivit à madame la comtesse de Périgord : « Mes filles viennent de perdre leur dame d'honneur; cette place, » Madame, vous appartient autant pour vos hautes » vertus que pour le nom de votre maison. »

———

Le comte d'Halville, d'une très-ancienne maison de la Suisse, avait débuté à Versailles par le simple grade de porte-enseigne dans le régiment des gardes-suisses. Son nom, ses qualités distinguées lui méritèrent l'intérêt de quelques amis puissans qui, pour étayer l'ancienneté de son origine par une belle fortune, lui firent épouser la fille d'un très-riche financier nommé M. de La Garde. De ce mariage naquit une fille unique qui épousa le comte d'Esterhazy. Dans le nombre des terres qui appartenaient à mademoiselle de La Garde, était le château des Trous, situé à quatre lieues de Versailles; le comte y recevait beaucoup de gens de la cour. Un jeune sous-lieutenant des gardes-du-corps, porté à ce grade par son nom et par la faveur dont jouissait sa famille, avait cette confiance qui accompagne les succès non mérités, et dont heureusement les années dégagent successivement la jeunesse. Il prononça un jour, sans connaissance de l'histoire des anciennes maisons suisses et sans ménagement pour le comte, sur la noblesse de ce pays, et se permit d'avancer qu'il n'y avait pas d'anciennes maisons en Suisse, « Pardonnez-moi, » lui dit froidement le comte, il y en a de très-» anciennes. — Pourriez-vous les citer, Monsieur? » reprit le jeune homme. — Oui, répondit M. d'Hal-» ville; il y a, par exemple, ma maison et celle d'Habs-» bourg qui règne en Allemagne. — Vous avez sans » doute vos raisons pour nommer premièrement » la vôtre? repartit l'imprudent interlocuteur. — » Oui, Monsieur, dit alors M. d'Halville d'un ton » imposant, parce que la maison d'Habsbourg date

» d'avoir été page dans la mienne : lisez l'his-
» toire, étudiez celles des peuples et des familles,
» et soyez à l'avenir plus circonspect dans vos
» assertions. »

Quelque faible qu'ait été Louis XV, jamais les parlemens n'auraient obtenu son consentement pour la convocation des états-généraux. Je sais, à cet égard, une anecdote que m'ont racontée deux officiers intimes attachés à la maison de ce prince. C'était à l'époque où les remontrances des parlemens, et le refus d'enregistrer des impôts, donnaient de l'inquiétude sur la situation des finances. On en causait un soir au coucher de Louis XV : « Vous verrez, Sire, dit un homme de la cour » très-rapproché du roi par sa charge, que tout » ceci amènera la nécessité d'assembler les états- » généraux. » Le roi sortant à l'instant même du calme habituel de son caractère, et saisissant le courtisan par le bras, lui dit avec vivacité : « Ne » répétez jamais ces paroles : je ne suis pas sangui- » naire, mais si j'avais un frère et qu'il fût capable » d'ouvrir un tel avis, je le sacrifierais dans les » vingt-quatre heures à la durée de la monarchie, » et à la tranquillité du royaume (1). »

---

(1) Un entretien rapporté par madame du Hausset, lettre (F), confirme l'anecdote qu'on vient de lire, en montrant de quel ressentiment Louis XV était animé contre les parlemens.

(*Note de l'édit.*)

Causes naturelles de la mort du dauphin, père de Louis XVI, et de la dauphine, princesse saxonne, en réponse à tous les bruits d'empoisonnemens répandus par Soulavie (1).

PLUSIEURS années avant sa mort, M. le dauphin eut une petite vérole confluente qui mit ses jours en danger; il conserva, long-temps après sa convalescence, un galon suppurant au-dessous du nez. On lui donna le conseil dangereux de le faire passer en faisant usage d'extrait de Saturne; le remède eut un succès complet; mais le dauphin, qui était d'une corpulence considérable, maigrissait

---

(1) Je laisse le titre de ce morceau tel qu'il est, mais je dois remarquer que le reproche fait à Soulavie manque ici d'exactitude. Il a fait ce qui est du devoir de tout annaliste impartial. Il a rapporté, il est vrai, les indignes accusations dont M. le duc de Choiseul était l'objet, et que je crois sans aucun fondement; mais en même temps, il recueille des témoignages qui défendent la mémoire de M. de Choiseul, assez protégé, selon moi par son caractère. M. de Choiseul n'aimait pas le dauphin; il eut le tort de le braver. On doit lui reprocher, sans doute, de s'être un jour emporté au point de lui dire : « Je puis être » condamné au malheur d'être votre sujet; je ne serai jamais » votre serviteur. » Mais entre cet emportement audacieux et l'attentat le plus noir, la distance est immense, et M. de Choiseul n'était pas capable de la franchir. Voyez dans les éclaircissemens les pièces pour et contre qu'a données Soulavie. Lettre (G).

(*Note de l'édit.*)

insensiblement, et une petite toux sèche annonçait que l'humeur répercutée était retombée sur les poumons. Quelques personnes le soupçonnaient aussi d'avoir pris des acides en très-grande quantité pour se faire maigrir. Cet état cependant n'était pas assez grave pour alarmer, lorsqu'au mois de juillet 1764, il y eut un camp à Compiègne. Le dauphin passa des revues, mit beaucoup d'activité à s'acquitter de ses devoirs : on remarqua même qu'il avait cherché à obtenir l'attachement de l'armée. Il présenta la dauphine aux soldats, en disant, avec une simplicité qui fit, à cette époque, une grande sensation : « Mes enfans, voici « ma femme. » Rentrant assez tard à cheval à Compiègne, il eut froid; la chaleur du jour avait été extrême; le prince avait eu ses habits imbibés de sueur. Une maladie suivit cet accident; ses crachats étaient rouillés. Son premier médecin demandait la saignée, les médecins consultans insistèrent pour la purgation et l'emportèrent. La pleurésie mal guérie prit et conserva tous les symptômes de la pulmonie; le dauphin languit depuis cette époque jusqu'en décembre 1765, et mourut à Fontainebleau où la cour, à raison de son état, avait prolongé son séjour qui se terminait ordinairement au 2 novembre (1).

---

(1) Le récit que contient la Biographie universelle est tout-à-fait conforme à celui de madame Campan.

« Des études littéraires, les soins d'une épouse distinguée par

La dauphine, sa femme, fut pénétrée de la plus vive douleur. Cependant elle donna à ses regrets un caractère de désespoir immodéré, qui fit généralement soupçonner que la perte de la couronne entrait pour beaucoup dans la cause de ses regrets. Elle refusa long-temps de manger assez pour subsister; elle entretenait ses larmes par des portraits du dauphin, placés dans tous les endroits solitaires de son appartement. Elle le fit représenter pâle et près d'expirer, et ce tableau était

―――――――――――――――――――――――

les plus heureuses qualités de l'esprit et de l'ame, l'éducation de ses enfans auxquels il sut transmettre sa bonté, sa piété, et ses lumières, consolaient le dauphin délaissé à la cour. Sa santé, long-temps florissante, avait subi depuis deux ans une altération manifeste. Il voulut, malgré sa langueur, se rendre à un camp de plaisance qu'on avait établi à Compiègne; de-là il suivit le roi à Fontainebleau. Bientôt on le vit succomber à des fatigues que sa constitution affaiblie ne pouvait plus supporter.

» Louis XV, qui n'avait pas voulu s'absenter de Fontainebleau pendant la maladie de son fils, fut vivement ému de sa mort, et surtout par la manière dont il l'apprit. Le duc de La Vauguyon vint présenter au roi l'aîné des princes, ses élèves; et l'on annonça monsieur le dauphin. En voyant paraître son petit-fils, au lieu d'un fils qui pouvait si glorieusement le remplacer sur le trône, il se troubla et dit en soupirant: « Pauvre France! un roi âgé de cinquante ans, et un dauphin de onze! » Ce dauphin était Louis XVI. Cette douloureuse exclamation semble faire croire que Louis XV reconnaissait combien la monarchie était fortement ébranlée, et quels orages attendaient son petit-fils. »

(*Note de l'édit.*)

au pied de son lit, sous des draperies de drap gris, qui faisaient l'ameublement de la chambre des princesses en deuil. Leur grand cabinet était en drap noir, avec une estrade, un dais et un fauteuil sur lequel elles recevaient les complimens de condoléance après le temps du premier grand deuil. La dauphine, quelques mois avant de terminer sa carrière, eut des regrets de l'avoir abrégée ; mais il n'était plus temps, le coup fatal était porté. On peut présumer aussi que l'habitation avec un homme attaqué de la pulmonie avait pu contribuer à cette maladie. Cette princesse ne put faire connaître beaucoup de qualités : vivant dans une cour où l'existence du roi et de la reine éclipsait la sienne, on n'a pu remarquer en elle que son grand amour pour son mari et son extrême piété (1).

Le dauphin a été peu et mal connu. Il cherchait lui-même à déguiser son caractère, et l'avouait à ses intimes. Il demanda un jour à un de ses serviteurs les plus rapprochés : « Que dit Paris de ce » gros balourd de dauphin ? le croit-il bien bête ? »

---

(1) Surmontant sa douleur, la dauphine voulut, avec autant de courage que de prévoyance, s'occuper de l'éducation de ses enfans ; et l'on trouvera dans les éclaircissemens, lettre (H), des détails curieux sur les devoirs qu'elle s'était imposés et qu'elle remplissait avec zèle.

(*Note de l'édit.*)

La personne questionnée ayant témoigné son embarras, il l'engagea à s'expliquer sincèrement, en lui disant : « Parlez, ne vous gênez pas : c'est po-
» sitivement l'idée que je veux donner de moi. »

Il est très-sûr que mourant d'une maladie qui fait long-temps prévoir le dernier moment, il écrivit beaucoup, et transmit à son fils, par des notes secrètes, ses affections et ses préventions. C'est bien réellement ce qui empêcha la reine de pouvoir faire rappeler M. de Choiseul à la mort de Louis XV, et ce qui amena M. Du Muy, ami intime du dauphin, à la place de ministre de la guerre (1). La destruction des jésuites, opérée par

---

(1) Si l'on en juge par le passage qu'on va lire, personne n'était plus digne que M. Du Muy, de la bienveillance du dauphin et de la confiance que lui accorda Louis XVI, sur la recommandation de son père. De pareils choix, faits par le dauphin, suffiraient pour donner l'idée la plus honorable du caractère et des vertus de ce prince.

« M. Du Muy était, de tous les ministres de Louis XVI, celui que l'histoire citera avec le plus de louanges. C'était un homme aussi doux de caractère et de mœurs, que ferme et courageux dans ses opinions religieuses et politiques. L'amitié du feu dauphin lui avait donné une réputation de vertu et d'honneur qu'on n'a point oubliée encore. Il avait refusé le ministère sous le règne de Louis XV, mais il accepta celui de la guerre sous son successeur. On le nommait avec raison le *Montausier de la cour de Louis XVI*, parce qu'il ne s'était jamais départi de ce ton de décence, de probité et de délicatesse dans les procédés qui furent si rares vers la fin du règne antérieur. M. Du Muy répondit à ceux

M. le duc de Choiseul, avait mis dans la haine du dauphin ce caractère d'esprit de parti qui l'engagea à la faire passer jusqu'à ses fils. Parvenu sur le trône, il aurait soutenu les jésuites, les prêtres en général, et aurait comprimé les philosophes. Marie Leckzinska, épouse de Louis XV, plaça toujours sa vertu dans l'éloignement des affaires et l'observation sévère de ses devoirs religieux, ne demandant jamais rien pour elle, et envoyant tout

---

qui furent chargés de lui proposer le ministère en 1771, que ses principes ne lui permettaient pas d'avoir cet honneur. Il fit entendre qu'il ne voulait point fréquenter madame Du Barry qui avait assujetti les ministres à lui rendre des hommages fréquens. M. Du Muy avait une grande piété; il aurait cru manquer à ses principes religieux s'il eût fréquenté la favorite du roi. Quinze jours avant d'ordonner l'opération cruelle qui lui donna la mort, il fit graver la pierre sous laquelle il devait être enterré aux pieds du dauphin, père de Louis XVI. La veille de l'opération, il prit congé du roi, lui dit qu'il avait mis ordre aux affaires de ses bureaux, pour qu'il n'y eût pas de lacune entre son successeur et lui. Le roi l'embrassa les larmes aux yeux, et lui souhaita une guérison prompte. M. Du Muy se prépara à la mort, reçut les derniers sacremens, et, sans avertir sa femme, il ordonna au chirurgien de commencer l'opération de la pierre. Le hasard veut que madame la maréchale Du Muy pénètre dans la chambre au moment critique, elle fait un cri.... Le frère Côme, opérateur, manque son coup; et la plaie s'étant enflammée, le ministre meurt peu de temps après dans les convulsions. » (*Mémoires historiques et politiques du règne de Louis XVI*, par Soulavie, tome II.)

(*Note de l'édit.*)

ce qu'elle possédait aux pauvres. Une pareille existence doit éloigner de toute atteinte du poison, mais n'a pu garantir la mémoire de cette princesse de celui que Soulavie fait verser indistinctement par la main du duc de Choiseul.

ANECDOTES

RELATIVES

A MARIE LECKZINSKA.

Marie Leckzinska, femme de Louis XV, parlait souvent de la position plus que médiocre où elle se trouvait à l'époque où la politique du cabinet de Versailles fit rompre le mariage du roi avec la jeune infante, et monter au rang de reine de France une princesse polonaise, fille d'un souverain détrôné. Avant qu'un événement aussi peu espéré eût changé la destinée de cette vertueuse princesse, il avait été question de la marier au duc d'Estrées, et quand la duchesse de ce nom vint lui faire sa cour à Versailles, elle dit aux personnes qui l'environnaient : « Je pourrais cependant être à la place de cette dame, et faire la révérence à la reine de France (1). » Elle ra-

---

(1) Dans les Mémoires estimés sur le règne de Marie Leckzinska, on dit qu'elle fut au moment d'épouser le duc de Bourbon. J'ignore si ce fait peut être contestable; mais je puis affirmer qu'elle a souvent entretenu madame Campan, ma belle-mère, du projet de son mariage avec le duc d'Estrées.

(*Note de madame Campan.*)

contait que le roi, son père, lui avait appris son élévation d'une manière qui aurait pu lui faire une trop grande impression ; qu'il avait eu soin, pour ne pas troubler sa tranquillité, de lui laisser ignorer totalement les premières négociations entamées pour son mariage, et que tout étant définitivement arrêté et l'ambassadeur arrivé, son père s'était rendu chez elle, avait avancé un fauteuil, l'y avait fait placer, et lui avait dit : « Permettez, Madame, » que je jouisse d'un bonheur qui répare et surpasse tous mes revers : je veux être le premier à » rendre mes hommages à la reine de France. »

Marie Leckzinska n'était pas jolie ; mais elle avait de la finesse dans l'esprit et dans les traits, et ses manières simples étaient relevées par les grâces des dames polonaises. Elle aimait le roi ; ses premières infidélités lui furent très-pénibles à supporter. Cependant la mort de madame de Châteauroux, qu'elle avait connue fort jeune, et qui avait même été l'objet de ses bontés, lui fit une pénible impression. Cette bonne reine se ressentait des premières années d'une éducation superstitieuse : elle avait peur des revenans. La première nuit qu'elle passa après avoir appris cette mort presque subite, elle ne pouvait s'endormir, et faisait veiller une de ses femmes qui cherchait à calmer son insomnie par des histoires que dans ce cas elle se faisait conter, comme les enfans en demandent à leurs bonnes. Cette nuit, rien ne pouvait ramener son sommeil : sa femme de chambre la croyait endor-

mie, s'éloignait de son lit sur la pointe des pieds ; le moindre bruit du parquet réveillait la reine qui criait : « Où allez-vous ? Restez, contez encore. » Quoiqu'il fût plus de deux heures après minuit, cette femme, qui se nommait *Boirot*, et qui était fort naïve, lui disait : « Mais qu'a donc Votre Ma-
» jesté cette nuit ? y a-t-il de la fièvre ? faut-il faire
» éveiller son médecin ? — Oh ! non, non, ma
» bonne Boirot, je ne suis pas malade ; mais cette
» pauvre madame de Châteauroux, si elle reve-
» nait !......... — Eh Jésus ! Madame, lui répondit
» cette femme qui avait perdu toute patience, si
» madame de Châteauroux revient, bien sûrement
» ce n'est pas Votre Majesté qu'elle viendra cher-
» cher. » La reine partit d'un éclat de rire à cette naïveté, son agitation cessa, et bientôt elle fut endormie (1).

La nomination de madame Le Normand d'É-tioles, marquise de Pompadour, à la place de dame du palais de la reine, offensa la dignité autant que la sensibilité de cette princesse. Cependant les

---

(1) On sera curieux sans doute de savoir comment Jeanne Poisson, fille d'un commis dans l'administration des vivres, parvint à remplacer, dirai-je dans l'emploi ou dans le rang de favorite, la duchesse de Châteauroux, issue de l'illustre maison de Nesle. Soulavie donne à ce sujet des détails que rien n'em-

hommages respectueux de la marquise, l'intérêt qu'avaient des grands qui briguaient ses faveurs

pêche de croire exacts. Nous les donnons aussi parce qu'on peut aimer à connaître toutes les routes qui mènent à la grandeur.

« Madame d'Étioles accompagnait le roi (Louis XV) dans toutes ses parties de chasse, non pas comme appartenant à sa suite, mais comme spectatrice. Comme une déesse descendue du ciel, elle paraissait dans la forêt de Senart, à côté du château d'Étioles, tantôt vêtue d'une robe d'azur, dans un phaëton couleur de rose; et tantôt vêtue de couleur de rose, et dans un phaëton d'azur. Sa beauté était éclatante; aussi la duchesse de Châteauroux, qui redoutait déjà l'inconstance de Louis XV, en prit-elle ombrage. Elle fit suivre madame Le Normand d'Étioles par d'habiles jeunes gens qui lui rendaient compte de ses démarches. On a dit que madame d'Étioles, confondue dans la foule, ayant osé venir étaler ses charmes au grand couvert, madame de Châteauroux, qui se la fit montrer, parce qu'elle ne pouvait en être connue, se plaça entre le roi et madame d'Étioles, comme un écran; chercha des pieds la rencontre des siens, et les écrasa du poids de son corps, pour lui apprendre, par ce châtiment anonyme, à oser se montrer au roi. Mais madame d'Étioles était si patiente, que rien ne fut capable de la distraire de ses projets *. »

Puisque j'ai commencé à parler de la rivalité qui existait entre ces dames, il faut citer encore un trait qui désola madame de Pompadour, même après son triomphe et la mort de madame de Châteauroux.

« Dagé était en ce moment le coiffeur recherché des princesses du sang et des premières dames de la cour, madame de Château-

---

* M. d'Étioles était moins *patient* que sa femme. Il vit son élévation avec des mouvemens d'humeur qui donnaient lieu très-souvent à de singulières scènes. Celle qu'on trouvera rapportée dans les éclaircissemens, lettre (I), n'est pas une des moins piquantes.

(*Note de l'édit.*)

de la faire traiter avec indulgence par la reine, le respect de Marie Leckzinska pour les volontés du

---

roux l'ayant mis à la mode. Il était bien venu des femmes, parce qu'il avait mis son art au plus haut point de perfection. Les princesses du sang et les dames titrées avaient mis de côté leur valet de chambre, et voulaient être coiffées par ce perruquier qui devint l'enfant gâté des femmes de la cour. Dagé était bien fait de sa personne, facétieux de caractère et gascon. Se prévalant de la protection de madame la dauphine, belle-fille de Louis XV, il faisait l'important vis-à-vis du parti opposé. Madame de Pompadour, quoique fort embarrassée de son rôle, voulut se mettre au ton qui régnait dans ce temps-là, demanda Dagé, et fut obligée de négocier. Victorieuse de la résistance du coiffeur : *Comment vous êtes-vous donné*, lui dit-elle le premier jour qu'elle l'employa, *une aussi grande vogue et la réputation dont vous jouissez ?* — *Cela est-il surprenant, Madame*, lui répondit le facétieux Dagé, *je coiffais l'autre.* La toilette de madame de Pompadour était ce jour-là très-brillante et très-nombreuse. L'embarras des assistans fut douloureux et complet. Madame la dauphine, les dames de France répétèrent que *Dagé coiffait l'autre*, et ce mot ne contribua pas peu à former à la cour des divisions qui éclatèrent peu de temps après entre la famille royale et la favorite. Les princes et les princesses appelèrent madame d'Étioles *madame celle-ci*, et madame de Châteauroux *madame l'autre*; Louis XV en fut désolé. » (*Mémoires historiques et anecdotes de la cour de France*, par Soulavie, T. I.)

Le lecteur verra, lettre (J), par un passage piquant des Mémoires de madame du Hausset sur madame de Pompadour, qu'on faisait, pour lui enlever le cœur de Louis XV, au moins autant de tentatives qu'elle en avait faites elle-même pour s'en rendre maîtresse.

(*Note de l'édit.*)

roi, tout concourut à ce que la marquise fût assez bien vue par cette princesse. Le frère de madame de Pompadour reçut du roi des lettres de *haute-naissance*, et fut nommé surintendant des bâtimens et jardins. Souvent il faisait offrir à la reine, par la marquise sa sœur, les fleurs, les ananas, les primeurs les plus rares, venant des jardins de Trianon et de Choisy. Un jour que la marquise était entrée chez la reine, portant une grande corbeille de fleurs qu'elle tenait avec ses deux beaux bras sans gants, par signe de respect, la reine admira tout haut la beauté de la marquise, et par des éloges détaillés qui auraient convenu autant à une production des arts qu'à un être animé, elle semblait vouloir justifier le goût du roi. Le teint, les yeux, les beaux bras de la favorite, tout avait été le sujet d'éloges faits avec le ton de supériorité qui les rend plus offensans que flatteurs, lorsque la reine pria la marquise de chanter dans l'attitude où elle était, désirant entendre cette voix et ce talent dont toute la cour du roi avait été charmée au spectacle des petits appartemens, et réunir à la fois le plaisir des oreilles à ceux des yeux. La marquise, tenant toujours son énorme corbeille, sentait parfaitement ce que cette invitation avait de désobligeant, et cherchait à s'excuser sur l'invitation de chanter. La reine finit par le lui ordonner; alors elle fit entendre sa belle voix, en choisissant le monologue d'Armide : *Enfin il est en ma puissance*. Toutes les dames présentes à cette scène, eurent à composer leur visage en remarquant l'altération de celui de la reine (1).

La reine recevait avec beaucoup de grâces et de dignité; mais il arrive très-souvent aux grands de répéter les mêmes questions, la stérilité des idées étant bien pardonnable dans des réceptions publiques où on a si peu de choses à dire. Une ambassadrice fit sentir à cette princesse qu'elle ne se prêtait pas à ses distractions sur ce qui la concernait. Cette dame était grosse, et, malgré son état, elle se présentait assidûment chez la reine qui, toutes les fois qu'elle la voyait, lui demandait si elle était grosse, et, après la réponse affirmative,

---

(1) Madame de Pompadour possédait plusieurs talens; elle maniait également bien le crayon et le burin. On a d'elle plusieurs gravures sur cuivre et sur pierres fines. Elle composa, et l'on ajoute qu'elle exécuta même une suite de sujets destinés à consacrer les événemens les plus célèbres du règne de Louis XV. C'était à cette époque une rare faveur que de recevoir la collection des gravures de madame de Pompadour. Si quelques écrivains contestent encore ses succès comme artiste en ce genre, tout le monde est d'accord sur ses talens en musique. Sa voix était belle, sonore, étendue; elle se plaisait à la faire briller dans des concerts où les meilleurs artistes et les plus grands seigneurs faisaient leur partie. Voyez, à ce sujet, des détails curieux sous la lettre (K).

(*Note de l'édit.*)

s'informait du nombre de mois où en était sa grossesse. Fatiguée de la récidive de ces questions, et désobligée de l'oubli total qui avait toujours suivi cette fausse marque d'intérêt, l'ambassadrice répondit à la question, *êtes-vous grosse?* non, Madame. Dans l'instant, cette réponse rappela à la mémoire de la reine celles qui lui avaient été faites précédemment. « Comment, Madame, lui » dit-elle, il me semble que vous m'avez répondu » plusieurs fois que vous étiez grosse, seriez-vous » accouchée? — Non, Madame; mais, en répétant » toujours la même chose à Votre Majesté, j'ai » craint de l'ennuyer. » Cette ambassadrice fut, depuis ce jour, reçue très-froidement à la cour de Marie Leckzinska, et, si elle avait eu plus d'influence, l'ambassadeur eût bien pu se ressentir de l'indiscrétion de sa femme. La reine était gracieuse et modeste; mais plus, dans l'intérieur de son ame, elle remerciait Dieu de l'avoir placée sur le premier trône de l'Europe, moins elle voulait qu'on se rappelât son élévation. Ce sentiment la portait à faire observer toutes les formes de respect, comme la haute idée du rang dans lequel les princes sont nés, et qui les conduit trop souvent à dédaigner les formes d'étiquette et à rechercher les habitudes les plus simples. Le contraste, sur ce point, était frappant entre Marie Leckzinska et Marie-Antoinette: on l'a justement et généralement pensé. Cette reine infortunée porta trop loin son insouciance pour ce qui tenait aux formes sévères de l'étiquette (1). Un jour que la maréchale de Mouchy la fatiguait de questions sur l'étendue qu'elle voulait accorder aux dames pour ôter ou garder leur manteau, pour avoir les barbes de leurs coiffures retroussées ou pendantes, la reine lui répondit en ma présence : « Madame, arrangez tout cela comme » vous l'entendrez ; mais ne croyez pas qu'une » reine, née archiduchesse d'Autriche, y apporte » l'intérêt et l'attention qu'y donnait une princesse » polonaise, devenue reine de France. »

La princesse polonaise, à la vérité, ne pardonnait pas le moindre écart sur le profond respect

---

(1) On reproche si souvent à Marie-Antoinette d'avoir dérogé à la sévérité des anciens usages, qu'il faut bien répondre encore une fois à cette accusation par des faits. Jamais prince ne fut plus rigide observateur des lois de l'étiquette que Louis XIV; et, dans ses dernières années, la pruderie de madame de Maintenon tendait à renforcer encore ce penchant au lieu de l'affaiblir. Eh bien! que ceux qui ne pourraient pardonner à Marie-Antoinette de légères infractions au cérémonial comparent sa conduite à celle de la duchesse de Bourgogne.

« Cette princesse, dit madame la duchesse d'Orléans dans ses Mémoires, était souvent toute seule dans son château, sans ses gens; prenant une des jeunes dames sous le bras, elle courait sans ses écuyers et sans ses dames d'honneur et d'atours. A Marly et à Versailles, elle allait à pied, sans corset; entrait à l'église et s'asseyait auprès des femmes de chambre. Chez madame de Maintenon, on n'observait point de rang, et tout le monde s'y asseyait pêle-mêle; elle faisait cela à dessein pour qu'on ne remarquât pas son propre rang. A Marly, la dauphine courait la nuit avec tous les jeunes gens dans le jardin jusqu'à trois ou dû à sa personne et à tout ce qui dépendait d'elle. La duchesse de ***, dame de son palais, d'un caractère impérieux et acariâtre, s'attirait de ces petits dégoûts que les serviteurs des princes ne manquent jamais de donner aux personnes hautaines et désobligeantes, quand ils peuvent les appuyer sur leurs devoirs ou sur de simples usages. L'étiquette, on pourrait dire les seules convenances de respect, interdisaient de rien poser à soi sur les siéges de la chambre de la reine. On traversait à Versailles cette chambre pour se rendre au salon de jeu. La duchesse de *** posa son manteau

---

quatre heures du matin. Le roi n'a rien su de ces courses nocturnes. »

Ceci est-il assez clair, assez positif? D'où vient donc le blâme qui s'élève avec tant d'injustice contre Marie-Antoinette, tandis qu'on gardait un silence profond sur les inconséquences, pour ne pas dire pis, de la duchesse de Bourgogne? C'est que la trop grande bonté de Louis XVI encourageait parmi les courtisans l'audace et la calomnie, quand, sous Louis XIV au contraire, le plus prompt châtiment aurait atteint l'audacieux qui eût exercé la malignité de ses propos contre une personne placée près du trône.

La duchesse d'Orléans le fait assez connaître. « Madame de Maintenon, ajoute-t-elle, avait défendu à la duchesse du Lude de gêner la duchesse de Bourgogne, pour ne pas la fâcher, attendu qu'étant de mauvaise humeur, la dauphine ne pouvait divertir le roi. Elle avait aussi menacé de son courroux éternel quiconque serait assez téméraire pour dénoncer la dauphine auprès du roi. »

(*Note de l'édit.*)

sur un des plians rangés devant la balustrade du lit; l'huissier de la chambre, chargé de surveiller tout ce qui se passait dans cette pièce pendant la durée du jeu, vit ce manteau, le prit et le porta dans l'antichambre des valets de pied. La reine avait un gros chat favori qui ne cessait de parcourir les appartemens. Ce manteau de satin, doublé de fourrure, se trouve à sa convenance, il s'y établit. Malheureusement les traces de son séjour se firent remarquer de la manière la plus désagréable sur le satin blanc de la pelisse, quelque soin que l'on eût pris pour les faire disparaître avant de la lui donner. La duchesse s'en aperçut, prit le manteau à sa main et rentra furieuse dans la chambre de la reine qui était encore environnée de presque toute sa cour : « Voyez, Ma-
» dame, lui dit-elle, l'impertinence de *vos gens*
» qui ont jeté ma pelisse sur une banquette de l'an-
» tichambre où le chat de Votre Majesté vient
» de l'arranger comme la voilà. » La reine, mécontente de ses plaintes et d'une semblable familiarité, lui dit de l'air le plus froid : « Sachez,
» Madame, que vous avez *des gens*, et que je n'en
» ai pas; j'ai des officiers de ma chambre, qui
» ont acheté l'honneur de me servir : ce sont des
» hommes bien élevés et instruits; ils savent quelle
» est la dignité qui doit accompagner une de mes
» dames du palais; ils n'ignorent pas que, choi-
» sie parmi les plus grandes dames du royaume,
» vous devriez être accompagnée d'un écuyer, ou au

» moins d'un valet de chambre qui le remplacerait
» et recevrait de vous votre pelisse, et, qu'en obser-
» vant ces formes convenables à votre rang, vous
» ne seriez point exposée à voir vos effets jetés
» sur des banquettes d'antichambre. »

J'AI lu, dans plusieurs ouvrages écrits sur la vie de la reine Marie Leckzinska, qu'elle possédait de grands talens. Il est prouvé, par sa conduite religieuse, noble et résignée, par la grâce et la justesse de son esprit, que son auguste père avait pris les plus tendres soins pour développer en elle toutes les excellentes qualités dont le ciel l'avait douée. Les vertus et les lumières des grands sont toujours démontrées par leur conduite; quant à leurs talens, cette partie reste dans l'apanage des flatteurs, de manière à n'avoir jamais de preuves authentiques sur leur réalité, et, quand on a vécu près d'eux, il est très-pardonnable de mettre leurs talens en doute. S'ils dessinent ou peignent, un habile artiste est toujours là qui dirige le crayon par le conseil, quand il ne le fait pas de sa propre main, qui prépare la palette, amalgame les couleurs d'où dépend le coloris. Si une princesse entreprend quelque broderie nuancée, de la nature de celles qui peuvent prendre leur place parmi les productions des arts, une habile brodeuse défait et recommence ce qui a été manqué, passe des soies sur les teintes négligées. Si la princesse est musicienne, il n'y a pas d'oreilles qui jugent si elle a chanté faux, ou au moins il n'existe personne capable de le dire : ce sont de légers inconvéniens que ce manque de perfection dans les talens des grands. S'en occuper, quoique médiocrement, est un mérite qui suffit en eux, puisque leur seul goût et la protection qu'ils leur accordent, les font éclore de toutes parts. La reine aimait l'art de la peinture, et croyait savoir dessiner et peindre, elle avait un maître de dessin qui passait toutes ses journées dans son cabinet. Elle entreprit de peindre quatre grands tableaux chinois, dont elle voulait orner un salon intérieur, enrichi de porcelaines rares et de très-beaux marbres de laque. Ce peintre était chargé de faire le paysage et le fond des tableaux; il traçait au crayon les personnages; les figures et les bras étaient aussi confiés par la reine à son propre pinceau; elle ne s'était réservé que les draperies et les petits accessoires. La reine, tous les matins, sur le trait indiqué, venait placer un peu de couleur rouge, bleue ou verte, que le maître préparait sur la palette, et dont il garnissait à chaque fois son pinceau, en répétant sans cesse : « Plus haut, plus » bas, Madame, à droite, à gauche. » Après une heure de travail, la messe à entendre, quelques autres devoirs de piété ou de famille appelaient Sa Majesté; et le peintre, mettant des ombres aux vêtemens peints par elle, enlevant les couches de peinture où elle en avait trop placé, terminait les petites figures. L'entreprise finie, le salon intérieur fut décoré de l'ouvrage de la reine, et l'entière confiance de cette vertueuse princesse, que cet ouvrage était celui de ses mains, fut telle, que, léguant ce cabinet à madame la comtesse de Noailles, sa dame d'honneur, les tableaux et tous les meubles dont il était décoré, elle ajouta à l'article de ce legs : « Les tableaux de mon cabinet étant » mon propre ouvrage, j'espère que madame la » comtesse de Noailles les conservera par amour » pour moi. » Madame de Noailles, depuis maréchale de Mouchy, fit construire un pavillon de plus à son hôtel du faubourg Saint-Germain, pour y placer dignement le legs de la reine, et fit graver en lettres d'or sur la porte d'entrée : *L'innocent mensonge de cette bonne princesse* (1).

---

(1) On trouve dans la *Vie de Marie Leckzinska*, par l'abbé Proyart, les détails suivans sur les occupations de cette princesse :

« Au sortir de son dîner, elle donnait encore des audiences. Elle entrait ensuite dans ses petits appartemens où elle s'amusait à jouer de quelque instrument, à peindre au pastel ou à faire usage d'une fort petite et fort jolie imprimerie. Elle ne peignait que des tableaux de dévotion dont elle faisait présent à des communautés religieuses et à des personnes qui avaient le goût de la piété. Il lui en restait à sa mort un cabinet entier qu'elle laissa par son testament à sa dame d'honneur. Elle imprimait, pour les distribuer comme ses tableaux, des prières, des sentences et des maximes de morale. Le dauphin l'ayant un jour trouvée occupée de ce travail, se récria, avec sa gaieté ordinaire,

La reine avait choisi pour amis particuliers le duc, la duchesse et le bon cardinal de Luynes. Elle les appellait ses *honnêtes gens* (1); elle faisait

sur le scandale qu'elle lui donnait avec son imprimerie clandestine. La reine lui fit présent d'une collection des ouvrages sortis de sa presse, et lui demanda s'il ne serait pas curieux d'apprendre le métier à son école? « Pas du tout, répondit le prince; à moins
» que ce ne soit pour imprimer un règlement bien sévère contre
» l'abus qu'on fait aujourd'hui de l'imprimerie. »

(*Note de l'édit.*)

(1) Je ne prétends affaiblir en rien le sens de l'honorable épithète donnée par la reine à ses amis; mais la fidélité de l'histoire m'oblige à rapporter le passage suivant des Mémoires de madame du Hausset.

« J'étais surprise, dit-elle, de voir depuis quelque temps la duchesse de Luynes, dame d'honneur de la reine, venir en secret chez Madame. Ensuite elle y vint sans se cacher; et, un soir, Madame s'étant mise au lit, me dit : « Ma chère bonne, vous allez
» être bien contente, la reine me donne une place de dame du
» palais; demain je lui serai présentée : il faut me faire bien
» belle. » J'ai su que le roi n'était pas aussi aise qu'elle; il craignait le scandale, et qu'on ne crût qu'il avait forcé la reine à cette nomination. Mais il n'en était rien. On représenta à cette princesse que c'était un acte héroïque d'oublier le passé; que tout scandale serait effacé, quand on verrait Madame tenir à la cour par une place honorable; et que ce serait une preuve qu'il n'y avait plus que de l'amitié entre le roi et sa favorite. La reine la reçut très-bien; les dévots se flattèrent d'être protégés par Madame, et chantèrent pendant quelque temps ses louanges.

souvent à la duchesse l'honneur de passer la soirée et de souper chez elle; le président Hénault faisait le charme de cette pieuse et vertueuse société. Ce magistrat unissait aux qualités imposantes de son état, le savoir d'un homme de lettres et l'aménité du courtisan (1). La reine surprit un jour la du-

---

Plusieurs amis du dauphin venaient en particulier voir Madame, excepté le chevalier Du Muy; et quelques-uns obtinrent des grades. Le roi avait pour eux le plus grand mépris et ne leur accordait rien qu'en rechignant.

» Ce moment est celui où j'ai vu Madame le plus satisfaite. Les dévotes venaient chez elle sans scrupule et ne s'oubliaient pas dans l'occasion. Madame de Luynes avait donné l'exemple. Le docteur Quesnay riait de ce changement de décoration et s'égayait aux dépens des dévotes. « Cependant, lui disais-je, elles » sont conséquentes et peuvent être de bonne foi. — Oui, di- » sait-il, mais il ne faut pas qu'elles demandent rien. » (*Journal de madame du Hausset.*)

(*Note de l'édit.*)

(1) Le président Hénault, qui ne voulait pas être *fameux par ses soupers*, mais qui l'est, à bien plus juste titre, par sa *Chronologie*, était surintendant de la maison de la reine. Il faisait le charme de sa société intime, comme il avait été dans sa jeunesse l'ornement de la cour de Sceaux, chez la duchesse du Maine. On a de lui des couplets, des pièces de théâtre, et même une tragédie de Marius, jouée avec quelque succès en 1715. Mais ses tragédies sont au-dessous de ses chansons; et le président Hénault n'eût laissé que les souvenirs d'un homme aimable, sans la juste célébrité que l'Abrégé chronologique assure à l'écrivain.

(*Note de l'édit.*)

chesse écrivant au président qui venait de publier son Abrégé chronologique de l'histoire de France ; elle prit la plume de madame de Luynes, et écrivit au bas de la lettre cette apostille : « Je pense » que M. Hénault, qui parle très-peu pour dire » beaucoup, ne doit guère aimer le langage des » femmes qui parlent beaucoup pour dire très- » peu. » Et au lieu de signer, elle ajouta : *Devinez qui?* Le président répondit à cette apostille anonyme par ces vers ingénieux :

> Ces mots, tracés par une main divine,
> Ne peuvent me causer que trouble et qu'embarras.
> C'est trop oser si mon cœur les devine,
> C'est être ingrat, s'il ne devine pas.

Un soir la reine, étant passée dans le cabinet du duc de Luynes, prit successivement quelques livres pour en lire les titres ; une traduction de l'Art de plaire d'Ovide, étant tombée sous sa main, elle replaça le livre avec vivacité, en s'écriant : « Ah, fi ! » — Quoi ! Madame, lui dit le président, c'est » Votre Majesté qui traite ainsi l'art de plaire ? — » Non, Monsieur Hénault, reprit la reine ; j'esti- » merais l'art de plaire, j'éloigne de moi l'art de » séduire. »

Madame de Civrac, fille du duc d'Aumont, dame d'honneur de Mesdames, était de cette société intime de la reine. Ses vertus et son amabilité l'y faisaient estimer autant qu'elle y était chérie ; une mort prématurée l'enleva à sa famille et à ses amis. Le président Hénault lui rendait de respectueux hommages, ou plutôt il aimait à être l'organe de tous ceux dont une société aussi distinguée s'empressait d'environner ses qualités, ses vertus et ses souffrances. Quelque temps avant la mort de madame de Civrac, on lui ordonna des eaux minérales ; elle partit de Versailles, déjà très-affaiblie par l'état de sa santé. Le désir de la distraire pendant la durée d'un voyage qui l'éloignait de tout ce qui lui était cher, inspira au président le plan d'une fête qui lui fut donnée dans tous les lieux où elle devait se reposer : ses amis partaient avant elle pour la devancer de quelques postes et préparer leurs déguisemens. En relayant à Bernis, l'intéressante voyageuse trouva un groupe de seigneurs costumés en anciens chevaliers français, accompagnés des meilleurs musiciens de la chapelle du roi. Ils chantèrent à madame de Civrac des couplets composés par le président ; le premier commençait par ces vers :

> Quoi ! vous partez sans que rien vous arrête !
> Vous allez plaire en de nouveaux climats !
> Pourquoi voler de conquête en conquête ?
> Nos cœurs soumis ne suffisent-ils pas ?

A Nemours, les mêmes personnes, en habits de villageois et de villageoises, lui donnèrent une scène champêtre dans laquelle on l'invitait à venir simplement jouir des douceurs de la campagne. Ailleurs, ils parurent en bourgeois et en bourgeoises, avec le bailli et le tabellion, et ces travestissemens, toujours variés et animés par l'esprit aimable du président, suivirent madame de Civrac jusqu'aux eaux où elle se rendait. J'ai lu dans ma jeunesse cette ingénieuse et touchante fête; j'ignore si le manuscrit en a été conservé par les héritiers de M. le président Hénault. La candeur et la religieuse simplicité du bon cardinal contrastaient avec l'esprit galant et aimable du président, et, sans manquer à ce qui était dû au vénérable prélat, on s'amusait quelquefois de ses simplicités. Il y en eut cependant une dont le résultat heureux justifia le bon cardinal d'une chose tout-à-fait déplacée. Ne voulant pas oublier des homélies qu'il avait composées dans sa jeunesse, et tenant à ses productions autant que l'archevêque de Tolède lorsqu'il disgracia Gil-Blas, le cardinal se levait à cinq heures du matin; tous les dimanches, pendant le séjour de la cour à Fontainebleau (cette ville était dans son diocèse), il allait officier à la paroisse, il montait en chaire, et récitait une de ses homélies : toutes avaient été composées pour ramener les gens du grand monde aux modestes pratiques qui conviennent aux vrais chrétiens. Plusieurs centaines de paysannes, assises sur leurs sabots, environnées des paniers qui avaient servi à apporter leurs légumes ou leurs fruits au marché, écoutaient Son Éminence sans comprendre un seul mot de ce qu'il leur disait. Quelques personnes attachées à la cour, voulant assister à la messe avant de partir pour Paris, entendirent Son Éminence crier avec une émotion tout-à-fait pastorale : « Mes chers frères, pourquoi » le luxe vous accompagne-t-il jusqu'au pied du » sanctuaire ? Pourquoi ces coussins de velours et » ces sacs couverts de galons et de franges pré-» cèdent-ils votre entrée dans le temple du Sei-» gneur ? Quittez, quittez ces habitudes somp-» tueuses que vous ne devez considérer que comme » une gêne tenant à votre rang, et dont la pré-» sence de votre divin sauveur doit vous dégager. » Les personnes, qui avaient entendu les homélies, en parlèrent dans les sociétés de la cour ; chacun voulut se donner le plaisir de les entendre : les dames du plus haut rang se firent éveiller à la pointe du jour pour entendre la messe du cardinal, et Son Éminence se trouva promptement avoir attiré un auditoire fait pour profiter de ses homélies.

MARIE LECKZINSKA ne put voir sans prévention la princesse de Saxe, qui épousa le dauphin en secondes noces ; mais les égards, les respects, les soins de la dauphine, lui firent oublier qu'elle était fille du prince qui portait la couronne de son père. Cependant quelques preuves des profonds ressentimens ne peuvent échapper aux yeux des gens qui environnent sans cesse les grands ; et, si la reine ne voyait plus dans la princesse de Saxe qu'une épouse chérie par son fils, et la mère du prince destiné à la succession du trône, elle n'avait point oublié qu'Auguste portait la couronne de Stanislas. Un jour, un officier de sa chambre s'étant chargé de lui demander une audience particulière pour le ministre de Saxe, et la reine n'étant point disposée à l'accorder, cet homme insista en se permettant d'ajouter qu'il n'avait osé demander cette faveur à la reine, que parce que ce ministre était un ambassadeur de famille. « Dites *anti-famille*, reprit la » reine avec vivacité, et faites-le entrer. »

La reine aimait beaucoup madame la princesse de Tallard, gouvernante des enfans de France. Cette dame ayant atteint un âge avancé, vint prendre congé de Sa Majesté et lui faire part de la résolution qu'elle avait prise de quitter le monde et de mettre enfin un intervalle entre la vie et la mort. La reine lui témoigna tous ses regrets, essaya de la détourner de ce projet, et toute attendrie par l'idée du sacrifice auquel la princesse se déterminait, lui demanda où elle comptait se retirer : « Dans les entresols de mon hôtel, Madame, lui répondit madame de Tallard (1). »

---

(1) « Madame de Tallard, dit Soulavie, aimait le jeu et les veilles, avait de l'esprit, de la dignité et de la noblesse dans l'ex-

Le comte de Tessé, père du dernier comte de ce nom, qui n'a point laissé d'enfans, était premier écuyer de la reine Marie Leckzinska. Elle estimait ses vertus, mais s'amusait quelquefois de la simplicité de son esprit. Un jour qu'il avait été question des hauts faits militaires qui honoraient la noblesse française, la reine dit au comte : « Et » vous, M. de Tessé, toute votre maison s'est aussi » bien distinguée dans la carrière des armes. — » Ah! Madame, nous avons tous été tués au ser- » vice de nos maîtres ! — Que je suis heureuse, » reprit la reine, que vous soyez resté pour me le

---

pression. Elle nomma, pour son exécuteur testamentaire, Chauvelin, ancien garde-des-sceaux, et distribua avant sa mort ses bijoux et ses tabatières. Elle prit ce jour-là le plus beau de ses diamans, le mit à son doigt; et comme sa femme de chambre voulait le lui ôter pour le mettre en lieu de sûreté : « Je dois » mourir bientôt, lui dit-elle, et j'ai légué dans mon testament, » à M. de Chauvelin, le diamant que je porterai à ma mort. » Madame de Tallard s'était fait, dans sa place de gouvernante des enfans de France, 115,000 livres de rentes du roi, parce que, à chaque nouvel enfant, les appointemens augmentaient de 35,000 livres. Cette augmentation était stable, même après l'éducation. Elle s'était séparée de gré à gré de son mari, faisait une très-grande dépense et devait immensément. La malignité, peut-être la calomnie, la poursuivirent même après sa mort. »
(*Anecdotes de la cour de France pendant la faveur de madame de Pompadour*, par Soulavie.) (*Note de l'édit.*)

» dire. » Ce bon M. de Tessé avait marié son fils à l'aimable, à la spirituelle fille du duc d'Ayen, depuis maréchal de Noailles; il aimait éperdument sa belle-fille, et n'en parlait jamais qu'avec attendrissement. La reine, qui cherchait à l'obliger, l'entretenait souvent de la jeune comtesse, et lui demanda un jour quelle qualité il remarquait essentiellement en elle. « Sa bonté, Madame, sa » bonté, répondit-il les yeux pleins de larmes: » elle est douce...... douce comme une bonne ber- » line. — Voilà bien, dit la reine, une compa- » raison de premier écuyer. »

En 1730, la reine Marie Leckzinska, se rendant à la messe, trouva le vieux maréchal de Villars appuyé sur une béquille de bois qui ne valait pas trente sous: elle l'en plaisanta, et le maréchal lui dit qu'il s'en servait depuis une blessure qui l'avait forcé de faire cette emplette à l'armée. La reine, en souriant, lui dit qu'elle trouvait sa béquille si indigne de lui, qu'elle espérait bien en obtenir le sacrifice. Rentrée chez elle, Sa Majesté fit partir M. Campan pour Paris, avec l'ordre d'acheter, chez le fameux Germain, la plus belle canne à béquille en or émaillé qu'il pût trouver, et lui ordonna de se rendre de suite à l'hôtel du maréchal de Villars, et de lui porter ce présent de sa part. Il se fit annoncer et remplit sa commission; le maréchal, en le reconduisant, le pria d'exprimer toute sa reconnaissance à la reine, et lui dit qu'il n'avait rien à offrir à un officier qui avait l'honneur d'appartenir à Sa Majesté, mais qu'il le priait d'accepter son vieux bâton; qu'un jour peut-être ses petits-fils seraient bien aises de posséder la canne avec laquelle il commandait à Marchiennes et à Denain. On retrouve dans cette anecdote le caractère connu du maréchal de Villars, mais il ne se trompa pas sur le prix que l'on mettrait à son bâton. Il a été conservé depuis ce temps avec vénération par la famille de M. Campan. Au 10 août 1792, une maison que j'occupais sur le Carrousel, à l'entrée de la cour des Tuileries fut entièrement pillée et en grande partie brûlée; la canne du maréchal de Villars fut jetée sur le Carrousel, à raison de son peu de valeur, et ramassée par mon domestique. Si l'ancien maître de cette canne eût vécu à cette époque, nous n'aurions pas vu une si déplorable journée.

Le père de la reine était mort consumé auprès de sa cheminée. Comme presque tous les vieillards, il répugnait à des soins qui dénotent l'affaiblissement des facultés, et avait ordonné à un valet de chambre, qui voulait rester près de lui, de se retirer dans la pièce voisine : une étincelle mit le feu à une douillette de taffetas ouatée de coton, que la reine sa fille lui avait envoyée. Ce pauvre prince, qui espérait encore sortir de l'état affreux où l'avait mis ce terrible accident, voulut en faire part lui-même à la reine, et, mêlant la gaieté douce de son caractère au courage de son ame, il lui manda : « Ce qui me console, ma » fille, c'est que je brûle pour vous. » Cette lettre ne quitta pas Marie Leckzinska jusqu'à sa dernière heure, et ses femmes la surprirent souvent baisant un papier qu'elles ont jugé être ce dernier adieu de Stanislas (1).

---

(1) Ce trait honore le cœur et la piété filiale de Marie Leckzinska. Cette princesse avait autant d'esprit que de sensibilité, si l'on en juge par plusieurs traits qui lui échappaient dans la conversation, et que l'abbé Proyart a recueillis. Plusieurs sont remarquables par le fond des idées, et souvent aussi par un tour ingénieux et vif.

« Nous ne serions pas grands sans les petits. Nous devons » l'être que pour eux. » (P. 240.)

« Tirer vanité de son rang, c'est avertir qu'on est au-dessous. » (P. 240.)

« Un roi qui commande le respect pour Dieu est dispensé de » le commander pour sa personne. » (*Ibidem.*)

« La miséricorde des rois est de rendre la justice; et la justice » des reines, c'est d'exercer la miséricorde. » (P. 241.)

« Les bons rois sont esclaves, et leurs peuples sont libres. » (*Ibidem.*)

« Le contentement voyage rarement avec la fortune; mais il » suit la vertu jusque dans le malheur. » (*Ibidem.*)

« Ce n'est que pour l'innocence que la solitude peut avoir des » charmes. » (P. 242.)

« S'estimer grand par le rang et les richesses, c'est s'imaginer
» que le piédestal fait le héros. » (*Ibidem.*)

« Plusieurs princes ont regretté, à la mort, d'avoir fait la
» guerre; nous n'en voyons aucun qui se soit repenti alors d'a-
» voir aimé la paix. » (*Ibidem.*)

« Une personne sensée juge d'une tête par ce qu'il y a de-
» dans; les femmes frivoles par ce qu'il y a autour. » (P. 245.)

« Les courtisans nous crient: *Donnez-nous sans compter!* et
» le peuple: *Comptez ce que nous vous donnons!* »

On trouvera, lettre (L), sur le caractère de cette princesse,
des détails et des anecdotes qui la font encore mieux connaître.

(*Note de l'édit.*)

ANECDOTES

DU

RÈGNE DE LOUIS XVI.

ANECDOTES

SUR LE RÈGNE DE LOUIS XVI,

SUR CE PRINCE ET SUR MARIE-ANTOINETTE.

Dans une cour paisible et heureuse, comme l'était celle de Versailles jusqu'à l'époque à jamais funeste de la révolution, les moindres événemens occupent, et on y aime surtout les choses merveilleuses. Au commencement du règne de Louis XVI, quelqu'un de la société de la duchesse de Cossé, dame d'atours de la reine, découvrit dans un village, près de Marly, une femme retirée dans une chaumière plus soignée et mieux meublée que ne l'étaient celles des autres paysans du même lieu. Elle avait une vache, ne savait pas la traire, et priait ses voisines de lui rendre ce service. Une chose paraissait bien plus surprenante encore, c'était une bibliothèque à peu près de deux cents volumes, qui faisait le plus bel ornement de sa retraite. La duchesse entretint la jeune reine de cette intéressante solitaire : selon elle, ce devait être une Sarah Th***, semblable à l'héroïne d'une Nouvelle que le chevalier de Saint-Lambert venait de faire paraître à la suite du poëme des Saisons.

Pendant plusieurs jours, on ne parla que de la

Sarah de Marly; on disait qu'il était à remarquer qu'elle n'était connue dans le village que sous le nom de Marguerite; qu'elle n'allait à Paris que deux fois par an; qu'elle y allait seule; qu'elle parlait rarement à ses voisines, à moins qu'elle n'eût à les remercier de petits services qu'elles lui avaient rendus; qu'elle entendait régulièrement une basse messe le dimanche et les jours de fêtes, mais n'était pas dévote; qu'on avait vu dans sa chaumière les œuvres de Racine, de Voltaire, de Jean-Jacques. Enfin, l'intérêt s'accroissait successivement sur cette solitaire, au point que Marie-Antoinette voulut connaître celle qui en était l'objet, et dirigea sa promenade du côté de sa retraite. La reine descendit de calèche avant d'arriver dans le village, et, tenant la duchesse de Cossé sous le bras, entra dans la chaumière. « Bonjour,
» Marguerite, lui dit la reine, votre chaumière
» est bien jolie. — Pas trop, Madame, mais je la
» tiens proprement. — Vos meubles sont fort bons.
» — Je les ai apportés de Paris lorsque je suis ve-
» nue m'établir ici. — On dit que vous y allez fort
» peu? — Je n'y ai rien à faire. — Vous avez une
» vache que vous ne soignez pas? reprit la reine.
» — Par régime, je bois beaucoup de lait, et
» comme j'ai toujours vécu à la ville, je ne sais
» pas traire ma vache, et mes voisines me rendent
» ce service. — Vous avez des livres? — Vous
» voyez, Madame. — Quoi, Voltaire! dit la reine,
» en prenant un volume de cet auteur; l'avez-

» vous lu en entier? — J'ai lu les volumes que
» j'en ai, le siècle de Louis XIV, le règne de
» Charles XII, la Henriade et ses tragédies. —
» — Quel choix plein de goût! s'écriait la du-
» chesse, elle est vraiment étonnante! Vous lisez
» beaucoup, à ce qu'on dit. — Je n'ai rien de
» mieux à faire, j'aime assez cela, ça tue le temps,
» les soirées sont longues.—Comment avez-vous eu
» ces livres? reprit la reine, les avez-vous achetés?
» — Non, Madame, répondit Marguerite; j'étais
» gouvernante d'un médecin qui est mort, et m'a
» laissé, par testament, son mobilier, ses livres,
» et 800 livres de rentes sur l'Hôtel-de-Ville, que
» je vais recevoir tous les six mois. » La reine s'a-
musa avec autant d'esprit que de gaieté de voir
tout ce que l'on commençait à répandre sur la
solitaire de Marly, déjoué par un récit aussi simple
et qui méritait si peu d'occuper.

Cette nouvelle Sarah Th*** était tout bonne-
ment une cuisinière retirée.

―――――

Marie-Antoinette, n'étant encore que dauphine,
supportait déjà difficilement le joug de l'étiquette.
L'abbé de Vermond avait contribué en partie à
l'entretenir dans cette disposition. Lorsqu'elle fut
devenue reine, il s'efforça ouvertement de l'amener à secouer des entraves dont elle respectait
encore l'antique origine. Entrait-il dans sa chambre

au moment où elle se disposait à sortir : « Pour qui
» donc, lui disait-il d'un ton moqueur, pour qui
» ce détachement de guerriers que j'ai trouvé dans
» la cour? est-ce quelque général qui sort pour
» inspecter son armée? Tout cet étalage militaire
» convient-il à une jeune reine adorée de ses su-
» jets? » Il prenait cette occasion de lui rappeler la
simplicité avec laquelle vivait Marie-Thérèse, les
visites qu'elle allait faire, sans gardes et même sans
suite, chez le prince d'Esterhazy, chez le comte
de Palfi, pour y passer des journées entières loin
de l'éclat fatigant de la couronne. L'abbé flattait
ainsi, avec une adresse funeste, le penchant de
Marie-Antoinette; il lui indiquait sous quelles couleurs elle pouvait se déguiser à elle-même sa haine
pour les coutumes orgueilleuses, mais consacrées,
que suivaient les descendans de Louis XIV.

Le théâtre, cette ressource féconde et commode
des esprits superficiels, était à la cour le fonds
de toutes les conversations (1). C'était habituelle-

---

(1) Un conte heureux, un bon mot, quelque naïveté ridicule
d'un provincial, étaient aussi des bonnes fortunes dont on s'empressait de profiter. Il y avait des courtisans à la piste des histoires nouvelles; et il faut avouer qu'ils portaient fort loin l'art
agréable de conter avec grâce. Il était délicieux de les entendre;
mais, à moins d'avoir un talent égal au leur, c'était chose difficile
de redire ce qu'ils avaient dit : le ton et la forme ôtés, rien ne restait.

(*Note de l'édit.*)

ment du théâtre qu'on parlait à la toilette de la reine. Elle voulait tout savoir sur une représentation à laquelle elle n'avait pas assisté. La question : *Y avait-il beaucoup de monde?* ne manquait jamais. J'ai vu plus d'un gracieux duc lui répondre en s'inclinant : « Il n'y avait pas un chat. » Cela ne voulait pas dire, comme on pourrait le croire, que la salle eût été vide, il était même possible qu'elle eût été pleine; mais, dans ce cas-là, on voulait dire que c'étaient des financiers, de bons bourgeois, des provinciaux qui la remplissaient. La noblesse, encore dois-je dire la haute-noblesse, ne connaissait que ses pareils. Pour en faire partie, il fallait avoir été présenté. Il y avait encore parmi les gens de cette classe une élite privilégiée : c'est ce qu'on appelait les gens titrés; et les gens titrés qui habitaient Versailles, qui approchaient le roi et la reine, n'étaient pas sans quelque mépris pour ceux des leurs qui faisaient leur cour une seule fois par semaine. Dans ce cas-là, une femme présentée, titrée et portant le nom le plus illustre, pouvait être dédaigneusement rangée dans ce qu'on appelait *les dames du dimanche.*

La retraite de madame Louise, l'éloignement de la cour n'avaient fait que la livrer en entier aux intrigues du clergé. Elle recevait sans cesse les visites des évêques, des archevêques, des prêtres ambitieux ; faisait accorder par le roi son père beaucoup de grâces ecclésiastiques, et s'attendait probablement à jouer un grand rôle à l'époque où le roi, lassé de ses plaisirs et de sa vie licencieuse, chercherait à s'occuper de son salut; ce qui serait peut-être arrivé, si une mort prompte et inattendue ne fût venue terminer sa carrière. Le plan de madame Louise échoua par cet événement. Elle resta dans son couvent d'où elle sollicitait encore beaucoup de grâces, ce que je pouvais juger par les plaintes de la reine, qui me disait souvent : « Voici » encore une lettre de ma tante Louise. C'est bien » la petite carmélite la plus intrigante qui existe » dans le royaume. » La cour allait la voir, à peu près trois fois par an, et je me souviens que la reine, lui menant sa fille, me chargea de lui faire habiller une poupée en carmélite, afin que la jeune princesse fût accoutumée, avant d'entrer au couvent, à l'accoutrement de sa tante la religieuse.

Dans un séjour où l'ambition tient toutes les passions éveillées, un mot, une seule réflexion peuvent amener des préventions, faire naître la haine, et je n'ai pu me refuser à croire que l'inimitié connue, qui s'est établie entre la reine et madame de Genlis, n'ait eu pour première base une réponse de Marie-Antoinette à la duchesse d'Orléans, au sujet de cette dame. Le jour des révérences pour les couches, à la naissance du dauphin, la duchesse d'Orléans s'approcha de la chaise longue de la reine, pour excuser madame de Genlis de ne point paraître dans une occasion où toute la cour était empressée de féliciter Sa Majesté sur la naissance d'un héritier : une indisposition l'en avait empêchée. La reine répondit que la duchesse de Chartres se ferait excuser dans une circonstance semblable; que la célébrité de madame de Genlis aurait pu, à la vérité, faire remarquer son absence; mais qu'elle n'était pas de rang à s'en faire excuser. Cette démarche de la princesse, subjuguée par l'esprit de la gouvernante de ses enfans, prouve au moins qu'à cette époque elle ambitionnait encore les regards et la bienveillance de la reine, et, à partir de ce moment, les réflexions peu indulgentes sur les habitudes et les goûts de la souveraine, et les critiques piquantes sur les productions et la conduite de la femme auteur, s'échangeaient sans interruption entre Marie-Antoinette et madame de Genlis. Au moins suis-je sûre que l'on ne manquait pas d'apporter à la reine les épigrammes et les chansons qui paraissaient contre la gouvernante des enfans du duc d'Orléans; et il est très-probable que la malice des courtisans faisait arriver au Palais-Royal, avec la même rapidité, tout ce qui pouvait avoir été dit dans l'appartement de la reine contre madame de Genlis.

M. de Maurepas mourut le 21 novembre, un mois après la naissance de M. le dauphin. Le roi parut très-affecté de cette perte. Quelle que fût l'indifférence et la légèreté de ce guide, l'habitude l'avait rendu nécessaire. Le roi s'interdit, au moment de sa mort, plusieurs plaisirs tels que la chasse et un dîner à Brunoy, chez Monsieur. Il visita plusieurs fois le malade, et donna des marques d'une véritable sensibilité. M. de Vergennes, sans hériter du titre de premier ministre, remplaça en entier M. de Maurepas auprès du roi (1). Les historiens politiques prononceront sur ses talens et sur les fautes que M. de Vergennes a pu commettre. Mais le simple jugement m'a fait apprécier en lui le mérite d'avoir su dérober la faiblesse du caractère de son maître aux yeux de l'Europe entière. On ne peut nier qu'il fut pour Louis XVI, tant qu'il vécut, comme un manteau respectable dont, à la mort de ce ministre, le roi parut à l'instant dépouillé (2).

(1) Voyez dans les pièces, lettre (M), quelques particularités historiques sur les moyens qu'avait employés M. de Maurepas pour se maintenir au ministère, et rendre M. le duc de Choiseul de plus en plus odieux à Louis XVI.

(*Note de l'édit.*)

(2) « Les formes de ce ministre, dit Rhulières dans une notice sur M. de Vergennes, n'étaient ni aimables, ni soignées, mais

Hiver de 1788.

La reconnaissance des Parisiens pour les secours versés par le roi et la reine fut très-vive et très-sincère. La neige était si abondante que, de-

---

assez imposantes. Pourquoi? C'est que tout homme qui trouvera une retraite au milieu de la cour, et fera passer pour une vertu de réflexion son indifférence pour les femmes et pour les spectacles, qui se donnera les dehors graves d'un homme appliqué, et sera réputé étranger à toute espèce de tracasserie, persuadera que, livré à la chose publique, il ne quitte pas un moment les affaires de l'État. M. de Vergennes s'était si bien acquis cette réputation que, dans une de ces facéties que la cour invente pour se dérober à l'ennui, on le représenta comme accablé sous le poids du travail. Il s'agissait de masquer tous les ministres et d'autres personnages importans. La reine devait deviner et reconnaître les masques. Le comte de Vergennes fut représenté portant le globe sur sa tête, une carte d'Amérique sur la poitrine, et une d'Angleterre sur le dos. Il est tel ministre qu'on eût pu représenter tenant dans la main la ceinture de Vénus, et jouant avec le carquois de son fils.

» Dans une autre occasion, une femme de la cour, vieille et laide, s'étant approchée, dans une parure trop brillante pour son âge et sa figure, de la table du roi, Monsieur lui demanda ce qu'elle voulait?.... Hélas! ce que je veux! Je veux prier le roi de me faire parler à M. de Vergennes. Le roi, en riant de bon cœur avec tout le monde, promit à cette septuagénaire de lui procurer l'audience du ministre avant qu'elle mourût.

» Ces événemens, quelque peu importans qu'ils paraissent,

puis cette époque, on n'en a pas vu en France une si prodigieuse quantité. On eut l'idée d'élever, dans différens quartiers de Paris, des pyramides et des obélisques portant des inscriptions qui exprimaient la reconnaissance populaire. La pyramide de la rue d'Angiviller méritait surtout de fixer les regards. Elle était supportée par une base d'environ cinq à six pieds de haut sur douze de face ; elle s'élevait à quinze pieds, et était terminée par un globe. Quatre bornes, posées sur chacun des angles, accompagnaient cet obélisque, et lui donnaient un aspect qui ne manquait pas d'élégance.

On y lisait plusieurs inscriptions en l'honneur du roi et de la reine.

Je fus voir ce singulier monument, et j'ai retenu l'inscription suivante :

---

révèlent les opinions à la cour surtout où les jeux même ne sont jamais sans but et sans une pointe de méchanceté.... »

Rhulières ajoute, quelques pages plus bas : « Le duc de Choiseul avait de grands talens; M. Turgot de grandes connaissances ; M. de Vergennes une médiocrité imposante; M. de Maupeou une fermeté despotique; M. de Calonne une facilité impardonnable. »

Ce portrait de M. de Vergennes est en général trop satirique, et nous ne pensons nullement que le reproche de médiocrité soit fondé. Mais on lui en fait un plus grave, celui d'avoir consenti au traité qui ruina nos manufactures. Voyez, à ce sujet, les éclaircissemens sous la lettre (N).

(*Note de l'édit.*)

A Marie-Antoinette.

Reine dont la bonté surpasse les appas,
Près d'un roi bienfaisant occupe ici ta place.
Si ce monument frêle est de neige et de glace,
    Nos cœurs pour toi ne le sont pas.

    De ce monument sans exemple,
Couple auguste, l'aspect bien doux pour votre cœur,
Sans doute vous plaira plus qu'un palais, qu'un temple
Que vous élèverait un peuple adulateur.

Les théâtres retentirent généralement des éloges dûs aux bienfaits des souverains : on donna la Partie de chasse de Henri IV au profit des pauvres. La recette fût très-considérable, et l'assemblée redemanda avec transport le couplet suivant :

Le roi, digne de sa couronne,
A pris pitié des malheureux;
La reine et ce qui l'environne,
S'occupe à faire des heureux.
Dessous le chaume qui le couvre
L'infortuné n'a plus d'effroi;
Il chante aux champs tout comme au Louvre
La bienfaisance de son roi (1).

---

(1) Une fois, M. d'Angiviller, pendant un des voyages du roi, fit réparer une des pièces obscures des petits appartemens. Cette réparation coûta trente mille francs. Le roi, de retour, instruit de la dépense, fit retentir tout le château de cris et de plaintes contre M. d'Angiviller. *J'aurais rendu trente familles heureuses*, disait Louis XVI.

                                              (*Note de l'édit.*)

Je n'ai point rapporté ces couplets pour leur mérite littéraire, mais bien pour fixer l'opinion qui existait le plus généralement à Paris, sur Louis XVI et Marie-Antoinette, cinq années juste avant l'ébranlement général et funeste que subit la monarchie française.

Il a donc fallu, pour produire un changement si total dans l'ancien amour du peuple pour ses souverains, la réunion des principes de la philosophie moderne à l'enthousiasme pour la liberté, puisé dans les champs de l'Amérique; et que cette fureur de novation et cet élan aient été servis par la faiblesse du monarque, par la constante corruption de l'or des Anglais, et par les projets de vengeance ou d'ambition du duc d'Orléans. Qu'on ne croie pas cette accusation basée sur celle tant de fois répétée par les chefs du gouvernement français depuis la révolution. Deux fois, entre le 14 juillet 1789 et le 6 octobre de la même année, jour où la cour fut traînée à Paris, la reine m'avait empêchée d'y faire de petits voyages d'affaires ou de plaisirs, me disant : « N'allez pas tel jour à Paris ; » les Anglais ont versé de l'or, nous aurons du » bruit. »

Les voyages continuels de ce prince en Angleterre avaient amené l'anglomanie à un tel degré, que l'on ne pouvait plus distinguer Paris de Londres. Le Français, constamment imité par l'Europe entière, devint tout-à-coup un peuple imitateur, sans songer au mal que l'on faisait aux arts et aux manufactures. Depuis le traité de commerce fait avec l'Angleterre, à la paix de 1783, non-seulement les équipages, mais tout, jusqu'aux rubans et aux faïences communes, fut de fabrique anglaise. Si cette influence des goûts anglais se fût bornée à remplir les salons de jeunes gens en frac, au lieu de les y voir dans l'habit français, le bon goût et le commerce auraient pu seuls en souffrir : mais l'esprit du gouvernement anglais remplissait toutes ces jeunes têtes : *constitution, chambre haute, chambre basse, garantie nationale, balance des pouvoirs, grande chartre, loi de l'habeas corpus,* tous ces mots étaient sans cesse répétés, rarement bien entendus; mais ils tenaient aux bases d'un parti qui se formait.

Le goût de la parure, auquel la reine s'était livrée pendant les premières années du règne, avait fait place à un amour de simplicité porté même à un degré impolitique, l'éclat et la magnificence du trône n'étant pas jusqu'à un certain degré séparés en France des intérêts de la nation.

Excepté les jours de très-grande réunion à la cour, tels que le 1er janvier, le 2 février consacrés à la procession de l'ordre du Saint-Esprit, et aux fêtes de Pâques, de la Pentecôte et de Noël, la reine ne portait plus que des robes de percale ou de taffetas de Florence blanc. Sa coiffure se bornait à un chapeau : les plus simples étaient préférés, et les diamans ne sortaient des écrins que pour les parures d'étiquette consacrées aux jours que je viens d'indiquer.

La reine n'avait pas encore vingt-cinq ans, et commençait déjà à craindre qu'on ne lui fît faire trop d'usage des fleurs et des parures qui, dans ce temps, étaient encore réservées à la seule jeunesse.

Mademoiselle Bertin lui ayant apporté une guirlande et un collier de roses, la reine l'essayait en craignant que l'éclat de ces fleurs ne fût plus avantageux à celui de son teint. Elle était véritablement trop sévère sur elle-même : sa beauté n'ayant encore subi aucune altération, il est aisé de se faire idée du concert de louanges et de complimens qui répondirent au doute qu'elle avait énoncé. La reine, s'approchant de moi, imagina de promettre de s'en rapporter à mon jugement lorsqu'il serait temps qu'elle abandonnât la parure des fleurs. « Songez-y bien, me dit-elle; je vous somme, dès » ce jour, de m'avertir avec franchise du moment » où les fleurs cesseront de me convenir. — Je » n'en ferai rien, Madame, lui répondis-je aussitôt; » je n'ai pas lu Gil-Blas pour n'en retirer aucun » fruit, et je trouve l'ordre de Votre Majesté trop » semblable à celui que lui avait donné l'arche- » vêque de Tolède, de l'avertir du moment où il » commencerait à baisser dans la composition de » ses homélies. — Allez, me dit la reine, vous êtes

» moins sincère que Gil-Blas, et j'aurais été plus
» généreuse que l'archevêque de Tolède. »

Le zèle indiscret des courtisans nuit souvent aux véritables intérêts des princes : une fausse démarche de M. Augeard, secrétaire des commandemens de la reine et fermier-général, avait essentiellement contribué à répandre dans le public l'opinion que la reine disposait de tous les emplois de finance : il avait, sans y être autorisé, demandé au comité des fermiers-généraux de le prévenir des vacances de tous les emplois un peu lucratifs, les assurant qu'ils agiraient d'une manière très-conforme aux désirs de la reine. Les membres du comité accédèrent à cette demande de M. Augeard, mais non sans en murmurer dans leurs différentes sociétés. La reine n'attribua d'abord qu'au zèle de son secrétaire des commandemens le soin qu'il avait de la prévenir de toutes les vacances ; mais lorsqu'elle eut connaissance de la démarche qu'il avait faite auprès de sa compagnie, elle la désapprouva hautement, le fit savoir aux fermiers-généraux, et s'abstint de demander des emplois de finance. Au dernier bail des fermes, renouvelé par M. de Calonne, elle ne forma qu'une seule demande de ce genre, pour marier une fille de condition placée parmi ses femmes. Il y eut cependant à cette époque un grand nombre de places importantes à donner.

Vivement affligée de voir le monde convaincu que la reine disposait indistinctement de tous les emplois, et ayant eu connaissance de gens évincés de postes auxquels ils avaient des droits légitimes, sous prétexte de demandes formées par la reine, je leur conseillai d'écrire à Sa Majesté pour la supplier de leur faire savoir si elle avait demandé les places auxquelles ils avaient de justes prétentions. La reine fut très-satisfaite de la confiance que ces particuliers lui avaient témoignée, et leur fit répondre d'une manière ostensible « qu'elle n'avait fait aucune demande pour les postes qu'ils sollicitaient, et qu'elle les autorisait à faire usage de sa lettre. » Ces personnes obtinrent les places qu'elles sollicitaient.

On voyait souvent dans les jardins et dans les appartemens de Versailles un ancien capitaine aux grenadiers de France, qui s'appelait le chevalier d'Orville, et qui sollicitait depuis quatre ans, auprès du ministre de la guerre, une place de major ou de lieutenant de roi. On le savait très-pauvre; mais il supportait son sort sans jamais se plaindre de l'affligeante lenteur qu'on mettait à récompenser ses honorables services. Il venait régulièrement chez le maréchal de Ségur, à l'heure fixée par le ministre pour recevoir les nombreux solliciteurs de son département. Un jour le maréchal lui dit:

« Vous êtes encore à Versailles, monsieur d'Or-
» ville? — Monsieur, lui répondit ce brave capi-
» taine, vous pouvez le remarquer à cette feuille de
» parquet sur laquelle je me place constamment;
» elle est déjà enfoncée de quelques lignes par le
» poids de mon corps. » Cette réponse circula dans
Versailles; je la sus.

La reine se mettait assez souvent à la fenêtre de
sa chambre à coucher, pour reconnaître avec sa
lorgnette les gens qui se promenaient dans le parc.
Quelquefois elle demandait à ses femmes les noms
des gens dont les figures lui étaient inconnues.
Un jour elle y vit passer le chevalier d'Orville, et
me demanda le nom de ce chevalier de Saint-
Louis, qu'elle rencontrait partout et depuis bien
du temps. Je savais son nom, je lui contai son histoire. « Il faut finir cela, dit la reine avec un peu
» de vivacité. J'en demande bien pardon aux pro-
» tecteurs de cour, mais l'exemple d'une semblable
» indifférence est faite pour décourager le mili-
» taire: on peut être un bien brave homme et n'a-
» voir pas de protecteurs. — Cela sera fait quand
» Votre Majesté le voudra, repris-je. — Oui, oui, »
dit la reine sans s'expliquer davantage et tournant
sa lunette vers quelques autres promeneurs. Le
lendemain, en traversant la galerie pour aller à la
messe, la reine aperçoit le chevalier d'Orville:
elle s'arrête, va droit à lui. Le pauvre homme se
reculait dans une embrâsure de croisée, regardant
à sa droite et à sa gauche pour découvrir la per-

sonne vers laquelle se dirigeaient les pas de la reine, lorsqu'elle lui dit : « M. d'Orville, il y a plu-
» sieurs années que vous êtes à Versailles pour y
» solliciter une majorité ou une lieutenance de
» roi. Il faut que vous ayez de bien faibles pro-
» tecteurs. — Je n'en ai point, Madame, répondit
» le pauvre chevalier tout troublé. — Eh bien ! je
» serai votre protectrice. Demain à pareille heure,
» trouvez-vous ici avec un placet et un état de vos
» services. » Quinze jours après, M. d'Orville fut
nommé lieutenant de roi, de La Rochelle ou de
Rochefort (1).

La vraie sensibilité de la reine lui fournissait à l'instant même les choses les plus flatteuses et les

---

(1) Il paraît que Louis XVI disputait à la reine le prix de ces actions bienfaisantes. On en jugera par l'anecdote que rapporte un ouvrage publié sous son règne.

« Un ancien officier avait inutilement sollicité une pension sous le ministère de M. le duc de Choiseul : il était revenu à la charge du temps de M. le marquis de Monteynard et de M. le duc d'Aiguillon. Il avait insisté auprès de M. le comte du Muy, qui avait pris note de son affaire dans les meilleures intentions du monde de le servir ; mais l'effet ne suivait pas la volonté du ministre. Lassé de tant de démarches inutiles, il se présenta dernièrement au souper du roi, et, s'étant placé de manière à pouvoir être vu et entendu, il s'écria dans un moment où le silence régnait: *Sire !* Ceux qui étaient autour de lui, lui dirent: « Qu'allez-vous faire? On ne parle pas ainsi au roi. — Je ne crains rien, » plus honorables à dire aux gens qu'elle estimait. Lorsque M. Loustonneau, premier chirurgien des enfans de France, fut nommé à la survivance de M. Andouillé, premier chirurgien du roi, il vint à l'heure du déjeuner de la reine faire ses remercîmens. Cet honnête homme était généralement chéri à Versailles; il s'y était dévoué à soigner la classe indigente, et versait chez les pauvres malades près de trente mille francs par an. Son extrême modestie n'avait pu empêcher qu'à la longue, de si grandes charités ne fussent connues. Après avoir reçu l'expression de la reconnaissance du bon Loustonneau, la reine lui dit : « Vous êtes » content, Monsieur; mais moi je le suis bien peu » des habitans de Versailles. A la nouvelle de la » grâce que le roi vient de vous accorder, la ville

---

et parlant encore plus haut, il continua : *Sire !* Le roi surpris le regarda et lui dit : « Que voulez-vous, Monsieur? — Sire, lui répondit-il, j'ai soixante-dix ans; il y en a plus de cinquante que je suis au service de Votre Majesté, et je meurs de faim. — Avez-vous un mémoire? reprit le roi. — Oui, Sire, j'en ai un. — Donnez-le moi, » et il le prit sans rien dire de plus. Le lendemain matin, un exempt des gardes fut envoyé par le roi dans la grande galerie pour chercher l'officier qui s'y promenait. L'exempt lui dit : « Le roi vous demande, Monsieur, » et il se rendit sur-le-champ dans le cabinet de Sa Majesté, qui lui dit : « Monsieur, je vous accorde 1500 livres de pension annuelle sur ma cassette, et vous pouvez aller recevoir la première année qui est échue. » (*Correspondance secrète de la cour, règne de Louis XVI.*)

(*Note de l'édit.*)

» aurait dû être illuminée. — Et pourquoi cela,
» Madame? » reprit le premier chirurgien avec un
étonnement inquiet. « Ah! reprit la reine avec l'ac-
» cent de la sensibilité, si tous les indigens que vous
» secourez depuis vingt ans eussent seulement al-
» lumé une chandelle sur leur fenêtre, on n'aurait
» jamais vu de plus brillante illumination. »

Le jour même où le roi annonça qu'il consentait à la convocation des états-généraux, la reine sortit de son dîner public, et se plaça dans l'enfoncement de la première croisée de sa chambre à coucher, le visage tourné vers le jardin. Son chef du gobelet la suivait pour lui servir son café qu'elle prenait ordinairement debout en sortant de table. Elle me fit signe de m'approcher d'elle. Le roi était occupé à parler à quelqu'un dans sa chambre. Quand l'officier l'eut servi, il se retira; et, sa tasse à la main, elle me dit: « Grand Dieu! quelle nou-
» velle va se répandre aujourd'hui! Le roi accorde
» la convocation des états-généraux. » Puis elle ajouta en levant les yeux au ciel: « Je le crains
» bien; cet important événement est un sinistre
» premier coup de tambour pour la France. » En baissant ses yeux, ils étaient pleins de larmes. Elle ne put continuer de prendre son café, me remit sa tasse, et fut rejoindre le roi. Le soir, quand elle fut seule avec moi, elle ne parla que de cette impor-

tante décision. « C'est le parlement, dit-elle, qui a
» à amené le roi jusqu'à la nécessité d'avoir recours
» une mesure depuis long-temps considérée comme
» funeste au repos du royaume. Ces messieurs veu-
» lent restreindre la puissance royale, mais au moins
» est-il bien certain qu'ils portent un grand coup
» à l'autorité dont ils font un si mauvais usage,
» et qu'ils amèneront leur destruction. C'est peut-
» être le seul côté favorable d'une aussi alarmante
» mesure. »

Extrait des différentes lettres de madame Campan, première femme de chambre de la reine, du 5 octobre au 31 décembre 1789.

J'IGNORE si j'aurai la force de vous tracer les scènes affligeantes qui viennent de se passer presque sous mes yeux. Mes sens égarés ne sont point encore calmés, mes rêves sont affreux, mon sommeil pénible. Ma sœur était auprès de la reine pendant la nuit du 5 : je tiens d'elle une partie des circonstances que je vais vous dire. Lorsque M. de La Fayette eut quitté le roi en disant qu'il allait faire loger ses troupes comme il le pourrait, tout le monde au château crut pouvoir goûter les douceurs du repos. La reine elle-même se coucha, et lorsque ma sœur eut rempli auprès d'elle ses fonctions, elle se retira dans la chambre qui précède la sienne ; là, se laissant aller aux accens de sa douleur, elle dit à ses compagnes, en fondant en larmes : « Se » couche-t-on quand il y a dans une ville trente » mille hommes de troupes, dix mille brigands et » quarante-deux pièces de canon ? — Non assuré- » ment, répondirent-elles, il ne faut pas nous ren- » dre coupables d'un pareil tort. » Elles restèrent donc tout habillées, et s'assoupirent appuyées sur leurs lits. Il était alors quatre heures. A six heures précises, la foule des brigands, ayant forcé les postes, se dirigea vers l'appartement de Sa Majesté. Ma sœur entendit la première ces mots terribles : *sauvez la reine*. Le garde-du-corps qui les prononça reçut treize blessures à la porte même d'où il nous avertit. Si les femmes de la reine s'étaient couchées, Sa Majesté était perdue; elles n'eurent que le temps de se précipiter dans sa chambre, de l'arracher de son lit, de jeter une couverture sur son corps, de l'emporter dans l'appartement du roi, et de fermer, le mieux qu'elles purent, la porte du corridor qui y conduit. Elle tomba évanouie dans les bras de son auguste époux. Vous savez ce qui est arrivé depuis : le roi, cédant aux vœux de la capitale, s'y est rendu avec toute sa famille le 6 au matin. Le voyage a duré sept heures et demie, pendant lesquelles nous avons entendu sans cesse un bruit continuel de trente mille fusils chargés à balles, que l'on chargeait et déchargeait en signe de joie du bonheur de mener le roi à Paris. On criait, mais inutilement, *tirez droit*. Malgré cette attention, les balles quelquefois venaient frapper sur les ornemens des voitures; l'odeur de la poudre nous suffoquait, et la foule était si prodigieuse, que le peuple, pressant de toutes parts les carrosses, leur faisait éprouver le mouvement d'un bateau. Si vous voulez vous former une idée de cette marche, représentez-vous une multitude de brigands non vêtus, armés de sabres, de pistolets, de broches, de scies, de vieilles pertuisanes, marchant sans ordre, criant, hurlant, précédée d'un monstre, d'un tigre, que la municipalité de Paris cherche avec le plus grand soin, d'un homme à longue barbe, qui jusqu'à présent servait de modèle à l'académie de peinture, et qui, depuis les troubles, s'est livré à son goût pour le meurtre, et a lui seul coupé toutes les têtes des malheureuses victimes de la fureur populaire. Quand on pense que c'est cette même troupe qui, à six heures du matin, avait forcé le poste de l'escalier de marbre, enfoncé les portes des antichambres, et pénétré jusqu'à l'endroit où ce brave garde-du-corps fit une résistance assez longue pour nous donner le temps de sauver la reine; quand on se rappelle que cette terrible armée courait les rues de Versailles toute la nuit, on trouve encore que le ciel nous a protégés; on remarque le pouvoir de la Providence, et ce danger passé fait espérer pour l'avenir. D'ailleurs il est reconnu aujourd'hui que tous les funestes événemens dont je n'ai pu vous présenter qu'une faible esquisse, ont été le hideux résultat du plus noir, du plus épouvantable des complots; la ville de Paris va en rechercher les auteurs. Mais je doute qu'elle les découvre tous, et je crois que la postérité seule sera éclairée sur ces horribles secrets.

La sévérité de la loi martiale, la grande activité des chefs de la milice et du corps de ville, l'attachement, la vénération de tous les citoyens de la capitale pour l'auguste famille qui est venue s'enfermer dans ses murs, et qui est bien déterminée à y rester jusqu'au moment où la nouvelle constitution sera achevée : voilà le tableau qui peut seul porter quelque soulagement dans nos cœurs.

Depuis que la reine est à Paris, sa cour est nombreuse ; elle dîne trois fois par semaine en public avec le roi ; son jeu a lieu ces jours-là. Quoique les pièces soient petites, tout Paris y abonde ; elle parle aux commandans des districts, elle trouve des occasions naturelles de dire des choses obligeantes même aux simples fusiliers, parmi lesquels se trouvent les citoyens de la première classe comme les derniers des artisans : douceur, résignation, courage, grâces, popularité, tout est mis en usage, et sans affectation, pour réunir les esprits et concourir au rétablissement de l'ordre. Tout le monde rend la justice qui est due à des soins si touchans, et c'est un dédommagement pour les peines cruelles que l'on a endurées, pour les risques horribles que l'on a courus. En général, rien n'est plus sage ni plus suivi que la conduite du roi et de la reine ; aussi augmente-t-elle tous les jours le nombre de leurs partisans. L'on en parle avec enthousiasme dans presque toutes les sociétés. J'ai beaucoup perdu du côté du bonheur, des jouissances de la vie, des espérances ; mais je suis extrêmement flattée d'être attachée à une princesse qui, dans des momens d'adversité, a développé un caractère aussi généreux et aussi grand : c'est un ange de douceur, de bonté ; c'est une femme forte quant au courage. J'espère que les nuages amassés autour d'elle par le souffle impur de la calomnie se dissiperont; et quand on a l'âge de la reine et ses vertus, on peut encore se flatter de reprendre, dans l'histoire et aux yeux de la postérité, le rang qu'on ne peut sans injustice lui enlever. Les princes assaillis par les faiblesses et les vices vers leur déclin, ont inutilement montré quelques vertus dans leur première jeunesse; leurs dernières années effacent l'éclat des premières, et ils emportent au tombeau la haine et le mépris de leurs sujets. Que de belles années restent encore à parcourir à notre aimable souveraine! et lorsqu'elle agit par elle-même, elle est toujours sûre du plus grand succès. Elle vient d'en donner la preuve dans les momens les plus critiques; et Paris, imbu de tous les propos les plus séditieux, Paris, lisant sans cesse les libelles les plus dégoûtans, n'a pu lui refuser cette admiration que l'on doit au vrai courage, à la présence d'esprit et aux grâces. Ses plus cruels ennemis se bornent à dire: « Il faut convenir que c'est une femme forte. » Je ne puis vous exprimer combien je suis occupée de l'opinion qu'on a de cette intéressante princesse dans les cours étrangères: les libelles affreux y ont-ils été envoyés? Croit-on en Russie qu'une madame Lamotte ait jamais été l'amie de la reine? Croit-on à tous les contes odieux de cette trame infernale? J'espère que non: la justice, les réparations qui sont dues à cette princesse ne cessent de m'occuper. J'en perdrais la raison, si j'étais un peu plus jeune, et si ma tête était aussi vive que mon cœur est sensible. Moi, qui la vois depuis quinze ans attachée à son auguste époux, à ses enfans, bonne avec ses serviteurs, malheureusement trop polie, trop simple, trop en égale avec les gens de cour, je ne puis supporter de voir injurier son caractère. Je voudrais avoir cent bouches, je voudrais avoir des ailes, je voudrais inspirer cette confiance pour écouter la vérité qu'on accorde si facilement au mensonge : implorons encore le temps sur cet important objet.

Opinions de la reine sur la noblesse.

La reine m'a dit souvent : « La noblesse nous
» perdra, mais je pense que nous ne pouvons nous
» sauver sans elle. Nous n'agissons quelquefois dans
» un sens qui blesse la noblesse, qu'avec de bonnes
» intentions pour elle. Cependant lorsque je suis
» boudée par les gens qui nous environnent, j'en
» suis affligée : alors nous faisons quelques démar-
» ches ou quelques confidences pour rassurer tous
» ces pauvres gens qui ont réellement bien à souf-
» frir. Ils en font bruit; les révolutionnaires en
» sont instruits, s'en alarment; l'Assemblée devient
» plus pressante, plus virulente, et les dangers
» s'accroissent. »

Il y avait long-temps que la puissance de Louis XIV n'existait plus dans le palais de Versailles, et toutes les formes extérieures de cette puissance absolue existaient encore en 1789.

Ce roi, dans les dernières années de son règne, avait payé son ambition guerrière par des revers dont la nation avait beaucoup souffert. Devenu vieux, ses remords et la dévotion de sa dernière maîtresse le rendirent faible et bigot.

Les prêtres régnèrent et obtinrent de lui des édits foudroyans contre ses sujets des églises réformées. Une foule de Français industrieux, manufacturiers, abandonnèrent leur patrie, et portèrent leurs utiles travaux chez les peuples voisins. L'édit qui produisit un effet si funeste à la France s'appelle la révocation de l'édit de Nantes.

L'édit de Nantes était dû à Henri IV; il assurait à toutes les diverses églises le libre exercice de leur culte.

Louis XIV mourut. Il laissa pour héritier de sa couronne son arrière-petit-fils âgé de cinq ans.

Cet enfant eut pour régent son oncle le duc d'Orléans, prince spirituel, léger et libertin. Il hasarda des systèmes financiers qui ruinèrent la France, et se livra à des débauches publiques et à un mépris pour tous les sentimens et les devoirs religieux, qui firent promptement succéder la licence à l'hypocrisie. Le règne de Louis XV fut faible. Pendant les premières années de ce règne, sa jeunesse, sa beauté, quelques succès dans les armes, le firent chérir par les Français; bientôt le libertinage le plus effréné lui fit perdre cette première bienveillance du peuple, et lui ravit même l'estime de sa cour.

A la mort de Louis XV, Louis XVI monta sur le trône avec toutes les vertus d'un homme, mais peu de celles qui conviennent à un grand roi, et qui lui deviennent indispensables dans des temps où les peuples sont agités par l'esprit des factions (1).

---

(1) Si Louis XVI n'eut pas les qualités d'un grand roi, du moins, sous un ministre habile et ferme, qui aurait su fixer ses irrésolutions, déjouer les intrigues de la cour, ou vaincre ses résistances, il aurait eu les vertus et le règne d'un bon roi. Jamais on ne porta plus loin l'amour du bien public, et même en 1791, quand sa puissance déchue, son autorité méprisée, présentaient à son esprit de douloureux sujets de réflexions, il souffrait surtout des maux qu'éprouvait le royaume et de ceux qu'il prévoyait.

« Nous fûmes témoins dans le conseil, dit Bertrand de Moleville, pendant l'Assemblée législative, d'une scène.... beaucoup trop intéressante pour être passée sous silence. M. Cahier de Gerville y lut un projet de proclamation relativement aux assassinats et au pillage qui se commettaient dans plusieurs départemens contre les nobles et sur leurs biens, toujours sous le prétexte banal d'aristocratie. Il y avait dans cette proclamation la phrase suivante : *Ces désordres troublent bien amèrement le bonheur dont nous jouissons.* « Changez cette phrase, » dit le roi à M. Cahier

La reine était aimable, sensible, belle et bonne. Les calomnies qui ont noirci cette princesse sont le fruit de l'esprit de mécontentement qui régnait alors. Mais elle aimait le plaisir, et en trouvait trop à faire admirer sa beauté. Les amusemens, les fêtes endormirent cette cour jusqu'au moment de l'affreux réveil que leur préparaient des opinions introduites en France depuis cinquante ans, et qui déjà avaient pris une force imposante.

Trois ministres, qui avaient jugé le danger de l'effervescence des idées, voulurent successivement travailler à la réforme des abus, remonter en un mot la trop vieille machine de la puissance absolue

---

de Gerville qui, après l'avoir relue sans y apercevoir de faute, répondit qu'il ne voyait point ce qu'il y avait à changer. « — Ne » me faites pas parler de mon bonheur, Monsieur ; je ne puis » mentir de cette force-là : comment voulez-vous que je sois heu-» reux, M. de Gerville, quand personne ne l'est en France? Non, » Monsieur, les Français ne sont pas heureux, je ne le vois que » trop...; ils le seront un jour, je l'espère, je le désire ardemment..; » alors je le serai aussi et je pourrai parler de mon bonheur. »

» Ces paroles, que le roi prononça avec une émotion extrême et les yeux gros de larmes, firent sur nous la plus vive impression, et furent suivies d'un silence général d'attendrissement, qui dura deux ou trois minutes. Sa Majesté, craignant sans doute que ce mouvement de sensibilité qu'elle n'avait pas été maîtresse de réprimer, ne fît suspecter son attachement à la constitution, saisit très-adroitement, quelques momens après, l'occasion de manifester au moins sa fidélité scrupuleuse au serment qu'elle avait fait de la maintenir, en adoptant le parti qui y était le plus conforme, dans une affaire au rapport de M. Cahier de Gerville

par des lois modernes, réformatrices et régénératrices. Ils ne pouvaient le faire qu'en attaquant les droits de la noblesse et du clergé : ces corporations les croyaient imprescriptibles, et le croient encore, même depuis que le torrent de la plus terrible révolution a fait disparaître jusqu'aux derniers vestiges de leurs droits et de leurs richesses.

Ces trois ministres, Turgot (1), Malesherbes et

---

qui avait proposé un avis contraire, et qui fut confondu de trouver le roi plus constitutionnel que lui. J'ai cité ce fait dans le compte que j'ai rendu à l'Assemblée après ma retraite du ministère; je me dispenserai par cette raison d'en répéter ici les détails.

» Cette probité religieuse du roi à l'égard du serment funeste qui lui avait été arraché, et son tendre intérêt pour le bonheur d'une nation dont il avait tant à se plaindre, excitaient à la fois notre étonnement et notre admiration. »

Cet amour du peuple, ce désir de le rendre heureux, Louis XVI l'avait puisé dans Fénélon. Les ouvrages de Nicole et le Télémaque étaient ses lectures habituelles. Il en avait extrait des maximes de gouvernement dont il ne voulait point s'écarter ; et l'on ne lira point sans intérêt, sous la lettre (O), des détails sur ce sujet, et quelques particularités peu connues sur les habitudes, l'esprit méthodique et la manière d'écrire de ce prince.

(*Note de l'édit.*)

(1) « Quand M. de Maurepas proposa Turgot pour ministre à Louis XVI, ce prince lui dit avec une candeur digne de respect: *On prétend que M. Turgot ne va pas à la messe.* — *Eh! Sire*, répliqua Maurepas, *l'abbé Terray y va tous les jours.* Ce mot suffit pour dissiper toutes les préventions du monarque. » (*Biographie universelle*, tome XXVII.)

(*Note de l'édit.*)

Necker, furent renversés par la puissance de ces antiques corporations (1).

L'impolitique désir d'amoindrir la puissance anglaise avait fait embrasser par Louis XVI la cause des Américains insurgés contre leur mère-patrie. Nos jeunes gens volèrent aux combats qui se livraient dans le Nouveau-Monde pour la liberté et contre les droits des couronnes. La liberté l'emporta ; ils rentrèrent triomphans en France, et y rapportèrent le germe de l'indépendance. On recevait souvent dans le palais de Versailles des lettres de plusieurs militaires, cachetées d'un sceau qui portait les treize étoiles des États-Unis, environnant le bonnet de la liberté; et le chevalier de Parny, un des poëtes les plus estimés du temps, frère d'un écuyer de la reine, et lui-même homme de la cour, fit imprimer une épître aux Bostoniens, dans laquelle étaient placés les vers suivans :

> Et vous,
> Peuple heureux sans rois et sans reines,
> Vous dansez donc au bruit des chaînes
> Qui pèsent sur le genre humain.

---

(1) « M. Necker voulait être appuyé des faveurs et de la confiance du peuple ; et, semblable en cela à M. Turgot, il ne put être agréable ni au clergé, ni à la noblesse, si étrangers aux affections personnelles du ministre génevois. Le clergé murmura du choix d'un ministre protestant. *Je vous l'abandonne, si vous voulez payer la dette de l'État*, répondit M. de Maurepas à un archevêque scandalisé de sa nomination. » (*Histoire de Marie-Antoinette*, par Montjoie.)   (*Note de l'édit..*)

Bientôt après, des embarras de finances, l'opiniâtre résistance des parlemens et l'impéritie du ministre de Loménie de Brienne amenèrent la convocation des états-généraux. Malgré les excès qui souillèrent cette époque, malgré le renversement de toutes les anciennes institutions, le bien pouvait encore se faire, si l'Assemblée constituante eût cédé aux avis, aux lumières du parti qui réclamait non-seulement une garantie pour les libertés nationales, mais les avantages d'une noblesse héréditaire, par la formation d'une chambre haute, composée d'une noblesse qui ne serait plus exposée à voir les talens rendus inutiles au bien du pays par la volonté d'un souverain ou la haine d'un favori. Des noms respectables se voyaient à la tête de ce parti : le marquis de Lally-Tollendal, le vicomte de Noailles, le marquis de La Fayette, Malouet, Mounier, etc. Le duc d'Orléans y figura quelques instans, mais seulement comme homme mécontent et factieux, prêt à passer successivement dans tous les partis les plus exagérés. Parler alors à la cour de la constitution anglaise, faire du roi de France un roi d'Angleterre, paraissait aussi criminel que si l'on eût osé proposer de détrôner le roi, de briser la couronne ornée des lys. Le parti des deux chambres, rejeté par la cour, donna le temps à un parti plus républicain de se former et de s'appuyer de la force populaire. M. de La Fayette, imbu des principes américains qu'il avait servis si glorieusement, se trouva porté à être le chef de ce parti. Dès le 6 octobre 1789, six mois après l'ouverture des états-généraux, la presque totalité des partisans de la constitution anglaise émigra et fut soustraite aux horreurs qui menaçaient la France.

Un homme, malheureusement digne de la célébrité des orateurs grecs et romains, Mirabeau embrassa la cause d'une constitution plus républicaine. Naturellement la cour y fut encore plus opposée qu'aux premiers vœux des amis de la constitution anglaise.

Les révolutionnaires enflammèrent le peuple, l'appelèrent à leur secours, l'armèrent; les châteaux furent incendiés ou pillés, tous les nobles obligés de quitter la France. Le palais de Versailles fut assiégé par la populace de Paris; le roi fut traîné dans cette ville d'une manière cruelle et dégradante; sa voiture précédée par une horde qui portait en triomphe les têtes de deux de ses gardes. Les députés, au milieu des orages, travaillaient à achever l'acte constitutionnel; le roi, comme pouvoir exécutif, y était trop dépouillé de puissance. Il jugea l'impossibilité de faire marcher une semblable constitution, et s'enfuit avec sa famille. Sa fuite combinée et son projet trahi donnèrent le temps à l'Assemblée de le faire arrêter comme il touchait aux frontières de son royaume; il fut ramené avec l'infortunée Marie-Antoinette, la vertueuse Élisabeth, Madame et le dauphin. Ils supportèrent en route toutes les insultes d'une multitude effrénée (1).

A cette époque, les jacobins, secte furieuse et

---

(1) « Le 21 juin 1791, jour du départ du roi pour Varennes, Sa Majesté, qui, lorsqu'elle fut obligée de se rendre à l'Hôtel-de-Ville de Paris, au mois de juillet 1789, avait donné à Monsieur un écrit de sa main, par lequel elle le nommait lieutenant-général du royaume, et lui en confiait le gouvernement dans le cas où elle serait hors d'état de l'exercer (écrit que Monsieur avait rendu en 1790), dit à M. de Fersen qu'elle le chargerait de lui en porter un pareil ; mais la précipitation l'ayant empêchée de le faire avant son départ, lorsque Sa Majesté fut à Bondy, et au moment de prendre son relais, elle chargea expressément M. de Fersen d'aller, dans le cas qu'elle fût arrêtée, attester à Monsieur ses intentions, et lui annoncer que, dès qu'elle le pourrait, elle lui enverrait par écrit les pleins pouvoirs qu'elle lui donnait verbalement.

» M. de Fersen s'acquitta de sa commission lorsqu'il joignit les princes à Bruxelles immédiatement après l'arrestation du roi, et leur fit part des ordres de S. M., qu'il avait eu soin d'écrire immédiatement après les avoir reçus.

» Monsieur écrivit aussitôt (le 2 juillet) au baron de Breteuil,
» qu'il venait d'être informé directement que l'intention du roi
» était qu'il fît en son nom, de concert avec le comte d'Artois,
» tout ce qui pouvait servir au rétablissement de sa liberté et au
» bien de l'État, en traitant à ce sujet avec les puissances ; qu'en
» conséquence lui, baron de Breteuil, devait regarder comme
» révoqués les pouvoirs qu'il avait reçus antérieurement, et
» n'employer désormais son zèle que conformément à ce qui lui
» serait prescrit de leur part. » Quelques jours après, Monsieur reçut les pouvoirs du roi datés du 7 juillet 1791. » (*Mémoires de Bertrand de Moleville*, tome I.)

(*Note de l'édit.*)

sanguinaire, à la tête de laquelle étaient Robespierre et Marat, voulurent faire prononcer la déchéance du roi et fonder une république. Le parti constitutionnel, quoique très-affaibli, eut encore assez de force pour s'y opposer. La constitution fut achevée; le roi, qui, depuis son voyage manqué, était en arrestation, fut rendu à la liberté, et vint faire sur cette nouvelle charte le serment de la maintenir et de la défendre. On donna des fêtes brillantes qui précédèrent de bien peu des jours de deuil et de désespoir. Deux décrets que le roi rejeta, celui qui menaçait les prêtres (1) et celui relatif à la formation d'un camp sous Paris, servirent

---

(1) « La cour était dans la plus grande perplexité. Quant à Louis XVI, ce prince, faible et sans volonté, montrait, pour la première fois, le plus grand courage. Le clergé était de toutes parts emprisonné, exilé, massacré : lui seul soutenait sa cause avec magnanimité. Henri IV avait abjuré sa religion pour la couronne, et Louis l'abdiquait pour conserver sa religion. Le faible Charles Ier, refusant aux presbytériens de signer l'abolition de l'épiscopat, marchait droit à l'échafaud. Louis, en l'imitant, savait que le même sort lui était réservé ; et chaque jour, comme pour apprendre à mourir, il lisait un chapitre de Hume et de Rapin de Thoiras. Étudiant la conduite de Charles Ier, abandonné peu à peu des princes de son sang et de ses tantes qui erraient en Europe à l'aventure; n'ayant pour conseil qu'une *femme furieuse* qui avait contribué à le conduire à cette situation ; environné de ses deux enfans qui avaient une figure angélique, il fut grand et intéressant dans l'adversité. » On reconnait Soulavie, son injustice et sa haine, aux expressions qui sont soulignées.   (*Note de l'édit.*)

de prétexte aux plus violentes attaques dirigées contre lui. Malheureusement le roi crut que, sans dévier de sa marche, il serait retiré de ses liens et dégagé de sermens forcés. Il se trompait : le peuple entier s'avança; les troupes étrangères furent repoussées; le palais des Tuileries assiégé; le roi et sa famille enfermés au Temple, d'où ils ne sortirent que pour monter sur l'échafaud (1), à l'exception de Madame et du jeune prince qui mourut victime des mauvais traitemens qu'on lui avait fait éprouver.

L'empereur Joseph II manifesta, en novembre 1783, et surtout en mai 1784, des prétentions embarrassantes pour la république des Provinces-Unies; il demanda l'ouverture de l'Escaut, la cession de Maëstricht avec ses dépendances, du pays d'outre-Meuse, du comté de Vroenhoven, et une somme de soixante-dix millions de florins.

Le premier coup de canon fut tiré par l'empereur, sur l'Escaut, le 5 novembre 1784.

---

(1) A ce précis rapide, exact, judicieux, des causes et des principales circonstances de la révolution, se joignent encore dans les éclaircissemens, lettre (P), des détails instructifs sur le but et l'esprit des différens partis qui, depuis l'Assemblée législative jusqu'à 1793, se disputèrent le pouvoir et la popularité.

(*Note de l'édit.*)

La paix fut faite et signée, le 8 novembre 1785, entre l'empereur et les Provinces-Unies, sous la médiation de la France.

Le singulier fut l'indemnité accordée à l'empereur : cette indemnité fut de dix millions de florins de Hollande; les articles 15, 16, 17 du traité stipulaient la quotité de cette indemnité. La Hollande paya cinq millions et demi de florins, et la France, par ordre de M. de Vergennes, quatre millions cinq cent mille florins, c'est-à-dire, neuf millions quarante-cinq mille livres, dit M. Soulavie.

M. de Ségur, dans son ouvrage intitulé Politique des Cabinets, troisième volume, dit dans une note sur un mémoire de M. de Vergennes, relatif à cette affaire :

« On a beaucoup blâmé M. de Vergennes d'avoir
» terminé, par un sacrifice de sept millions, la con-
» testation qui existait entre les Provinces-Unies et
» l'empereur. Dans ce siècle de philosophie, on
» était encore bien barbare; dans ce siècle de com-
» merce, on calculait bien mal ; et les hommes qui
» accusaient la reine d'envoyer l'argent de la France
» à son frère, auraient mieux aimé que, pour sou-
» tenir une république sans énergie, on sacrifiât le
» sang de deux cent mille hommes, et trois ou
» quatre cents millions, en s'exposant à perdre le
» fruit de la paix qu'on venait de dicter à l'Angle-
» terre. Il est triste et humiliant de voir comment
» et par qui on est jugé; ceux qui se rappellent

» toutes les déclamations violentes qu'on se per-
» mettait alors contre la politique du cabinet de
» Versailles verront, dans le mémoire de M. de
» Vergennes, avec quelle sagesse délibéraient alors
» les ministres accusés par l'ignorance, la présomp-
» tion et la folie. »

ANECDOTES

DIVERSES.

ANECDOTES DIVERSES.

Le Recueil des Causes célèbres a rendu le service important de donner dans le monde une salutaire défiance sur les apparences criminelles. Quel bien la société ne retirerait-elle pas d'une collection de toutes les histoires de ces imposteurs, depuis ceux qui, se faisant passer pour des souverains ou des héritiers de la puissance souveraine, se sont formé des partis et ont compromis des gens crédules, jusqu'à ceux qui, nés dans une classe obscure, ont pris les noms de gens d'un rang supérieur, ou ont fait croire à leurs liaisons intimes avec des grands et même avec des têtes couronnées! Hélas! les malheurs inouïs de Marie-Antoinette sont dûs en grande partie aux audacieux mensonges d'une femme dont les traits ne lui étaient pas même connus, et qui avait trouvé le moyen de persuader au cardinal de Rohan qu'elle était une amie intime et cachée de cette auguste et infortunée princesse. Il n'y a point de classe où ces esprits inventifs et dangereux ne parviennent à troubler l'ordre de la société, et à porter le malheur et la désolation dans les familles les plus respectables. Si leur génie malfaisant leur fait prendre des formes légales et judiciaires pour étayer leurs audacieux mensonges, le merveilleux qui accompagne toujours les réclamations dénuées de toute vraisemblance, occupe et amuse les indifférens, et excite presque toujours l'amour-propre de quelque avocat qui croit sans doute défendre la cause de gens victimés par la ruse, la cupidité ou la puissance. Le plus prudent est d'être en défiance contre le merveilleux, et de se dire, d'une chose qui est contre les lois de l'honneur, des convenances et des bienséances : Il est probable que cela n'est pas vrai. Cette précieuse défiance serait généralement servie par le recueil que je désirerais voir confié aux soins de quelque avocat distingué. Ces réflexions précèdent l'histoire assez inconnue d'une intrigante du dernier rang dans la société, et dont les mensonges ont osé atteindre les personnes les plus augustes et les plus estimables.

Mon père m'avait donné une espèce de gouvernante, ou plutôt ce que l'on appelle une bonne, qui avait une nièce du même âge que le mien! Jusqu'à l'époque de notre première communion, elle venait passer ses jours de vacances chez sa tante et jouait avec moi. Lorsqu'elle eut atteint l'âge de douze ans, mon père, sans qu'aucun sentiment de hauteur dirigeât sa prudence, déclara qu'il ne voulait plus que cette petite vînt jouer avec moi et mes sœurs. L'éducation soignée qu'il voulait bien nous donner, lui faisait craindre des relations intimes avec une petite personne destinée à l'état de couturière et de brodeuse. Cette petite fille était jolie, blonde et d'un maintien très-modeste. Six ans après l'époque où mon père lui avait interdit l'entrée de sa maison, le duc de La Vrillière, alors M. le comte de St.-Florentin, fit demander mon père : « Avez-vous, lui dit-il, à votre service une femme âgée nommée Pâris? » Mon père lui répondit qu'elle nous avait élevées et était encore chez lui. « Connaissez-vous sa jeune nièce? » reprit le ministre. Alors mon père lui dit ce que la prudence d'un père, qui désire que ses enfans n'aient jamais que d'utiles liaisons, lui avait suggéré il y avait six ans. « Vous avez agi bien prudemment, lui dit M. de Saint-Florentin; depuis quarante ans que je suis au ministère, je n'ai pas encore rencontré une intrigante plus audacieuse que cette petite grisette : elle a compromis dans ses mensonges notre auguste souverain, nos pieuses princesses, mesdames Adélaïde et Victoire, et l'estimable monsieur Baret, curé de Saint-Louis, qui, dans ce moment, est interdit de ses fonctions curiales jusqu'à l'éclaircissement parfait de cette infâme intrigue; la petite personne est à la Bastille en ce moment. Imaginez-vous, ajouta-t-il, qu'à l'aide de ses astucieux mensonges, elle a soustrait plus de soixante mille francs à divers gens crédules de Versailles : aux uns elle affirmait qu'elle était maîtresse du roi, se faisait accompagner par eux jusqu'à la porte de glace qui ouvre dans la galerie, entrait dans l'appartement du roi par cette porte particulière en se la faisant ouvrir par quelques garçons du château qui avaient ses faveurs. A peu près dans le même temps, elle a fait demander M. Gauthier, le chirurgien des chevau-légers, pour accoucher chez elle une femme dont le visage était couvert d'un crêpe noir, et fournit au chirurgien les serviettes dont il avait besoin, et qui toutes étaient marquées à la couronne, selon les dépositions de Gauthier. Elle lui a de même procuré, pour bassiner le lit de l'accouchée, une bassinoire aux armes des princesses, et un bol de bouillon en argent et portant les mêmes armes. Depuis les informations commencées sur cette affaire, nous savons de même que c'est encore un garçon, servant chez Mesdames, qui lui a procuré ces objets; mais elle a fait circuler cet odieux et criminel mensonge parmi les gens de son espèce, et il a même percé jusqu'à des gens dont les opinions ont plus d'importance. Ce n'est pas tout encore, ajouta le ministre, elle a avoué tous ses crimes; mais au milieu des pleurs et des sanglots du repentir, elle a déclaré qu'elle était née pour la vertu, et avait été entraînée dans le chemin du vice par son confesseur, M. le curé Baret, qui l'avait séduite dès l'âge de 14 ans : le curé lui a été confronté. Cette malheureuse, dont l'air et le maintien ne ressemblent nullement à la perversité de son esprit et de ses mœurs, a eu l'effronterie de soutenir en sa présence ce qu'elle avait déclaré, et a osé appuyer cette déclaration d'un fait qui semblait affirmer la liaison la plus intime, en disant au vertueux curé qu'il avait un signe sur l'épaule gauche. A ces mots le curé a demandé qu'on fît arrêter sur-le-champ un valet de chambre qu'il avait alors et qu'il avait chassé pour ses mauvaises mœurs. Les interrogatoires suivans ont prouvé que ce malheureux avait aussi été du nombre des amans de la jeune fille, et que c'était de lui qu'elle tenait le renseignement sur le signe qu'elle avait eu l'impudeur et l'effronterie de citer. » Le pauvre curé Baret fit une maladie grave du chagrin que lui donna un désagrément aussi peu mérité. Le roi avait pourtant eu la bonté de l'accueillir à son retour à Versailles, et de lui dire qu'il devait savoir qu'il n'y avait eu rien de sacré pour cette audacieuse créature. Quand l'affaire fut entièrement éclaircie, le ministre fit sortir cette vile intrigante de la Bastille, et elle fut envoyée à Sainte-Pélagie pour le reste de ses jours.

L'ABBÉ DE COUR.

Le jour où la reine Marie-Antoinette reçut à Versailles la première visite du grand-duc et de la grande-duchesse de Russie, la foule des curieux remplissait le palais et assiégeait les portes. La reine m'avait donné la garde de ses cabinets intérieurs, avec la consigne de ne laisser pénétrer de ce côté que la fille de madame la duchesse de Polignac, encore enfant, et qui devait se tenir auprès de son lit, dans l'intérieur de la balustrade, pour assister à la réception du grand-duc. Un jeune abbé s'insinue dans les cabinets, traverse la bibliothèque, et ouvre la porte qui communiquait dans l'intérieur de cette balustrade. Je vais avec précipitation vers lui, je l'arrête; il recule de quelques pas et me dit : « Pardonnez-moi, Madame, je viens de » quitter le séminaire, je ne connais point l'inté- » rieur du palais de Versailles, mon père m'a dit » pour unique instruction : Mon fils, allez tou- » jours devant vous jusqu'à ce qu'on vous arrête, » alors soumettez-vous avec respect à la consigne : » Vous m'arrêtez, Madame, je me retire et vous » prie de m'excuser. » Ce jeune homme a dû savoir aller devant lui avec confiance, et s'arrêter avec circonspection.

SUR LA COUR.

L'art de la guerre s'exerce sans cesse à la cour: les rangs, les dignités, les entrées familières, mais surtout la faveur, y entretiennent sans interruption une rixe qui en bannit toute idée de paix. Les gens qui se dévouent à servir dans les cours, y parlent souvent de leurs enfans, des sacrifices qu'ils font pour eux, et leur langage est sincère. Le courtisan le plus en faveur, le plus en crédit, ne trouve la force de résister aux chagrins qu'il endure, que dans l'idée qu'il se dévoue pour l'avancement ou la fortune des siens; celui qui n'est pas soutenu par ces louables sentimens pense à l'honneur de pouvoir payer ses dettes, ou aux jouissances que lui procure le plaisir de briller aux yeux de ceux qui ignorent ses douleurs secrètes.

La Fontaine a dit de la faveur :

> On la conserve avec inquiétude
> Pour la perdre avec désespoir.

Jamais on ne peut mieux définir le joug brillant et déchirant que porte l'homme favorisé. Aussitôt que le prince prononce quelques mots qui annoncent son estime ou son admiration pour quelqu'un, le premier mouvement des courtisans est d'être l'écho des sentimens du prince; mais ce pas en avant n'est fait que pour se mettre en position de perdre celui qui a été favorablement désigné. Alors le jeu de l'intrigue commence; si l'on peut, on tue par la calomnie ce nouvel objet d'inquiétude; l'idée favorable du prince est détournée ou annulée, et l'on jouit de cette facile victoire. Mais si le souverain, persévérant dans son opinion et ses sentimens, fait percer les rangs à l'homme qu'il a remarqué, et auquel il croit avoir reconnu des talens utiles ou des qualités aimables; s'il l'introduit parmi ses favoris, l'attaque ne cesse plus, les années n'en ralentissent point l'ardeur; on prend toutes les formes, tous les moyens pour le perdre. Le public vient alors au secours des courtisans, ce ne sont plus eux qui parlent; au contraire, les prévenances, les égards, les soins répondent à l'instant à la faveur du monarque; ils en charment, ils en étourdissent leur victime, ils compriment leur jalousie, ils laissent au temps à diminuer l'enchantement du prince; ils savent que les sentimens des hommes sont disposés à se ralentir; ils s'aperçoivent du moment où la première chaleur de l'engouement diminue, ils commencent leur attaque. Si ces premiers coups réveillent l'attention du monarque, et lui font juger les manœuvres des courtisans, s'il donne quelque nouveau signe de faveur à l'objet de leur envie, ils se replient à l'instant et ajournent leur projet.

L'homme du plus grand mérite doit faire quelques fautes ou commettre quelques erreurs; on y compte, on les attend, on les grossit, on les fait circuler dans le monde, on les rapporte au prince sous l'apparence du zèle et du dévouement entier pour ses intérêts; enfin, le plus souvent on parvient à son but. La faveur ne sauve de ces cruelles et persévérantes attaques, que ceux qui, par leur poste à la cour, ne quittent jamais le prince, et peuvent se défendre à toutes les heures du jour ou de la nuit.

Les travaux des ministres ne leur donnent point cette facilité; ils ne peuvent paraître que des momens à la cour; aussi sont-ils facilement attaqués et déplacés, quand le souverain ne s'est pas fait la loi, quelque chose qu'il entende dire, d'en changer le moins possible. Les charges qui ont des temps de repos ne procurent jamais une grande faveur, parce qu'elles donnent le temps d'agir aux sapeurs infatigables des cours. Pendant que l'action est de cette chaleur dans l'intérieur des palais, on a soin de lancer quelques traits, même au loin, contre tout ce qui a du mérite; on sait que c'est ce qui fait sortir de la foule, et qu'il est plus aisé d'y atteindre ceux qui y sont encore. On ne voit jamais une disgrâce avec peine, c'est un homme tombé dans les rangs. La mort et les disgrâces n'amènent à la cour que la même idée : par qui celui qui disparaît sera-t-il remplacé?

RÉPONSE

A M. DE LACRETELLE LE JEUNE,

AU SUJET DE SON OUVRAGE.

La lettre, Monsieur, que vous m'avez fait l'honneur de m'écrire, m'est parvenue à la terre de Coudreaux, chez la duchesse d'Elchingen, où j'étais allée passer quelques jours. Vous ne me donnez pas votre adresse; cependant je veux avoir l'honneur de vous remercier de la manière si obligeante dont vous m'avez écrit, pour quelques réflexions que je me suis permis de vous faire parvenir sur votre Histoire de France.

Tout le monde devrait s'empresser de communiquer des faits certains à un auteur qui sait les rendre si intéressans, les enchaîner avec tant d'art, les écrire avec tant de goût, et en tirer de si justes et de si lumineuses conséquences; mais, en vous occupant de l'histoire en général, vous devez avoir étudié, Monsieur, celle du cœur humain; vous devez avoir observé cette insouciance constante pour le succès des plus louables entreprises, qui n'est égalée que par une disposition aussi persévérante à les critiquer. Je pense donc que vous auriez dû ne pas attendre des lumières utiles, mais vous donner plus de peine pour les obtenir. Le baron de

Breteuil était bien cassé quand il est rentré en France; cependant les vieux ont la mémoire fraîche pour les vieilles anecdotes, et il a su infiniment de choses secrètes. Madame de Narbonne, dame d'honneur de madame Adélaïde, qui a eu beaucoup d'influence pendant les premières années du règne de Louis XVI, vous eût été très-utile. Dernièrement je dînais chez un très-grand seigneur qui a infiniment d'esprit; on parla de votre livre, on le loua; mais on en releva plusieurs erreurs relatives au ministère du duc de Choiseul. Vous vous trompez quand vous mettez en doute que M. de Machault fut au moment d'être nommé à la place de M. de Maurepas. La lettre du roi était écrite, était donnée au page, il avait le pied dans l'étrier, lorsque mon beau-père, par ordre de Louis XVI, descendit le grand escalier de Choisy pour rappeler le page. La reine, qui avait déjà étudié le caractère du roi, dit alors à mon beau-père que, s'il n'eût pas été si empressé à faire la commission du roi, M. de Machault était nommé; que jamais le roi n'eût eu le courage d'écrire une lettre contraire à son premier vœu. J'ai été touchée jusqu'aux larmes de la manière dont vous replacez le caractère de la reine dans un jour plus favorable; cependant ne la taxez jamais de prodigalité, c'est une prévention populaire; elle avait le défaut contraire. Elle n'a de sa vie puisé dans le Trésor la moindre somme d'argent; la duchesse, sa favorite, avait à peine de quoi se soutenir à la cour; son état exigeant une dépense qui excédait de beaucoup ce que lui procuraient les charges de son mari et les siennes. La reine fit construire quelques fabriques de jardin anglais à Trianon, tout Paris en jeta les hauts cris pendant que M. de Saint-James dépensait à Neuilly cent cinquante mille livres pour un rocher. La reine permettait si peu de faire des dépenses pour son habitation favorite, qu'elle quitta ce château, en 1789, en y laissant encore les antiques meubles de Louis XV : ce fut après l'avoir sollicitée six ans de suite, pour qu'elle ne se servît plus d'un vieux lit de péquin peint, qui avait appartenu à la comtesse Du Barry, que j'obtins de la reine d'en commander un autre. Jamais personne ne fut plus calomnié; tous les coups que l'on voulait diriger contre le trône se sont long-temps adressés à elle seule. J'ai une foule d'anecdotes propres à la faire mieux connaître; mais elles ne conviennent qu'à mes Mémoires. Je ne les ferai point imprimer de mon vivant; mon fils les aura après moi : je ne sors point, dans mes souvenirs, des détails que j'ai pu et que j'ai dû connaître. La présomption perd tous les faiseurs de Mémoires; s'ils ont connu ce qui se passait dans la chambre, ils veulent écrire ce qui se délibérait dans le conseil, et tout cela est fort séparé. M. Thierry de Villedavray ignorait ce que savaient les ministres, et souvent ils auraient été charmés de découvrir ce qu'il savait. Pour l'histoire, comme pour la poésie, il faut en revenir à ce qu'a dit Boileau sur le vrai.

Les Mémoires de Laporte sont estimés parce qu'il dit : « La reine m'envoya là, je dis au car-
» dinal, etc., » et ceux de Cléry sont du plus touchant intérêt parce qu'il répète mot à mot ce qu'il a entendu, et finit son récit par le roulement de tambour qui le sépara de son infortuné souverain.

La sincérité, Monsieur, marche avec la plus haute estime, et c'est ce qui me donne la confiance d'entrer dans ces détails avec vous, et de vous exprimer le regret que j'ai de vous voir occupé de votre seconde édition, avant d'avoir consulté, avec persévérance, le plus grand nombre possible de contemporains bien instruits des faits qui composent vos deux derniers volumes.

SUR UN PORTRAIT

DE MARIE-THÉRÈSE.

Une dame acheta, à la vente du marquis de Marigny, un très-grand portrait en miniature de l'impératrice Marie-Thérèse. Il était encadré dans du cuivre doré, et, derrière le cadre, le frère de la marquise avait fait graver ces mots : « L'impéra-
» trice-reine fit présent de ce portrait à ma sœur;
» il était entouré de superbes diamans du Brésil. »
Cette dame crut offrir à la reine une chose qui lui serait agréable, elle se trompa : Sa Majesté crut ne pas devoir paraître insensible à son attention; mais, lorsque cette dame fut retirée, la reine me dit :
« Cachez-moi bien vite cette preuve de la poli-
» tique de ma mère : peut-être lui dois-je en partie
» l'honneur d'être reine de France; mais, en vérité,
» les souverains sont quelquefois contraints à trop
» de bassesses. »

POUR MON FILS.

Ce 6 brumaire an V de la république.
(29 novembre 1797.)

A Saint-Germain-en-Laye.

J'ai toujours pensé qu'il était désagréable de ne pas bien connaître l'origine de sa famille, de ne pas savoir auxquels de ses auteurs on devait de la reconnaissance pour l'existence qu'ils nous ont acquise dans le monde, et de ne pas connaître enfin à qui l'on tient par les liens du sang, dans quel pays ou dans quelle ville on peut avoir des parens, et à quel degré on leur appartient.

La vanité avait érigé cette connaissance en science qui a fait imprimer des volumes nombreux, et les ouvrages de généalogie étaient chers à la noblesse qui pouvait y retrouver les titres pompeux de ses ancêtres. Pourquoi le sentiment de reconnaissance pour un père ou un grand-père qui, sortant de l'humble toit qui l'avait vu naître, a formé lui-même sa fortune, ne nous porterait-il pas à vouloir connaître et suivre la trace de ses travaux et des efforts auxquels nous devons l'avantage précieux d'exister dans une classe distinguée, non par de vains titres, mais par les lumières inappréciables de l'éducation? Je crois donc servir la sensibilité de mon fils, et je ne crains pas de blesser un orgueil qui ne doit pas exister dans un cœur vertueux, en lui apprenant que, du côté paternel et maternel, il n'est que le quatrième de sa lignée vivant dans les villes et jouissant d'une considération acquise par le travail et les talens ; que cette courte possession d'une existence qui doit lui plaire l'engage à ne pas laisser retomber sa famille au point d'obscurité dont elle ne fait que sortir : ce qui serait d'autant plus aisé, qu'il n'a point de fortune patrimoniale, et qu'aux avantages près de l'éducation soignée qui lui est donnée tous les jours, il est déjà au point d'où sont partis ses aïeux paternels et maternels.

P.-D. Berthollet, son aïeul paternel, est né dans la vallée de Campan, près de la ville de Tarbes, dans le Béarn; ses parens possédaient un petit bien patrimonial dans cette paisible vallée où régnaient, même dans ces temps, l'égalité la plus parfaite et des franchises qui existaient encore à l'époque de 1789. Le jeune Berthollet voulut servir son pays; mais n'étant point né dans la classe à laquelle étaient exclusivement réservés les grades d'officiers, il fut obligé de borner toute son ambition au simple mais honorable titre de soldat. Il porta les armes vingt ans : quelques années d'une éducation qu'il avait reçue à Toulouse, son intelligence, son activité et sa grande bravoure, le firent distinguer par ses supérieurs. Il avait assisté aux actions les plus vives, et sa poitrine était couverte d'honorables blessures. Dans le nombre des supérieurs qui lui accordèrent de la bienveillance, M. Pâris Duverney, chef de la partie des subsistances militaires, s'attacha particulièrement à lui, lui donna quelques emplois de détail dans cette partie, et au moment du mariage de Louis XV avec Marie Leckzinska, fille de Stanislas Leckzinsky, roi de Pologne, M. Duverney, qui avait le plus grand crédit à la cour auprès de M. le duc, prince du sang, obtint, pour son protégé Berthollet, la place de garçon de la chambre ordinaire de la nouvelle reine. P.-D. Berthollet avait, en entrant au service, pris pour nom de guerre celui de la vallée qui l'avait vu naître. Ainsi il fut présenté à ses supérieurs et à sa maîtresse sous le nom de Campan, que sa famille a toujours porté depuis, ne se servant plus de celui de Berthollet que dans la signature de leurs actes.

 La place que M. Duverney avait procurée à notre grand-père, sans être brillante, était une des plus agréables de l'intérieur des princesses. Les garçons de la chambre, au nombre de quatre, servaient alternativement par quinzaine; ils étaient obligés de rester avec les femmes même dans l'intérieur de la princesse, c'est-à-dire dans sa chambre ou ses cabinets, toujours prêts à exécuter ses ordres ou à la suivre lorsqu'elle faisait une course dans le palais, à l'heure où ses grands officiers n'étaient pas auprès d'elle ; dans ce cas ils avaient même l'honneur de lui donner la main. Ils servaient son déjeuner ou son dîner, conjointement avec les femmes, lorsqu'elle mangeait dans sa chambre; ils allaient porter ses ordres chez ses enfans ou chez ses dames du palais ; enfin, ils étaient positivement les valets de chambre de l'intérieur le plus privé, les douze officiers qui portaient ce titre n'entrant jamais dans l'intérieur de la princesse et ayant leurs fonctions bornées à tout ce qui regardait les heures de représentation. Cette place rapportait huit à neuf mille livres de rentes; et comme elle procurait l'avantage d'être toute la journée sous les yeux de la souveraine, en parvenant à lui plaire par son adresse et son intelligence, elle était souvent une source de faveurs plus importantes pour les familles de ceux qui les possédaient.

M. Campan, ainsi pourvu, épousa une femme vertueuse et spirituelle, mais privée des avantages de la fortune par un père qui avait tout dissipé et qui ne lui laissa rien au monde quoiqu'il fût né fort riche (1). Il se nommait *Hardivilliers*. Il était d'une des familles de la plus ancienne bourgeoisie de Paris; il avait même un frère qui, par son mérite, avait été élevé dans l'état ecclésiastique à la dignité d'évêque. (J'ai oublié le nom de l'évêché.)

---

(1) Elle fut pourvue d'une place de femme de chambre de madame Adélaïde, fille de Louis XV.

(*Note de madame Campan.*)

P.-D. Berthollet-Campan et M. Hardivilliers eurent un fils et une fille : cette dernière mourut au berceau. Il ne leur resta donc qu'un fils unique, votre grand-père, dont vous devez parfaitement vous souvenir. Ils le firent élever dans un des meilleurs colléges de Paris; il s'y distingua dans ses études, remporta beaucoup de prix, et conserva toute sa vie un goût très-prononcé pour la littérature; il fit même imprimer, dans sa grande jeunesse, deux ou trois romans qui furent distingués de la foule immense de ces sortes d'ouvrages. Il faisait des vers facilement, aimait beaucoup les arts et les talens, et a eu le bonheur de leur être souvent utile, lorsqu'à la fin de sa carrière, il se trouva rangé au nombre des personnes favorisées par Marie-Antoinette. Lorsqu'il eut fini ses études, M. Duverney le plaça, comme employé, dans l'administration des vivres. Il y avança promptement, tant par la bonne volonté de son chef, que par ses propres talens; et il était arrivé au grade d'inspecteur des vivres, lorsque son père, sentant que sa santé ne lui permettait plus de remplir ses fonctions à la cour, le fit revenir du blocus de Prague, en 174... et le fit pourvoir de sa survivance.

Déjà votre aïeul avait, par ses économies, accumulé une fortune assez honnête pour que son fils unique passât pour un très-bon parti.

Votre grand-père possédait un très-gros revenu, et jusqu'à l'âge de sept ans vos yeux ont dû être frappés de tout l'éclat de la fortune. Mais tous ces dehors si brillans sont évanouis comme un songe, et il ne vous reste rien au monde que les soins donnés à votre enfance et les conseils de vos tendres parens. Puisque la fortune est si volage et que vous avez vu par vos propres yeux avec quelle rapidité elle abandonne ses favoris, n'oubliez jamais ces deux vers de La Fontaine, et qu'ils vous servent de devise :

> Travaillez, prenez de la peine ;
> C'est le fonds qui manque le moins.

L'éducation, trésor plus solide que toutes les richesses, est le seul bien que nous pouvons vous laisser, et vous pouvez, par ce moyen, jouir dans l'avenir d'un sort plus assuré que ce que les auteurs de vos jours devaient à la faveur et à la puissance anéantie des êtres qui les avaient enrichis.

A Saint-Germain, an IV de la république.

POUR MON FILS.

Sa famille maternelle.

J'ai pris la peine de réunir tout ce que j'ai pu savoir sur l'origine et l'existence de votre famille paternelle. Je désire que vous sachiez aussi ce qui concerne ma propre famille : vous y verrez que, de ce côté, tout ce qui vous a précédé dans le monde a possédé une louable ambition, un grand amour pour le travail, et une moralité parfaite; puissent ces exemples vous indiquer la route que vous avez à suivre et vous y faire trouver les mêmes avantages!

Quand votre aïeul maternel Edme-Jacques Genet, après avoir été secrétaire du cardinal Albéroni, revint d'Espagne en France, il y rentra avec 200,000 liv. en or, acheta plusieurs biens de campagne et la charge de premier huissier audiencier au Châtelet, qu'il paya 80,000 liv., et qui lui rapportait 15,000 liv. de rente. Ce revenu le détermina dans ce choix, car cette charge était pénible, assujettissante et peu considérée.

Votre aïeul pensa alors à s'établir : il voyait dans un couvent du faubourg Saint-Germain une jeune personne liée avec une pensionnaire en chambre, qu'il allait souvent visiter à la grille. Cette jeune personne était d'une famille très-ancienne, et en portait le nom. Mais des malheurs, dûs aux troubles de la religion dans les temps où la France y fut livrée, avaient fait regarder comme illégale l'union de son père, qui était catholique, avec une demoiselle d'une famille protestante, parce que ce mariage n'avait pas été fait dans les deux églises.

Jeanne-Louise de Béarn, votre aïeule, fut une femme remplie d'esprit et de qualités distinguées. Elle vécut parfaitement avec son mari, eut plusieurs enfans dont elle ne conserva que deux fils: l'aîné était mon père, dont vous m'entendez chaque jour parler avec un amour et une vénération qui ne s'effaceront qu'à la fin de mon existence. Mon père, qui était l'aîné, fut, dès sa plus tendre enfance, un être fort surprenant. A quatre ans juste, il porta lui-même à la poste une lettre entièrement écrite de sa main. Ces dispositions précoces furent suivies des succès les plus brillans dans ses études. Élevé au collége de Navarre à Paris, puis aux Jésuites, il enlevait à quinze ans tous les prix de l'Université. Quand ses études furent terminées, il se livra avec passion à la connaissance parfaite de l'ancienne et moderne littérature et des langues vivantes. Il avait fait ses études avec une partie des membres distingués de l'Académie : leurs goûts les rapprochèrent, et ils lui restèrent fidèlement attachés jusqu'à sa mort.

Il fut impossible à mon père de rester dans la

maison paternelle : il n'y trouvait de douceurs que dans les momens qu'il pouvait passer auprès d'une mère tendre et éclairée, qui l'adorait et appréciait tout son mérite. Pour mon grand-père, il avait puisé, pendant les vingt années qu'il avait passées en Espagne, une foule de préjugés qu'il liait aux principes purs et simples de sa religion. Non-seulement il fallait assister tous les jours à la messe, se confesser deux fois par mois, communier tous les mois, ne pas manquer une seule fois la grand'-messe, les vêpres, suivre exactement les processions; mais, à la maison, il exigeait encore que le chapelet et même le rosaire fussent dits en sortant de table. Mon père, qui savait qu'un Horace, un Virgile, ou un Anacréon, l'attendaient dans sa chambre, grognait ou murmurait en marmottant son rosaire dans le salon, et ne pouvait supporter un pareil sacrifice. Son père se fâchait, s'emportait contre lui, et, l'esprit noirci par toutes les causes qui se plaidaient au palais, et dont par sa charge il ne manquait pas une seule, voyait dans la plus légère opposition à ses volontés un fils rebelle, un dissipateur. C'est dans cette sévérité excessive et dont mon père a eu tant à souffrir, qu'il a, dès sa jeunesse, puisé le désir de vivre avec ses enfans, s'il était jamais père de famille, d'une manière absolument opposée; et fidèle à sa parole, nous n'avons eu en lui qu'un chef, un guide, un tendre ami et le meilleur des pères.

La manière triste et sévère avec laquelle votre

grand-père fut traité dans la maison paternelle, après avoir été couronné pour tous les premiers prix dans ses colléges, devait lui paraître d'autant plus insoutenable, qu'il sentait ses moyens.

Il fut alors question de choisir un état. Son père lui proposa de suivre le barreau, ou de lui acheter, pour l'établir en même temps avec une fille fort riche, une charge de conseiller au Châtelet. Le premier parti lui convenait mieux : je l'ai vu même regrettant quelquefois cet état dans les momens où il éprouvait quelques dégoûts auprès des ministres. Il eût été un des plus célèbres avocats de son siècle, ayant une éloquence naturelle, pleine de charmes et de douceur, la tête la mieux meublée, et une rapidité étonnante dans les idées. Son style aussi était facile, élégant et correct; mais, pour suivre cet état, il fallait rester à Paris et sous une férule aussi sévère et aussi injuste que celle de son père. Cette crainte lui fit donc préférer les voyages et la carrière diplomatique.

Il fallut employer tous les vieux amis du papa, tous les marguilliers de la paroisse Saint-Sulpice, ses collègues, pour obtenir son consentement. Ce fut l'ouvrage de plusieurs mois, pendant lesquels mon malheureux père ne parut ni à la table de son père, ni dans son salon. Il mangeait tristement un morceau, et retournait à sa chambre. Enfin l'aveu de son père étant obtenu, il lui fit faire un trousseau, lui donna une montre d'or et 1500 liv. en argent, avec la permission de partir. Il ajouta à cela sa bénédiction et un ordre de ne plus paraître en sa présence.

Fallait-il qu'un cœur aussi sensible que celui de mon père fût privé de cette tendresse paternelle qui fait le bonheur, le charme de la jeunesse, et qui lui est en même temps si utile! Sa bonne mère, qui trouvait cette séparation trop cruelle et trop peu faite pour son cœur, lui donna rendez-vous à minuit, trouva le moyen de sortir de la chambre de son mari sans être entendue, et vint se livrer aux doux épanchemens de son cœur. Elle promit au jeune voyageur qu'elle veillerait à ses besoins, en lui recommandant, comme de raison, une sévère économie; car elle ne disposait que d'une très-petite partie du revenu confié à ses soins pour un ménage décent, mais très-modeste et peu nombreux. Mon père passa la nuit à faire ses préparatifs, et le plaisir de voyager et de quitter un asile aussi sévère que la maison de son pere, était balancé par la douleur de s'éloigner d'une aussi tendre mère.

Le matin, à six heures, tous ses paquets faits et n'ayant plus qu'à serrer ses 1500 liv. et quelques louis que la maman avait ajoutés à cette somme, il reçut la visite d'un jeune mousquetaire qui prétendait être de ses amis. A la vue de cet or et de ces écus, ce jeune insensé se permit de conseiller à mon père de différer son départ, et d'essayer de doubler cette somme qui lui paraissait trop mince pour un si grand voyage. Mon père lui demanda comment on doublait aussi facilement son argent. « Je te mènerai, lui répondit son ami, dans une maison très-honnête où la fortune peut te favoriser au point non-seulement de la doubler, mais de la tripler.....»

(Les manuscrits de madame Campan ne renferment pas la suite de l'aventure : il est fâcheux qu'elle se trouve ainsi suspendue dans une situation dramatique. Madame Campan reprend de la manière suivante le cours de son récit dans un autre fragment.)

Mon père, né avec de la fortune, épousa par inclination ma mère qui n'en avait pas. Elle lui apporta pour dot une charmante figure, une grande pureté de mœurs, un attachement qui ne s'est jamais éteint qu'avec elle, un père et une mère auxquels il ne restait pour tout bien qu'une rente viagère de deux mille livres, un frère qui venait d'être reçu avocat à Paris, et deux jeunes frères encore au collége. Mon père se chargea de toute cette famille.

Cinq ans avant de se marier, mon père avait quitté Paris pour achever son droit public dans les grandes écoles de l'Allemagne, et fit aussi un séjour assez long en Angleterre; son projet était de suivre la carrière diplomatique. Son père s'y opposait : l'ayant destiné à la magistrature, il voulait le faire conseiller au Châtelet. Un des motifs des voyages de mon père avait été de s'éloigner du plaisir et du danger de voir trop souvent mademoiselle Cardon, ma mère, à laquelle son père lui avait déclaré qu'il ne lui permettrait jamais de s'unir à cause de son peu de fortune.

Mon père avait vingt ans lorsqu'il quitta la France : sa majorité l'atteignit à Londres, son amour s'accrut avec l'idée que les lois lui permettaient d'assurer son bonheur. Il quitta subitement l'Angleterre, et prit, en arrivant à Paris, le costume d'un abbé avant de se présenter chez ses parens. Il s'assura de la constance de celle qu'il aimait, et, s'appuyant de la tendresse de sa mère, de la protection de quelques vieux amis, il obtint pour son mariage un consentement qui lui sauva le malheur de recourir à une sommation respectueuse. Pendant les courses qu'il fit en costume d'abbé pour servir, sans être reconnu, le projet qui l'avait ramené à Paris, un fiacre, dans lequel il était enfermé, cassa à la porte même de mon grand-père, qui, rentrant à cet instant chez lui, considéra l'abbé que l'on retirait de cette voiture brisée, et apprit à sa femme qu'il venait de rencontrer un jeune ecclésiastique ressemblant si parfaitement à son fils, que, s'il n'eût pas reçu de lui la veille même une lettre de Londres, il croirait que son sot amour l'avait ramené en France. M. Genet n'apprenait rien à sa femme. Déjà, chez une de ses amies, elle avait serré dans ses bras, grondé et pressé sur son cœur maternel ce faux abbé, ce fils justement chéri, dont l'amour pour une fille vertueuse, bien née et peu fortunée, était la première et l'unique faute. L'aveu du retour en France, du déguisement, du projet constant de n'avoir point d'autre femme que mademoiselle Cardon, le consentement enlevé dans un moment de sensibilité paternelle, toutes ces scènes de famille durèrent une quinzaine de jours. Mon père corrigeait en même temps les épreuves d'un livre intitulé *Essais sur l'Angleterre*. Cet ouvrage fit honneur à sa jeunesse, eut du succès à la cour, et, peu de temps après son mariage, il fut appelé à Versailles par le maréchal de Belle-Isle, et nommé secrétaire interprète des départemens des affaires étrangères, de la guerre et de la marine. Attaché à trois départemens, il obtint aisément de travailler chez lui : il lui fut accordé un ou deux commis, et, à son retour d'une mission à Londres en 1762, M. le duc de Choiseul créa en entier, pour mon père, le bureau des interprètes, lui donna un très-beau local à l'hôtel des affaires étrangères, avec un traitement équivalant à celui des premiers commis des affaires étrangères, mais assigné sur les trois départemens.

Marié en 1751, le sort de mon père ne fut terminé d'une manière à le préserver du malheur d'anéantir son patrimoine, que onze ans après son installation à Versailles, et pendant ce nombre d'années, avec de faibles appointemens et peu de secours de la part d'un père qu'il n'osait pas informer de ses besoins, il eut à soutenir un ménage nombreux, à faire terminer l'éducation de ses deux jeunes beaux-frères qu'il plaça dans le corps royal du génie, à soigner l'aîné que l'excès des plaisirs conduisit au tombeau après une maladie lente, et à entretenir le nombre de domestiques nécessaires dans une famille où, pendant dix années consécutives, un petit être de plus venait prouver la constante union des époux.

Vous croirez aisément, mon fils, qu'une partie du patrimoine se trouva épuisée par des emprunts avant l'époque de 1767, où mon père hérita du bien de ses parens. Il acquitta, à cette époque, cinquante mille écus de dettes : il lui restait cent mille francs, quatre filles et un fils au berceau.

FRAGMENT

D'UNE LETTRE DE MADAME CAMPAN

A SON FILS.

20 novembre 1809.

Tu mérites d'être grondé, cher et bon enfant : l'argent est une chose si légère, quoique d'une nature pesante, que, si l'on ne fixe sur un registre le moment où on le reçoit, où on le possède, on s'expose à n'en conserver nulle trace, à ne jamais aligner sa dépense avec sa recette, vice si grave qu'il renverse les empires, comme il détruit les fortunes particulières.

Quelles leçons nous recevons du temps et de la différence des caractères qui passent sous nos yeux! L'un a de l'esprit, mais il est emporté par ses passions et ses goûts; l'autre a de la sagesse et n'a ni moyens ni talens.

L'un sait gagner des trésors, et ne peut conserver un sac d'écus.

Celui-ci a de l'ambition et ignore qu'elle a son temple, ses autels et ses ministres qu'il faut servir.

Celui-ci prend l'orgueil pour l'ambition, ou change son ambition en orgueil; il brave tout ce qu'il ne peut séduire, et prononce qu'il ne veut rien de tout ce qu'il regrettera.

Notre réputation, notre crédit, notre fortune naissent donc de la réunion des qualités et des circonstances.

L'Europe criait à haute voix depuis 1792 : La couronne de France est là où on a cru l'avoir détruite. Ceux, par milliers, qui y visaient en prenant des routes détournées, tous en un mot, excepté un seul homme, n'ont pu la reprendre, la laver de toutes ses souillures, et la montrer plus resplendissante que jamais aux yeux de l'Europe étonnée. Cet homme, qui était un composé de toutes les qualités morales et physiques réunies, fut servi par une seule circonstance, celle de son commandement en Italie. Mais ces réunions parfaites, la nature en est avare comme elle l'est de ces diamans d'une énorme grosseur, dont le nombre est si rare, que depuis des milliers d'années les mines qui les contiennent en ont à peine produit cinq ou six.

J'aime à raisonner avec toi ; les lectures de tous les moralistes n'ont vraiment produit d'effets salutaires sur nos jugemens que lorsque nous réfléchissons nous-mêmes ; d'ailleurs mes entretiens te prouvent que je me porte bien, et par cela seul doivent te plaire.

QUELQUES NOTES

SUR MA CONDUITE

AUPRÈS DE LA REINE.

Avant la révolution, ma famille était comblée des bienfaits de la reine; ces bienfaits m'avaient attiré des ennemis. Les crises révolutionnaires leur fournirent l'occasion de satisfaire leur haine.

Le voyage de Varennes est l'époque sur laquelle on s'est attaché à noircir ma conduite; rien ne pouvait mieux prouver l'aveuglement de mes détracteurs, car je n'étais point à Paris lors de ce funeste départ.

Avant que je m'absentasse, la reine m'avait prévenue du projet; elle voulait prendre des mesures pour trouver, dans les Pays-Bas, divers objets qui lui étaient commodes.

Au mois de mars 1791, Sa Majesté m'avait ordonné de lui faire faire secrètement un trousseau complet; j'exécutai la commission.

Madame Cardon, ma tante, femme de chambre de la reine, partit pour la Belgique, et fit sortir de France la malle (1) qui contenait le trousseau.

A peu près dans le même temps, j'emballai, seule avec la reine, les diamans qu'elle voulait faire passer à l'étranger. M. le duc de Choiseul porta ces diamans à Bruxelles.

Lorsque le mois de juin fut choisi pour l'époque du voyage, la reine me fit partir pour l'Auvergne. Les plus grands chagrins et les projets de la plus haute importance ne distrayaient point Sa Majesté de la bienveillance qu'elle accordait à d'anciens serviteurs. C'était par ses ordres que les médecins envoyaient M. Campan, mon beau-père, aux eaux du Mont-d'Or. La reine voulait l'éloigner des scènes populaires qu'elle croyait devoir se passer après le départ de la famille royale.

Le mois de juin n'était pas dans mon service; je ne pouvais donc partir avec la reine. Sa Majesté voulait cependant que je la suivisse; elle pensait que de l'Auvergne, en gagnant Lyon, j'aurais plus de facilité pour sortir de France. Je me mis donc en route, avec l'ordre formel de la rejoindre dès que j'aurais appris quel était le lieu de son séjour en pays étranger.

---

(1) Il y avait aussi dans cette malle des robes et du linge pour Madame, des habits et du linge pour monseigneur le dauphin.

Avant mon départ, la reine me chargea de choisir une personne dévouée, chez qui je pusse déposer un porte-feuille qui me serait remis par Sa Majesté. Je choisis madame Vallayer-Coster, peintre en fleurs : cette dame garda le porte-feuille jusqu'en septembre 1791, époque à laquelle je le retirai de ses mains pour le remettre à la reine.

Je partis de Paris le 1er juin; j'appris au Mont-d'Or l'arrestation de la famille royale. Mon beau-père se mourait; nous ne revînmes à Paris qu'à la moitié du mois d'août.

Ah! que ne puis-je faire connaître à ceux qui me calomnient, l'accueil, à la fois sensible et déchirant, que je reçus alors de la reine! Ils rougiraient de leur injustice.

Pendant mon absence, les trahisons de la femme de garde-robe, R........., avaient été découvertes. La reine avait choisi pour la remplacer, une femme qui m'appartenait : cette R......... avait découvert l'emballage des diamans; elle l'avait dénoncé, ainsi que l'envoi du nécessaire. Le maire Bailly fit remettre ces dénonciations à la reine.

Je ne quittai point Paris, ni le château, depuis mon retour des eaux, jusqu'à la journée du 10 août.

La reine se rendait souvent dans mon appartement pour y donner des audiences loin des yeux qui épiaient ses moindres démarches.

Chaque jour, Sa Majesté me chargeait des commissions les plus importantes; la nuit je consolais ses veilles, et j'essuyais ses larmes.

Je ne recevais aucun député. Un ancien ami de ma famille avait été élu membre de l'Assemblée; le jour de son élection j'avais cessé de le voir.

Mon frère, M. Genet, chargé d'affaires de France en Russie, embrassa le parti constitutionnel. Il était, depuis cinq ans, à cinq cents lieues de moi; mais on me rendit responsable de ses opinions; on m'en imputa de semblables; les journaux royalistes me dénoncèrent comme démocrate. La reine reçut nombre d'avertissemens sur le danger qu'il y avait à se fier à moi. Le roi le sut, il daigna venir me trouver dans mon appartement; il me dit : « Vous » vous affligez d'être calomniée, ne le suis-je pas » moi-même? On vous dit constitutionnelle, on » me l'a dit, je ne l'ai pas démenti; vous nous en » serez plus utile : si je vous rendais hautement la » justice que vous méritez, les gens qui vous ac- » cusent vous justifieraient avec bruit. Vous de- » viendriez un objet d'inquiétude pour l'Assem- » blée; la reine serait peut-être contrainte à vous » éloigner d'elle. »

Ces paroles sont celles du roi; je les ai conservées dans ma mémoire avec un saint respect.

Dans les premiers jours de juillet 1792, le roi me confia un énorme porte-feuille : ce porte-feuille était si lourd, que Sa Majesté le porta elle-même jusque chez moi. Le roi me dit de le déposer où je voudrais; mais de me souvenir qu'il pouvait en avoir besoin d'un moment à l'autre.

La reine me dit que si l'Assemblée était assez

criminelle pour oser faire un procès au roi, ce porte-feuille renfermait des pièces qui, révolutionnairement parlant, lui seraient funestes; mais que, cependant, il y avait, dans ce même portefeuille, une pièce qui, dans le même cas, pourrait être utile. C'était un procès-verbal d'un conseil où Sa Majesté avait opiné contre la déclaration de guerre.

La journée du 10 août arriva; je n'étais pas de service; mais je ne quittai pas l'appartement de la reine. Deux de mes sœurs, une de mes nièces y étaient avec moi. M. Rousseau, mon beau-frère, était rangé parmi les grenadiers des Filles-Saint-Thomas.

Après le siége, nous fûmes conduites, madame Auguié et moi, chez M. Auguié; et j'appris, le lendemain, que la reine me demandait. Ma maison avait été pillée, je ne possédais plus rien, je n'avais plus une robe; car je n'avais évité d'aller le 10 à l'Abbaye, qu'en me déguisant en servante. J'empruntai des vêtemens; je me rendis aux Feuillans avec madame Auguié; madame Thibaut, elle et moi, nous eûmes le douloureux honneur d'y servir la reine.

La reine avait su l'incendie et le pillage de ma maison; dans cette misérable cellule des Feuillans, malgré le trouble, l'incertitude et la douleur qui remplissaient l'ame de Sa Majesté, elle daigna me parler de la perte que j'avais faite. J'en pris occasion pour lui dire que mes effets, étant tous épars sur le

Carrousel, ou pris, j'étais inquiète de l'abus qu'on pourrait faire des comptes relatifs à mes fonctions de trésorière, et au bas desquels se trouvait la signature de la reine.

Sa Majesté plaçait souvent sa signature assez loin des chiffres, pour que le bas de la page pût servir de blanc-seing. Madame Élisabeth, madame la princesse de Lamballe, madame la marquise de Tourzel, étaient auprès de la reine; une d'elles pensa qu'il fallait faire une déclaration de ce fait. La reine me l'ordonna. J'allai aussitôt à un comité qui se tenait dans le bâtiment de l'Assemblée. M. Hue m'y accompagna; les membres de ce comité refusèrent de recevoir ma déclaration, et la reine regretta de m'avoir donné cet ordre. J'ai su que depuis la rentrée du roi, dans le château même de Sa Majesté, ma visite à ce comité avait été outrageusement défigurée.

Dans le cours de la journée que je passai aux Feuillans, la reine me dit qu'elle désirait que je la suivisse là où elle irait. Je sortis donc le soir pour aller prendre soin de ce que deviendrait mon fils, et pour emprunter des vêtemens. Le lendemain matin, je me représentai aux Feuillans, je ne pus parvenir jusqu'à la reine; j'étais consignée. J'appris que Pétion avait décidé que la reine n'aurait au Temple qu'une femme de son service : c'était madame Thibaut qu'il avait désignée comme étant de mois. J'allai sur-le-champ chez le maire de Paris, pour lui demander la permission de m'enfermer au

Temple avec la reine; sa porte me fut refusée. Un ami qui m'accompagnait parvint à entrer et exposa ma demande à Pétion qui répondit que, si je réitérais mes sollicitations, il m'enverrait à la Force. Il ajouta d'autres discours, auxquels mon ami (M. de Valadon) répondit que lorsqu'on demandait à partager des fers, on ne méritait pas d'insulte. Pétion répliqua par ces mots cruels : « Qu'elle se » console de ne pas aller au Temple, le service qui » y entre n'y restera pas long-temps. »

Forcée de renoncer à servir la reine dans sa prison, je m'occupai d'être utile, en surveillant les papiers importans qui m'avaient été confiés.

Après le 10 août, les visites domiciliaires remplirent Paris d'effroi. Il devenait difficile de soustraire long-temps un porte-feuille volumineux. Cependant on annonçait le procès du roi; j'étais préoccupée de cette seule pensée, que le portefeuille contenait un papier qui pouvait être utile à Sa Majesté, et d'autres qui pouvaient lui être funestes.

J'étais retirée chez M. Auguié, j'y gardais le portefeuille, j'étais irrésolue; on vint me donner avis que la maison allait subir une visite domiciliaire, et que la section cherchait des papiers. Je n'avais pas de temps à perdre, j'ouvris le porte-feuille (1),

---

(1) Les papiers que je trouvai dans le porte-feuille étaient les correspondances de Monsieur et de M. le comte d'Artois avec le roi; celles de Mesdames; des rapports, projets et correspon-

j'en tirai le procès-verbal mentionné plus haut; je brûlai une grande partie de ces papiers, je craignais de faire un feu trop considérable; M. Gougenot qui était avec moi, en emporta pour en brûler chez un homme dont il était sûr.

Peu d'instans après, la maison de M. Auguié fut envahie et fouillée à tel degré, qu'on creusa dans le jardin, qu'on retourna les fumiers.

Lorsque les défenseurs du roi furent nommés, je m'occupai de leur faire passer le papier qui pouvait servir, et l'avis que les autres étaient détruits. M. Gougenot se déguisa, alla trouver M. de Malesherbes, et lui remit ce papier; il retourna peu de jours après chez ce digne avocat d'une si grande et si touchante cause. J'appris avec une bien grande satisfaction ce que le roi me faisait dire. Sa Majesté se félicitait de ne m'avoir donné aux Feuillans aucun ordre relatif au porte-feuille; la nécessité d'exécuter sa volonté aurait pu me gêner dans ma résolution; j'avais fait ce qu'il avait fallu faire; le roi daignait m'en remercier.

Après l'époque de la terreur, je me vouai à l'instruction publique. Douze cents Françaises successivement confiées à mes soins, ont appris de moi

---

dances de plusieurs personnes attachées à la cause royale; toutes les pièces touchant les relations de Mirabeau avec la cour; un plan de départ de la famille royale de la main de Mirabeau. Les anciens sceaux de l'État se trouvaient dans le portefeuille : je les fis jeter dans la rivière par M. Gougenot.

à révérer les vertus de Louis XVI et de Marie-Antoinette; le besoin m'avait fait embrasser l'état d'institutrice, mon ambition s'y était bornée; et, considérée dans cette profession, je jouissais aussi de quelque estime pour mon dévouement connu envers la reine.

Le suffrage de plusieurs personnes illustres (1), mon manque de fortune, témoignages évidens de ma fidélité, la publicité que, sous tous les gouvernemens, je n'ai pas craint de donner à mes sentimens pour la reine; enfin, la force de la vérité avaient triomphé des impostures dont on avait voulu m'accabler; mais par un concours de circonstances fatales à moi seule, le retour du roi a ramené sur moi des doutes injurieux.

On a interprété la réforme de la maison d'éducation que je dirigeais et que j'avais organisée. On s'est plu à trouver, dans ce témoignage de défaveur, la confirmation tacite de torts antécédens; et, dans le doute funeste que laissait, et que laisse encore planer sur moi le silence des personnes les plus augustes, la calomnie a eu le champ libre, et les libelles et les discours calomnieux sont venus troubler mes dernières années.

---

(1) Mesdames la marquise de Tourzel et la duchesse de Luynes, madame la maréchale de Beauvau, mesdames les princesses de Poix et d'Hénin, M. le duc de Choiseul, M. le marquis de Lally, ont bien voulu combattre les impressions fâcheuses que chaque émigré rapportait contre moi des pays étrangers.

LETTRES

DE

DEUX JEUNES AMIES.

AVIS

DES LIBRAIRES-ÉDITEURS.

Les *Lettres de deux jeunes amies* doivent, sous plus d'un rapport, exciter l'intérêt. Cet ouvrage qui, pour le sujet, la forme et le style, diffère entièrement de celui qu'on vient de lire, appartient à l'époque où madame Campan se trouvait à la tête de la maison d'Écouen. Toutes ses idées étaient alors dirigées vers l'éducation des jeunes personnes. Un cadre qu'elle a su varier avec autant d'agrément que de goût, renferme, sur cet important objet, des vues et des principes qui sont le fruit de vingt années d'expérience. Plus d'une mère de famille se félicitera de trouver dans cet ouvrage des lumières et de sages conseils. Toutes les élèves d'Écouen y chercheront ces souvenirs de la jeunesse, toujours remplis de douceur et de charme. De plus graves souvenirs s'y mêleront encore. La création de la maison d'Écouen est une des pensées qui marqueront le plus dans la vie de son fondateur. Ce n'est pas un spectacle ordinaire que celui qu'offre un conquérant accourant d'un champ de bataille, ou quittant un moment le soin d'un vaste empire, pour venir s'occuper des travaux, et, pour ainsi dire, prendre part aux jeux de trois cents jeunes personnes. On lit toujours avec curiosité, et l'histoire recueille toujours avec exactitude, les détails qui servent à peindre le caractère, les vues, le génie de ces hommes dont le nom a rempli le monde, et qui passent un moment sur la terre, mais laissent après eux une mémoire qui ne finira pas.

LETTRES
DE
DEUX JEUNES AMIES.

LETTRE PREMIÈRE.

Zoé M...... à Élisa de T......

Valence, ce 20 mars 1808.

Je suis désolée, ma chère amie, je ne pourrai jamais me consoler. Mon brevet de nomination à la place d'élève d'Écouen est arrivé hier au soir, au moment où j'espérais que mon âge avait rendu la demande de mes parens inutile; lorsque je croyais ma jeunesse quitte de ces tristes années d'emprisonnement. Ah! ma chère Élisa, que n'étais-tu hier dans notre salon à l'instant où Jean est venu apporter les lettres! Mon père en remarqua deux plus grandes que les autres : C'est de la Légion d'honneur et du ministère de la guerre! s'est-il écrié : seraient-ce les brevets de mes filles et de leurs frères? Dieu! dis-je tout bas à Victorine, faites que ce soit un bon refus! J'avais les yeux

fixés sur mon père ; je vis sa physionomie s'épanouir successivement, et j'entendis ces mots terribles : *Mes filles et mes fils sont placés!* Alors, ma chère, comme s'il n'était plus boiteux, comme s'il ne criait pas sans cesse, *ma blessure! ma blessure!* voilà mon père qui retire sa jambe emmaillotée, du tabouret qui la soutient, qui prend sa canne, se lève, ôte son chapeau et se met à crier : « Voilà
» un général, mes amis, sous les ordres duquel il
» est glorieux de vivre et de savoir mourir. »

Ma pauvre mère ne partageait pas cet enthousiasme, elle pleurait; les femmes sont bien meilleures! Ce bel esprit des hommes, leurs grands raisonnemens, tout cela, vois-tu, ma chère Élisa, tient à leur dureté, à leur despotisme...... Il est minuit, et j'écris encore; j'ai tant pleuré, tant pleuré, que je ne saurais lire ce que j'ai écrit : mais tu me déchiffreras; et comme Jean va demain au marché, je veux qu'il te porte ma lettre. Ah! mon Élisa, plains-moi, c'est une consolation, c'est la seule qui reste à ta désolée Zoé.

Ne montre ma lettre à personne, pas même à ta maman; elle est trop griffonnée.

LETTRE II.

Élisa à Zoé.

Chabeuil, ce 20 mars 1808.

Non sûrement je ne pleurerai pas, ma Zoé, je t'aime trop sincèrement pour cela. Si je verse des larmes, c'est de regret de ne pouvoir t'accompagner, de regret de n'être pas dans le cas de jouir des avantages qui te sont assurés. J'ai eu de la peine à lire ta lettre, mais uniquement par la manière dont elle est orthographiée. A chaque mot, je me disais : Zoé écrit ainsi à quinze ans, et elle ne bénit pas la main tutélaire qui lui procure le bonheur de pouvoir s'instruire ! Ah ! ma Zoé, quel est ton aveuglement ! Hélas ! quand mon brave père fut enlevé par un boulet à la bataille de Marengo, Napoléon n'avait pas encore cette étendue de puissance qui le met aujourd'hui dans la possibilité de faire tant d'heureux ; il n'y avait point de Légion d'honneur, point de maison d'éducation pour les filles des braves militaires. En perdant mon père, j'ai tout perdu. J'avais sept ans alors ; déjà, sur ses appointemens de colonel, il trouvait le moyen de payer ma pension dans la maison de Saint-Germain. J'étais petite verte, mais j'étais la première ;

je commençais à écrire sous la dictée ; j'apprenais mes verbes, je savais mon catéchisme et plusieurs fables. Ma pauvre mère, qui se trouvait à peu près réduite à sa seule pension, vint me retirer ; je la vois encore avec ses lugubres coiffes noires : elle était pâle ; elle m'embrassa sans rien dire, et ses sanglots m'apprirent mon malheur ; je partis en regrettant mes maîtresses, mes livres et mes jeunes amies.

Le peu qu'on m'avait enseigné, me fit connaître l'utilité de quelques livres que je trouvai chez ma mère ; mais, seule, que peut-on bien apprendre ? Et c'est toi, Zoé, qui es nommée à Écouen, et c'est moi qui ne peux l'être ! Ma mère et mon bon oncle le curé disent qu'on ne doit pas murmurer contre les décrets de la Providence ; il me faut bien respecter leur morale pieuse, pour avoir la raison de m'y soumettre.

L'enthousiasme de ton brave père est fort naturel ; un militaire qui a si bien servi sa patrie, peut-il n'être pas ravi d'en recevoir d'honorables récompenses ? Ta mère a pleuré, je le crois bien ; la mienne pleurerait aussi au moment de notre séparation ; mais en même temps elle aurait de la joie de voir mon désir de m'instruire entièrement satisfait. Elle m'a souvent répété qu'une excellente éducation peut seule tenir lieu de fortune. Tu n'as rien, je n'ai pas grand' chose, gagnons notre dot. Adieu, ma Zoé : quoi que tu puisses dire, reçois mon sincère compliment.

LETTRE III.

Zoé à Élisa.

Valence, 28 mars 1808.

Ta lettre m'a donné tant d'humeur, que je suis restée six jours sans y répondre. Je n'ai donc plus de consolation à espérer, puisque ma meilleure amie n'est qu'un docteur. Si j'avais su cela, je ne me serais pas liée avec toi; Rosalie et Mathilde Buret me convenaient bien mieux, elles voulaient être mes amies; mais je les ai fâchées si fort en te préférant, que je ne puis renouer avec elles. Je sais qu'elles se réjouissent de mon départ; je ne serai donc ni regrettée ni consolée. Je partirai avec une telle humeur, qu'assurément il y aura du mérite à faire quelque chose de moi dans ce beau château d'Écouen.

Notre départ est fixé au 10 avril. Croirais-tu que mon père a prescrit à ma pauvre maman de ne me garder que vingt-quatre heures à Paris? et il a défendu de me mener au spectacle et dans les promenades publiques? Maman obéira; elle est si craintive! Je serai seulement présentée à M. le Grand-Chancelier de la Légion d'honneur et à la duchesse de......... Cette dame aime tendrement ma mère qu'elle a connue en Allemagne.

Ma petite sœur est folle de joie; elle s'attend à trouver beaucoup de petites amies, et s'en réjouit. Elle ne sait pas combien il est rare de trouver une amie qui pense comme nous, et qui ne soit pas susceptible de jalousie et de caprices.

Si ma sœur avait douze ou treize ans, cela me procurerait au moins quelque consolation; mais que faire d'un enfant de huit ans? En vérité, tout se réunit pour me désespérer.

LETTRE IV.

Élisa à Zoé.

Chabeuil, ce 1ᵉʳ avril 1808.

Tu me fais une véritable peine, ma Zoé. Quel travers de rechercher une amie, et de ne pas vouloir qu'elle te parle avec sincérité ! Ce n'était pas une amie que tu voulais; c'était une compagne d'amusemens ou une complaisante. L'amitié autorise les conseils utiles. C'est une vérité, ma chère Zoé, à laquelle on est heureux de croire : alors, au lieu de s'offenser des remontrances les plus sévères, on les écoute avec soumission et reconnaissance, lorsqu'elles viennent d'amis qui croient avoir à nous reprendre de nos défauts. J'oserai donc te dire la vérité et te contrarier, puisque ton bonheur en dépend; je t'avouerai, par exemple, que j'applaudis à la sagesse de ton père, lorsqu'il prescrit de ne pas t'enchanter, pendant une quinzaine de jours, de plaisirs auxquels il te faudrait si promptement renoncer, et qui ne peuvent être, dans tous les cas, que des amusemens passagers pour des familles aussi peu fortunées que les nôtres. En les quittant, tu te persuaderais facilement que tu éprouves un nouveau malheur. Crois-moi, ma

Zoé, tu peux avoir de véritables jouissances à Écouen ; je connais des dames qui ont parcouru ce bel établissement et qui en sont charmées. Tout y est simple et grand ; tout y donne l'idée de la bienveillance paternelle du souverain. On dit aussi qu'il y a une réunion de dames très-instruites et très-indulgentes. Tu me demandes ce que ta petite sœur peut faire pour ton bonheur? Beaucoup assurément, au moins dans ma façon de voir, que je voudrais te faire partager. D'après le règlement de cette maison, chaque grande élève doit prendre soin d'une plus jeune : tu n'auras pas à soigner une étrangère, tu remplaceras ta mère auprès de sa jolie petite Victorine. Le matin, après l'avoir peignée, habillée, tu lui donneras quelques avis sur l'emploi de sa journée ; le soir tu lui feras dire si l'on a été satisfait de sa conduite dans les classes ; tu doubleras ainsi pour l'avenir la tendresse qu'elle te doit, et elle joindra aux sentimens d'une sœur cadette, ceux d'une fille soumise et reconnaissante. Peux-tu méconnaître de pareilles jouissances?

Je termine ma lettre, je crains de moraliser beaucoup trop et de finir par t'ennuyer. Écris-moi avant de partir, écris-moi de Paris, écris-moi encore d'Écouen. Tes lettres, telles qu'elles sont, me font un grand plaisir ; et, lorsque je les verrai telles qu'elles devraient être, je jouirai véritablement : car on a beaucoup d'amour-propre pour ses amis.

LETTRE V.

Zoé à Élisa.

Valence, ce 2 avril 1808.

Tu loues tout ce que je blâme, tu t'enchantes de tout ce qui me désespère; si je n'avais pas entendu dire à mon père que les caractères les plus opposés sont ceux qui se lient le plus facilement, je ne concevrais pas comment j'ai pu m'attacher à toi, ni comment je t'aime encore. Cependant, je l'avoue, tu m'impatientes, tu me parais pédante à l'excès, et j'ai toujours du faible pour toi. Ne va donc pas croire avoir fait une convertie; non, mon humeur est toujours la même. Je trouve plusieurs des actions de Napoléon dignes de l'enthousiasme qu'elles font naître; mais je ne puis applaudir à son idée de réunir tant de jeunes filles dans un aussi sévère asile. Si j'étais instruite comme tu l'es, rien ne me forcerait de cacher à mon père le désespoir que j'éprouve. Mais en six mois j'espère bien savoir parfaitement ma langue, et dessiner agréablement; quant aux devoirs du ménage, je les apprendrai aussi bien chez ma mère qu'à Écouen. Je pars donc, bien résolue de me livrer, dans quelque temps, à un tel désespoir, que ma santé en souffrira réellement, si l'on ne cède à la demande que je ferai de quitter Écouen.

Je ne te conçois pas, quand je te vois regretter l'avantage dont je vais jouir. Qu'aurais-tu à apprendre dans ce beau séjour? tu ne pourrais y figurer autrement qu'en institutrice.

Adieu, je n'ai pas le courage d'en écrire davantage. On répare sous mes fenêtres le chariot allemand de mon père, car nous partons en poste, avec deux personnes que je ne connais pas et qui ont affaire à Paris; les frais de route seront moins considérables, et nous n'aurons pas le désagrément de voyager par la diligence.

LETTRE VI.

Élisa à Zoé.

Chabeuil, ce 4 avril 1808.

Je ne pourrais, dis-tu, figurer à Écouen qu'en institutrice! Ah! ma chère Zoé, tu es bien dans l'erreur : je ne sais rien par principe, comment donc pourrais-je enseigner? J'aime la lecture, et j'ai goûté les pieuses et savantes conversations de mon oncle, toutes les fois que j'ai pu en jouir, mais je ne le vois guère que six semaines par année. Si mon orthographe est passable, c'est uniquement par routine, et mon style ne s'est formé que par la lecture des Lettres de madame de Sévigné. D'autres livres, tels que les Caractères de La Bruyère et les Sermons de Massillon, que j'ai lus plusieurs fois, ont placé quelques idées morales dans ma mémoire et dans mon cœur; et tout ce que mon oncle me dit et m'écrit sur la beauté de l'Évangile, sur la force d'ame que l'on puise dans la pratique de notre sainte religion, a dirigé ma conduite. Je sens qu'il faut se rendre utile; on peut l'être infiniment plus en s'instruisant, et en fortifiant son jugement. Les méchantes idées s'éloignent par le constant emploi du temps, aussi ai-je grand soin de ne rester jamais sans être occupée. Lorsque ma chambre est faite, quand j'ai aidé ma mère à s'habiller, j'inspecte la maison, je vais aux basses-cours surveiller les choses nécessaires au ménage; de là je me rends au potager, je cueille les fruits, je fais cueillir les légumes, et je distribue les provisions; ma mère soigne le reste. Ensuite je lis, j'écris, j'apprends par cœur, jusqu'à l'heure du dîner; le soir, je tricote ou je raccommode le linge et les hardes. De cette manière je mène la vie la plus heureuse : mais, seule, je n'ai pu réussir à bien apprendre la grammaire, les calculs, la géographie, le dessin; je n'ai pu me rendre habile dans les ouvrages de goût, et je regrette ce genre d'instruction. Je serai peut-être mère un jour; si je pouvais, en allant te rejoindre, devenir capable de faire l'éducation de mes filles, n'aurais-je pas, pendant toute ma vie, une ample et douce récompense du sacrifice de quelques années? Ah! je sens tout ce qui me manque, et l'impossibilité où je suis de me le procurer. Je ne suis pourtant pas jalouse de ton bonheur, et j'en jouirais si tu pouvais le sentir et en jouir toi-même. Je prie Dieu, ma chère Zoé, pour qu'il te donne la force et la raison dont tu me parais avoir besoin.

LETTRE VII.

Zoé à Élisa.

Valence, ce 8 avril 1808.

Ta dernière lettre était bien longue, ma chère Élisa; je n'ai eu que le temps de la parcourir, je l'emporte avec moi, ainsi que toutes celles que j'ai de toi. Elles sont dans mon sac avec un ruban que tu me donnas l'hiver dernier; je les lirai lorsque j'en aurai le temps. Les visites de complimens et d'adieux me désolent; mon père me fait des yeux terribles quand je suis près de pleurer, je renfonce mes larmes; mais dans ma chambre j'en verse tant que je peux, et j'ai les yeux rouges au point de faire peur à tout le monde. Adieu, adieu, nous partons demain à sept heures du matin. Demain, à l'heure où je t'écris, j'aurai quitté mon père, mes amies, mes connaissances, mes habitudes, pour aller me mettre derrière des grilles et sous la férule de pédantes que je ne connais pas. Rien, rien ne pourra me consoler. Je lirai peut-être, mais bien inutilement, les conseils dont ta lettre est remplie. Encore adieu; aime et plains, je t'en supplie, ta désolée Zoé M....

LETTRE VIII.

De la même à la même.

Paris, ce 21 avril 1808.

Paris est superbe, ma chère Élisa, j'en suis enchantée. Malgré la défense de mon père, ma mère m'a fait voir le jardin des Tuileries. Les amis qu'elle a consultés lui ont assuré qu'en nous interdisant les promenades publiques, il avait voulu indiquer seulement le jardin du Palais-Royal où circulent beaucoup de gens de très-mauvaise compagnie, et où résident même des bandes de filous. Mais les Tuileries, le Luxembourg, le Jardin des Plantes, sont des lieux dignes de l'admiration de tout le monde, et les gens de la meilleure société s'y réunissent. C'était hier dimanche : que de monde dans les Tuileries et dans un bois superbe qui se trouve à la suite de ce jardin, et que l'on nomme les Champs-Élysées! Que de jolies parures! que de jolies femmes qui marchent avec une grâce.....! En vérité, j'en étais ravie. L'après-midi, nous sommes allées voir le Luxembourg. Je ne m'y promènerais pas, je t'assure, si je demeurais à Paris: le jardin est beau, cela est vrai; mais il est triste. Je n'y ai vu que de vieux bons hommes appuyés sur leurs cannes, et des bonnes d'enfans. Je fus bientôt lasse, je demandai à me reposer, puis à m'en aller.

Il ne nous est rien arrivé en route qui mérite la peine d'être raconté. Demain nous serons présentées à M. le Grand-Chancelier, et de-là nous irons voir la duchesse de.....

Ma mère a dîné aujourd'hui chez un ancien ami de mon père, qui a sa fille à Écouen. On espérait me faire connaître cette nouvelle compagne, mais on n'a pu obtenir la permission de la faire sortir. Je me suis récriée sur cette sévérité, et je m'en suis bien repentie. Il y avait dans le cercle une vieille dame, élève de Saint-Cyr, qui a beaucoup applaudi à cette mesure rigoureuse, et qui en a dit, en a dit..... Ces vieilles femmes sont impatientantes, au point que je ne puis les souffrir. Je parie que je vais trouver à Écouen trente ou quarante vieilles têtes, cela me fait trembler d'avance. A demain ma visite chez la duchesse de....., et à demain mon entrée dans la maison impériale; car le même carrosse de louage nous mène à midi chez le Grand-Chancelier, à une heure chez cette dame, et de chez elle, nous partons pour Écouen; je t'écrirai en arrivant.

Adieu, mon Élisa; j'espère trouver plusieurs de tes lettres dans le triste château que je vais habiter.

LETTRE IX.

De la même à la même.

Écouen, ce 22 avril 1808.

Me voici donc enfin dans ce beau château! J'ai déjà tout parcouru, tout vu, si l'on peut voir à travers un nuage de pleurs. Mais, avant de te parler de ma cruelle prison, il faut que je soulage mon cœur sur la manière dont la duchesse de...... nous a reçues. Elle a été aimable pour maman, détestable pour moi. Malgré la magnificence de son hôtel, le nombre de serviteurs dont les premières pièces de l'appartement étaient remplies, elle s'est précipitée dans les bras de ma mère, l'a embrassée tendrement, s'est récriée sur le malheur que mon père a eu d'être blessé, lui que son mari (disait-elle) considérait comme un des meilleurs généraux de son armée. Ma mère ne répondait que par ses larmes; la duchesse l'a conduite sur un canapé, l'a fait asseoir près d'elle, l'a invitée à dîner pour dimanche prochain, en demandant si je serais encore à Paris à cette époque. Alors ma mère a fait connaître les ordres de mon père, et la duchesse, au lieu d'engager ma mère à me faire rester plus long-temps à Paris, s'est avisée de dire qu'il avait raison ; qu'à mon âge il ne fallait pas même perdre une journée, que du reste j'avais besoin de quelques conseils. Elle tenait, il est vrai, tous ces singuliers discours d'un son de voix aussi doux que si elle m'eût fait des complimens ; et c'est de la meilleure grâce du monde qu'elle a fini la conversation, en me disant : « Ma » chère enfant, vous vous tenez fort mal, et vous » ne savez pas saluer en entrant dans un salon. » Et ma mère avait la complaisance de la remercier ! En vérité, cette dame est bonne, je ne peux le nier : mais pour une femme de la cour, elle a bien peu d'usage du monde ; jamais je n'ai entendu dire qu'il fût poli de prendre le rôle d'une pédante insupportable ; et à Valence on est bien plus aimable.

J'aurais mieux fait d'employer mon papier et mon temps à t'entretenir de M. le comte de Lacépède, Grand-Chancelier de la Légion d'honneur, chargé par l'Empereur de la surveillance des maisons impériales. J'ai été charmée de sa politesse et de son air de bonté ; je te le dis pour te montrer combien j'ai peu de partialité. Il a parlé des services de mon père d'une manière honorable ; il a fait ensuite l'éloge de la maison impériale : c'est bien naturel ; si j'étais à sa place, j'en ferais tout autant. Mais il faut en convenir, je lui ai trouvé l'expression d'un père pour tous les enfans élevés dans cette maison. Son Excellence a beaucoup caressé ma petite sœur : « Êtes-vous bien aise d'aller à Écouen ?

lui a-t-il demandé en la prenant par la main. — Très-aise, Monseigneur, a répondu la petite sotte; on dit qu'il y a beaucoup de petites filles et de beaux jardins. — Voilà l'âge d'être admise à la maison impériale, a dit M. le Grand-Chancelier; la réponse naïve et gaie de la petite, les larmes de l'aînée (je pleurais sans pouvoir m'en empêcher), en sont les preuves. Cependant, Mademoiselle, m'a-t-il dit, c'est une grâce spéciale de Sa Majesté de vous admettre dans sa maison malgré vos quinze ans, et vous devez en être encore plus reconnaissante. » Ma mère a répondu que je le sentais parfaitement, et nous sommes parties. Ma lettre est déjà bien longue, mais j'ai tant de choses à te dire! Je vais entrer dans quelques détails sur la maison; ils t'intéresseront plus que moi, qui voudrais n'avoir pas à en faire sur ma captivité.

Écouen est à quatre lieues de Paris; depuis Saint-Denis que l'on traverse pour s'y rendre, la route est agréable et assez variée. On arrive au château par une allée tournante, qui serait vraiment jolie si elle ne conduisait pas à cette odieuse prison.

Les parloirs sont très-propres; mais les grilles m'ont fait un mal que je ne saurais t'exprimer. On nous a introduites dans le parloir de madame la Directrice. C'est une femme qui a plus de cinquante ans, dont la physionomie me convient assez. Elle a été fort polie avec ma mère, et très-caressante pour ma sœur et pour moi. Après avoir reçu nos brevets, elle nous a conduites elle-même à la chapelle qui est fort simple. Revenue à son parloir, elle a fait appeler la demoiselle de semaine. C'est une élève choisie parmi les grandes, et qui est chargée de montrer la maison aux dames étrangères. Cette jeune personne tenait un grand trousseau de clefs, elle nous a fait parcourir toute la maison ; ma mère paraissait enchantée ; mais je pense que son intention était d'embellir à mes yeux cette triste demeure, où je n'ai guère remarqué que la cour qui est grande et assez propre. Enfin ma mère nous a quittées en promettant de revenir lundi. Ma petite sœur est entrée dans la section des vertes lisérées, parce qu'elle ne sait pas lire ; et moi je suis, malgré mes quinze ans, placée dans celle des bleues, parce que j'ai ma grammaire à apprendre. Cela me désespère ; je vais peut-être trouver parmi ces petites filles des élèves plus avancées que moi. Tu ignores sans doute que les classes ou sections sont distinguées par des ceintures de couleurs différentes......

Je viens d'être interrompue par une petite malicieuse qui s'est assise auprès de moi pour me dire : « Mademoiselle, vous écrivez une bien longue lettre à votre maman, et elle vient de vous quitter. — J'écris à une de mes amies, lui ai-je dit. — Ah! ne prenez pas cette peine, a-t-elle repris ; le règlement nous le défend. — Cela est vrai, m'a dit une dame qui faisait une bourse, et qui me paraît être la surveillante de la classe. Vous voudrez bien aussi me rendre le papier à vignettes que vous avez dans votre écritoire ; on vous en donnera de plus simple pour écrire à vos parens, c'est-à-dire, seulement à votre père, à madame votre mère, à vos grands parens, à vos tantes et à vos oncles. » J'étais furieuse, le sang m'a monté au visage, j'ai pris ma lettre avec l'intention de la déchirer ; la dame surveillante s'est avisée de me dire avec un grand sang-froid que j'étais colère...... Madame la Directrice me fait demander dans son cabinet, je vais rouler ma lettre et la mettre dans mon sac.

Une lettre de toi, mon Élisa, et je la reçois des mains de madame la Directrice ! Sans la faveur que tu as obtenue, je ne posséderais pas une ligne de ta main ! Quelle marque d'amitié tu viens de me donner ! j'en serai reconnaissante toute ma vie : je te dois le premier moment de bonheur que j'aie éprouvé depuis mon départ de Valence ; je vais chercher à prendre mon mal en patience ; écris-moi, je lirai tes lettres, et je tâcherai d'en profiter. Ma mère est repartie pour Valence après m'avoir fait les visites qu'elle m'avait promises.

LETTRE X.

Madame de..... à Madame la Directrice de la Maison d'Écouen.

Chabeuil, ce 10 avril 1808.

L'intérêt que vous m'avez témoigné, Madame, à l'époque de mes malheurs, les lettres consolantes que vous avez bien voulu m'adresser dans ce temps, l'amitié que vous accordiez à ma bonne Élisa, me donnent la confiance de me rappeler à votre souvenir, et de vous demander pardon pour la liberté que je prends de vous adresser les lettres que ma fille écrit à une jeune élève de la maison d'Écouen. Je sais que la sagesse de votre règlement interdit ces correspondances enfantines, dont le moindre inconvénient est d'accoutumer les enfans à juger lorsqu'ils ne doivent que se soumettre; mais, Madame, la correspondance que je vous prie de permettre, et même de protéger, est d'une nature bien différente : elle sera peut-être aussi utile à votre jeune élève, que les conseils et les réprimandes dont elle aura cependant grand besoin. Mademoiselle Zoé M..... est jolie, très-spirituelle, mais ignorante et gâtée. Elle faisait l'ornement de la société de sa mère, où ses naïvetés et son babil lui valaient les suffrages de ceux qui ne portent pas assez de bienveillance à la jeunesse, pour songer au mal que lui font des éloges donnés hors de propos. Son père, homme à la fois sensible et réfléchi, ne s'est pas déguisé les défauts qui auraient pu nuire au bonheur de ses enfans. Il a béni le décret qui assure aux familles des légionnaires le moyen de donner à leurs filles une éducation modeste et distinguée. Les larmes de mon Élisa ont coulé de nouveau sur la mort de son père. Il a laissé, il est vrai, à sa famille de glorieux souvenirs; mais l'ordre de la Légion d'honneur n'étant pas établi à l'époque où nous avons eu le malheur de le perdre, il ne nous a pu laisser aucun droit pour solliciter l'admission de sa fille à Écouen. Elle a souffert de voir sa jeune amie si peu pénétrée des avantages qui l'attendent dans la maison impériale, et elle a entrepris de les lui faire sentir, pour la mettre en état d'en profiter. Voilà, Madame, le but louable de la correspondance que j'ose soumettre à votre volonté.

Mon Élisa vous présente ses plus tendres respects : combien elle serait heureuse de vous revoir, et de passer encore quelque temps auprès de vous! Conservez-lui, Madame, une amitié dont elle a su dès son enfance apprécier la valeur, et recevez de nouveau l'assurance des sentimens, etc., etc.

LETTRE XI.

La Directrice de la Maison d'Écouen à madame de...

Écouen, ce 18 avril 1808.

Vous avez si bien défini, Madame, les motifs qui ont fait interdire aux élèves de la maison confiée à mes soins les correspondances confidentielles avec leurs jeunes amies, que je n'ai rien à vous dire pour motiver cette décision : mais vous rendez si intéressantes les relations que notre aimable Élisa désire établir avec mademoiselle Zoé M....., que je m'engage de tout mon cœur à faire parvenir les lettres des deux amies, sans les lire. Je sais tout ce qu'un enfant gâté dira ou inventera sur la tenue et les règlemens de notre maison ; mais je sais si bien ce qui lui sera répondu, que je n'en ai aucune inquiétude. Si la tendresse maternelle, qui prend trop souvent le caractère de la faiblesse, était toujours dirigée par la justesse d'esprit, on n'aurait rien à craindre, pour les élèves, des fausses confidences qui alarment mal à propos les familles. Trop souvent, une petite fille qui n'apprend pas, dit qu'on ne lui donne pas de leçons; une friande, privée de sucreries, assure qu'elle est mal nourrie; une méchante ou une menteuse qui mérite de sévères ré-primandes, se plaint d'être maltraitée.

A dix-huit ans, elle pensera autrement, et rougira si on lui donne à lire ce que son inconséquence lui a fait écrire à treize. Elle estimera, comme femme de mérite, l'institutrice qui, avec fermeté, exige de ses élèves de remplir tous leurs devoirs, et regardera comme une femme dénuée de toutes les qualités qui distinguent notre sexe, celle qu'elle appelait dans sa première jeunesse toute bonne et toute aimable, parce qu'elle cédait à ses caprices et favorisait sa paresse.

Je suis entrée dans des détails dont votre excellent esprit, Madame, vous fera saisir la vérité; mais je ne suis pas moins persuadée que le commerce de lettres entre Zoé et Élisa ne peut être qu'extrêmement utile à la première. Vous pouvez donc, Madame, lui adresser ses lettres sous mon couvert.

J'ai l'honneur d'être, etc.

LETTRE XII.

Élisa à Zoé.

Chabeuil, ce 15 avril 1810.

Tu es en route, ma chère Zoé; tes larmes cesseront. Le grand air, la vue des différentes provinces que tu vas traverser, les soins qu'amène un long voyage, tout cela doit naturellement te distraire, et je ne suis pas la première à dire que de deux amies qui se séparent, la plus à plaindre n'est pas celle qui s'éloigne.

Je songe souvent aux dangers que tu peux courir pendant ton séjour à Écouen, et aux avantages que tu en peux retirer. Zoé, pense à ton retour à Valence, songe au moment où tu te retrouveras dans ta famille; vois les amis de ton père empressés à venir te féliciter, si des notes avantageuses ont précédé ton retour. Je me plais à porter ton esprit sur les idées qui peuvent te donner du courage. Mais, ma bonne Zoé, des notes favorables, des éloges, ne s'accordent, dans les grands établissemens, qu'à celles qui les méritent réellement. Le Grand-Chancelier ni la Directrice ne peuvent louer sans motifs : s'ils le faisaient, le reste des élèves et toutes les dames se récrieraient contre leur partialité.

Avant peu j'aurai des lettres de toi; j'espère qu'elles se succéderont; tu aimes à écrire, et tu sais quel plaisir tu me procures. Nous partirons pour Fréville le 1ᵉʳ mai, et nous y resterons jusqu'à la petite Fête-Dieu. Mon oncle désire nous garder pour cette époque; la pompe de cette cérémonie l'occupe infiniment; chaque année, je lui porte quelque broderie ou quelques vases garnis de fleurs de ma façon; il aime à prier pour son enfant chéri au pied d'un autel orné de ses mains. Il m'entretiendra beaucoup de toi : la visite que tes parens lui firent, il y a cinq ans, est un moment de bonheur dont il parle souvent; c'était aussi dans le temps de la Fête-Dieu; il rétablissait alors son église; la tristesse que lui avait laissée l'époque des persécutions n'avait pas encore été effacée par des temps plus heureux. Ton père portait cet uniforme de général français devant lequel mon oncle avait été forcé de fuir en Allemagne; cette vue lui donnait de tristes souvenirs : mais lorsque le général, couvert de ces mêmes broderies qui avaient peu de temps auparavant causé l'effroi de mon oncle, se mit à marcher à la suite de la procession, avec sa contenance noble et martiale, et qu'en se retournant pour bénir le peuple, mon oncle vit ton père à genoux, pénétré de cette humilité chrétienne que les chevaliers des temps passés alliaient si bien à la valeur, les yeux de mon vénérable oncle se remplirent de larmes; tous les malheurs de son exil s'effacèrent en un instant de sa mémoire, et, re-

gardant le ciel, il s'écria : « Religion sainte, les
» braves s'humilient et vous implorent depuis que
» Napoléon a relevé vos autels au pied desquels on
» prie pour lui. »

Adieu, ma Zoé, j'attends ta première lettre d'É-
couen avec impatience; on doit me l'envoyer à
Fréville.

LETTRE XIII.

De la même à la même.

Fréville, ce 5 mai 1808.

J'ai reçu le même jour, ma chère Zoé, tes deux lettres datées d'Écouen et de Paris. J'ai lu avec attendrissement l'expression de ta surprise lorsque tu as appris de madame la Directrice qu'elle a bien voulu se charger de notre correspondance. Ma chère Zoé, ton ame est faite pour des sentimens louables, et tout ce que tu accordes de retour à ma tendresse, ajoute encore à celle que j'ai pour toi. Tu le vois, lorsqu'on agit pour le bien, on n'a rien à redouter des plus sévères règlemens. Cette même personne qui interdit les correspondances inutiles, se charge de la nôtre. N'est-ce pas déjà un motif de l'aimer et de reconnaître sa justice?

Je ne vois pas pourquoi tu as été blessée de la réflexion de la duchesse. L'usage du monde et le maintien sont des choses qui s'apprennent, et les conseils de cette dame indiquent seulement l'intérêt que tu lui inspires. Tu blâmes les femmes de la capitale et celles qui sont placées dans le grand monde, de s'ériger en juges sur les grâces et les bonnes manières. Mais, ma Zoé, oublies-tu donc qu'en province nous ne parlons que de Paris et de sa supériorité pour les choses de bon goût? L'hiver à Valence, quand nous avons un bal, n'y a-t-il pas rivalité pour des parures que l'on dit venir toutes de Paris? C'est donc d'après une supériorité avouée pour tout ce qui est forme, mode et usage, que les Parisiennes, et surtout celles qui vivent dans la haute compagnie, prennent le droit de donner des avis aux femmes de province. Mais si tu ne trouves pas ces raisons assez fortes, ne dois-tu pas penser, en y réfléchissant, combien l'âge, le rang, et surtout l'amitié, donnaient de droits à la duchesse pour te parler avec franchise?

Mon frère et mon cousin sont arrivés. La campagne d'Eylau et celle de Friedland ont fait obtenir à mon frère le grade de lieutenant; mais il n'a pas la croix. Si j'avais ce ruban de la Légion, me disait-il hier au soir, chère petite Élisa, je te ferais passer deux ans à Écouen avec ton amie; j'aurais le droit de solliciter cette faveur. Que je serais heureuse! me suis-je écriée; et tout-à-coup je me suis repentie de lui avoir témoigné ce désir, dans la crainte qu'il ne s'exposât pour mériter cette honorable récompense : mais ce bon frère, comme s'il eût compris ce qui se passait au fond de mon cœur, m'a dit que, par le nombre de campagnes qu'il comptait déjà, il avait lieu d'espérer qu'après celle qu'il va faire, il obtiendrait la croix, et pourrait ainsi, sans me faire verser de larmes, me procurer l'avantage que je paraissais tant souhaiter.

Malgré ton humeur contre la classe bleue et contre la dame surveillante, tu donnes, sans t'en douter, bien des éloges à l'établissement, et je vois percer, dans tes récits, le détail de beaucoup de choses qui un jour mériteront ton approbation.

LETTRE XIV.

Zoé à Élisa.

Écouen, ce 4 mai 1808.

Quelle horrible maison, ma chère Élisa ! Quelle vie j'y vais mener ! Je me ressentirai toute la journée du réveil que j'ai eu aujourd'hui. Comme je m'étais enrhumée à Paris, ma mère avait désiré qu'en arrivant on me couchât à l'infirmerie ; maintenant je suis guérie, et je viens d'être installée dans un dortoir voisin de la cloche qui sonne les devoirs. A six heures j'ai entendu un bruit terrible ; j'ai d'abord été fort effrayée ; mais j'ai passé la tête sous ma couverture, et me suis bientôt rendormie. Cependant je me suis entendu appeler par mon nom ; j'ai regardé, et j'ai vu la dame surveillante, tout habillée, qui était arrêtée au pied de mon lit. Mes compagnes étaient déjà levées et prêtes à passer en classe ; il m'a donc fallu prendre mon parti, et, un œil fermé, l'autre ouvert, je me suis habillée ; mais, en me hâtant, j'avais mis mon tablier à l'envers, et, pour surcroît de plaisir, j'ai eu l'agrément de servir de risée à toute ma division. Un second coup de cloche s'est fait entendre pour la prière, et nous voilà toutes alignées, et marchant deux à deux au petit pas jusqu'à notre classe. Je me suis permis de demander à la dame surveillante pourquoi elle nous rangeait si ridiculement en procession : elle m'a répondu par je ne sais quelle raison; elle prétend que, sans cette précaution, les enfans se heurteraient dans les portes et pourraient se blesser. Après la prière, la cloche s'est encore fait entendre : c'était pour la messe. Toutes mes compagnes sont allées au même endroit prendre leurs livres, et nous voilà encore alignées. La messe dite, on a sonné le déjeuner ; mais quel déjeuner ! A l'exception de celles dont la santé est délicate, et auxquelles les infirmières apportent du chocolat, nous avons toutes du lait; un autre jour nous aurons du raisiné ou du fruit. Ne serait-il pas plus agréable de déjeuner selon son goût, avec du café, du chocolat ou des confitures? Mais on nous prive même de la satisfaction d'avoir de l'argent, et nous ne pouvons acheter les choses qui nous seraient agréables. Demain je serai obligée de me faire éveiller par une de mes compagnes du dortoir; car on m'a annoncé que j'aurais de plus à faire la toilette de Victorine. Il m'a fallu marquer tout mon trousseau ; je suis forcée d'aller à la roberie faire moi-même mes robes, mes tabliers, ma toque de velours et mon chapeau. Je ne croyais pas que l'on dût faire de moi une couturière ; et dans l'éducation que l'on donne ici, il ne me paraît pas qu'on s'occupe beaucoup de remplir l'intention des paréns. La cruelle cloche

vient encore de se faire entendre ; elle ne cesse
de sonner la rentrée en classe, la leçon d'écriture,
celle de l'institutrice ; je ne pourrais lui pardonner
son bruit infernal que si elle sonnait plus souvent
la récréation. Elle sonne dix minutes avant le dîner,
pour que nous remplissions, comme des servantes,
l'agréable devoir de nettoyer nos bureaux et de ba-
layer nos classes ; puis elle sonne le dîner, le souper,
le coucher : mais la plus détestable de toutes ces
sonneries est celle du matin ; enfin nous marchons
ici comme une horloge. Ah ! que je regrette ma petite chambre de Valence, si calme, si éloignée du
bruit de la rue ! Que j'étais injuste lorsque je mur-
murais contre un pauvre coq qui m'éveillait, à la
vérité, assez souvent, mais qui me laissait au moins
la liberté de me rendormir ! Ici, il faut que trois
cents personnes marchent comme une seule, d'après
une seule volonté, à un seul ordre ; il y a, de plus,
des minuties qui me révoltent. Crois-tu que pour
aller d'un endroit à l'autre, lorsqu'on ne marche
pas en procession, il faut tenir à la main une petite
planche sur laquelle est écrit le nom de l'endroit
où l'on vous permet de vous rendre ? On y lit ces
différens mots, *Roberie*, *Lingerie*, *Musique*, etc.
Si une dame rencontre une élève sans cette espèce
de passe-port, elle a le droit de la prendre par la
main et de la conduire chez madame la Directrice;
tu sens qu'une visite faite de cette manière est très-
désagréable. J'écrirais un volume de toutes les choses
de ce genre établies dans la maison d'Écouen ; tu

dois juger combien il est affreux d'être soumise à un pareil despotisme. Écris-moi donc, ma chère Élisa, sans tes lettres je perdrais la raison ; et ne m'abandonne pas à ma tristesse.

LETTRE XV.

Élisa à Zoé.

Chabeuil, ce 9 mai 1808.

Je te fâcherai sûrement, ma chère Zoé, en t'avouant que nous avons ri, ma mère et moi, de ta dernière lettre. Ton humeur contre le règlement, bien que plaisamment exprimée, n'est pas moins injuste. Les lois les plus sévères sont nécessaires pour contenir trois cents jeunes filles dans la même maison. Fait-on marcher un régiment sans discipline? Demande-le à ton père. La dame surveillante a eu parfaitement raison dans l'explication qu'elle t'a donnée de l'utilité des marches régulières lorsque vous passez d'un endroit à un autre. Si l'on permettait d'acheter du fruit ou des confitures, il y aurait une communication perpétuelle entre les élèves et les servantes. Les enfans contracteraient le goût des friandises; les moins riches éprouveraient des privations : qui sait même si l'on n'aurait pas à gémir d'avoir, par cette indulgence, introduit parmi les élèves le vice le plus honteux? Une malheureuse petite fille, poussée par la gourmandise, peut se trouver coupable d'un vol avant d'avoir appris à distinguer l'importance de sa faute.

Ma mère prétend que, dans l'éducation publique, où l'on ne peut inspecter chaque élève assez particulièrement pour découvrir ses penchans secrets, il faut éviter tout ce qui peut faire succomber l'enfance à des tentations. Les premières impressions résistent souvent au développement de la raison. C'était un tort réel, dans l'ancienne éducation, de faire mettre les enfans à genoux et en prières tout le temps que durait un orage : on leur donnait une idée fausse sur le danger qui menaçait leur vie. Dieu, dit-elle encore, dispose de nos jours de mille manières différentes. Le tonnerre n'est point son arme ; il est trop puissant pour en avoir besoin : c'est un phénomène, si bien expliqué de nos jours, qu'il n'est plus permis de l'ignorer : cependant on rencontre tous les jours des personnes qui raisonnent fort bien sur les effets de l'orage quand le ciel est calme, et qui, cédant à la force des premières impressions, tremblent au moindre coup de tonnerre. Mais je reviens à tes plaintes sur le déjeuner. Servir trois cents personnes d'une manière variée, ce serait pour les gens de cuisine une occupation trop pénible. Tu ignores donc qu'à Saint-Cyr, maison fondée par Louis XIV pour l'éducation des filles nobles sans fortune, et où ma mère a été élevée, on ne donnait que du pain à déjeuner : elle trouve tous les articles de votre règlement non-seulement nécessaires, mais indispensables, et vos passe-ports en bois sont, à son avis, d'une invention parfaite. Tous ces jugemens si contraires aux tiens te blesseront, ma chère Zoé : mais il faut te parler vrai, ces choses, qui te gênent et te contrarient, sont les bases de l'ordre qui règne dans votre maison; tu finiras par en reconnaître l'utilité, et par y céder aussi facilement que le fait ta sœur. A dix ans, toutes ces règles paraissent naturelles; à quinze, on doit en juger l'utilité et s'y soumettre par raison. Pour moi, je serais admise à dix-sept ans dans la maison d'Écouen, que j'étudierais toutes les parties du règlement, pour les observer avec la plus grande exactitude. Je serais bien heureuse, ma chère Zoé, de pouvoir te prouver que je pense tout ce que je dis, puisqu'alors je jouirais du bonheur d'être réunie à ma meilleure amie.

LETTRE XVI.

Zoé à Élisa.

Écouen, ce 19 mai 1808.

Nous avons eu, il y a huit jours, la visite d'une personne d'un haut rang, que madame la Directrice a eu l'honneur d'élever. Quoique les bâtimens ne soient pas encore entièrement achevés, elle est venue visiter notre maison. On travaille au pont qui conduit à l'entrée principale; la voiture n'a pu arriver jusqu'à la cour, mais la personne qu'on attendait a franchi très-lestement les planches qui servent à passer sur le fossé; elle a été reçue à la porte de la chapelle par le premier aumonier et par les autres ecclésiastiques attachés à la maison, et a entendu notre messe. Nous sommes toutes enchantées des grâces, de la bonté et de l'air de noblesse de cette personne; elle avait avec elle son fils aîné : il est très-vif et paraît fort spirituel. Sa fille est d'une beauté surprenante, et semble avoir déjà les grâces nobles et attrayantes de sa mère.

L'ancienne élève de madame la Directrice a déjeuné chez elle, et a fait cadeau d'une jolie bague à la demoiselle de semaine, qui aidait à faire les honneurs de la maison. On lui a dit des choses trèsobligeantes sur son maintien. On est heureux d'être de cette classe blanche. Tu en serais en entrant ici, ma chère Élisa; et moi je paie en ce moment mon étourderie, comme toi tu recevrais la récompense de ton application et de ton amour pour le travail. Je soupire en écrivant ceci; mais je n'adresse mes reproches qu'à moi seule. Je n'aurais pas acquis de grands talens à Valence; cependant le vieux secrétaire de mon père, le bon M. Dupuis enseignait bien, il me donnait assidument des leçons de grammaire, d'histoire et de géographie, mais je l'écoutais à peine, et je ne savais jamais mes leçons. Ma mère, qui ne songeait qu'à son ménage, et qui était souvent attristée par l'absence de mon père, me faisait de temps à autre des reproches : je savais qu'ils devaient durer à peu près dix minutes, je fixais pendant tout ce temps les yeux sur la pendule pour calculer le moment où je serais quitte de son sermon. Mon attention tout entière se portait sur le progrès de l'heure, et je n'écoutais rien de ce que disait ma mère. Je me le reproche bien sincèrement, je voudrais maintenant regagner le temps que j'ai perdu; mais peut-être est-il trop tard : aide-moi de tes avis, encourage-moi par tes conseils, ma chère Élisa. Quelle précieuse chose qu'une bonne et sincère amie, et combien je suis heureuse d'en avoir rencontré une telle que toi!

LETTRE XVII.

Élisa à Zoé.

Fréville, ce 6 juin 1808.

Un événement effrayant, mais heureusement terminé, ma chère Zoé, vient de resserrer encore, et pour toujours, cette tendre amitié qui unit nos deux familles. Ton respectable père se porte mieux que jamais; mais il doit maintenant la vie à la jeunesse et à l'intrépidité de mon frère. De tous les faits glorieux dont il espère embellir sa carrière, celui-là sera toute sa vie le plus cher à son cœur : il le disait à ton père avec une expression de tendresse qui faisait de cette simple vérité la chose la plus touchante du monde. Je vais te faire le récit de ce qui s'est passé hier à cinq heures, et qui avait d'abord jeté l'alarme dans tout le canton.

Tu sais sans doute que, depuis quelques jours, tes parens sont à la terre de Mirbot. Il n'y a que deux lieues de cette campagne à la cure de mon oncle : ton père, qui peut maintenant monter à cheval, a voulu lui faire une visite. Il avait formé le projet de faire cette course sans palefrenier; ta mère s'y était opposée; mais, comme tu le sais, l'habitude du général est de céder rarement aux représentations. Nous étions, mon oncle, Charles et moi, à nous promener le long du torrent qui nous sépare de la grande route. Nous en étions fort près, puisque le chemin est sur l'autre bord de l'eau, et de l'endroit où nous nous promenions on peut très-facilement se faire entendre des voyageurs; mais la traversée du torrent est si périlleuse, que les paysans eux-mêmes n'osent jamais l'entreprendre, et préfèrent remonter jusqu'au pont du village. Nous étions donc fort tranquilles, occupés seulement à jouir de la beauté de la campagne, quand nous vîmes tout-à-coup, de l'autre côté de l'eau, un cheval qui emportait son cavalier; il avait déjà perdu son chapeau, qui était tombé loin de lui. Charles reconnaît ton père : il s'élance; et, sans que nous puissions le retenir, il court vers le torrent, et s'y jette pour aller le secourir; mais l'eau était profonde, le courant rapide, et nous voyons mon pauvre frère enfoncer et disparaître. Je me jetai à genoux; mon oncle leva les mains vers le ciel, et dans ce triste moment où je crus mon frère mort, je crus aussi que j'allais mourir. Mais aussitôt nous le vîmes reparaître : il avait saisi une branche de saule, dont la racine tenait à l'autre bord; et le voilà déjà dans la plaine, courant après ton père que son cheval emportait toujours. Nous sommes bien heureux que mon frère ait eu tant de courage; car bientôt le cheval de ton père fit un saut violent, le général fut renversé et tomba sur le sable. Cependant son pied restait pris dans l'étrier, et le cheval, encore plus animé, l'allait traîner bien loin, quand mon frère arriva, saisit la bride, arrêta le cheval, et nous garantit ainsi du plus grand malheur. Ce bon frère eut à peine sauvé les jours de ton père, qu'il songea à notre effroi ; il se retourna vers nous, et nous criait : *Rassurez-vous, il n'a rien, il n'est point blessé.* Cependant j'avais peine à me remettre, et mon frère, inquiet de mon trouble, s'approchait du torrent, et se disposait à le franchir de nouveau pour venir me rassurer : mais mon oncle lui dit d'un ton de voix imposant : *Je vous défends de passer*; et ce brave Charles, que peu de minutes auparavant rien n'avait arrêté quand il fallait sauver ton père, plein de respect pour quelques paroles de son oncle, s'arrêta tout-à-coup, et prit avec ton père le chemin du village. Nous nous hâtâmes de marcher vers le même côté ; et quand nous arrivâmes, ton père était déjà arrivé au presbytère et parfaitement remis de sa chute. Nous l'entourions avec joie et nous admirions la Providence, dont les soins généreux avaient tout disposé pour sauver sa vie. Il aurait pu rencontrer des pierres, et il était tombé sur le sable ; la jambe qui était restée suspendue à l'étrier, n'est point celle qui a été blessée. Enfin tu n'as maintenant que des grâces à rendre au ciel ; l'événement ne peut avoir aucune suite fâcheuse, et il n'a fait que procurer à deux familles qui s'aiment et s'estiment, un de ces momens où tous les sentimens d'amitié se développent, et gravent pour jamais dans les cœurs les plus touchans souvenirs.

LETTRE XVIII.

De la même à la même.

Fréville, ce 9 juin 1808.

Je t'écris de nouveau, chère Zoé, pour ne te laisser aucune inquiétude sur le récit que je t'ai fait dans ma dernière lettre. Ton père se porte à merveille; il est retourné avant-hier chez M. de Mirbot, où nous devons tous aller dîner demain : je m'attends à quelques scènes amusantes que nous devrons aux reproches de ta mère sur l'imprudence du général, et à la manière gaie et plaisante dont il reçoit toujours ses avis. Cependant, sans paraître se laisser convaincre, il faut espérer qu'il en deviendra plus sage. Ses blessures l'ont affaibli; la vigueur de son caractère l'empêchait de juger de la diminution de ses forces, et cet événement lui rendra le salutaire office d'un bon avertissement.

Je reçois à l'instant ta lettre du 29 mai; je te remercie des détails que tu me donnes sur la visite qu'on vous a faite. Plus votre établissement se perfectionnera, plus il sera l'objet des bontés de la famille dont le chef gouverne la France. Mon oncle pense que ces visites honorables sont un stimulant bien précieux pour les élèves de votre maison. Dans

la retraite la plus religieuse, vous vous trouverez pourtant, dit-il, rapprochées des personnages les plus élevés. On essaie, par bien des actions de courage, de mériter un de leurs regards, une de leurs paroles de bonté, et vous serez l'objet de leurs visites et de leurs soins. On nous assure ici que Napoléon doit placer une personne de sa famille à la tête de toutes les maisons qu'il forme pour l'éducation des filles de la Légion d'honneur. On parlait hier de ce projet devant mon oncle ; il ne cesse de parler de Napoléon et des projets qu'il a conçus. « Sa
» mère, disait-il, lui répond déjà, par la surveil-
» lance la plus active et la plus pieuse, des secours
» de charité qu'il fait parvenir aux infortunés. Il
» l'a chargée de protéger ces femmes religieuses
» qui dévouent leurs jours entiers à des actions
» de courage et de sensibilité. Il dira à une autre :
» *Vous, Madame, répondez-moi de la religion, des*
» *vertus, des talens qui seront donnés aux filles et*
» *aux sœurs de ces braves que je conduis depuis*
» *quinze ans au champ d'honneur. Cette décoration,*
» *qui constate ma satisfaction, est également la ré-*
» *compense des hommes utiles et savans qui se dé-*
» *vouent à l'étude des lois, des sciences et des arts.*
» *Préparez-leur à tous des filles telles qu'ils mé-*
» *ritent d'en avoir; et pour leurs fils, des épouses*
» *telles, que leurs vertus servent à consolider mes*
» *travaux.* » Voilà comme mon bon oncle fait parler celui qu'il aime. Je crois avoir retenu fidèlement toutes ses expressions ; mais ce que je te dis

perd trop en passant par ma plume, il fallait entendre cela de la bouche vénérable de mon oncle. Lorsqu'il eut cessé de parler, ton père lui serra la main en lui disant, avec enthousiasme, que ceux-là étaient bien heureux, qu'instruisait un tel pasteur, et qui apprenaient de lui à connaître le guerrier qui avait illustré nos armes. Je pleurais; et si Charles n'avait pas craint de paraître un enfant, il en aurait fait autant de bon cœur.

LETTRE XIX.

Zoé à Élisa.

Écouen, ce 15 juin 1808.

Ma chère Élisa, quel malheur nous a menacés! Ma mère, mes frères, ma chère Victorine, que devenions-nous sans notre père, sans ce protecteur chéri d'une famille si nombreuse et encore si jeune? Ah! dis à ton frère que si quelque chose pouvait augmenter ma joie, ce serait de lui devoir le salut de mon père.

Quand je reçus cette nouvelle, à la fois si triste et si heureuse, mon premier désir fut d'embrasser Victorine. J'en demandai la permission à la dame de garde dans notre classe : elle se leva avec empressement, et, tout attendrie, me conduisit à la classe verte. Je pris ma sœur dans mes bras, je lui contai le danger qu'avait couru notre père : elle fondit en pleurs, et ses larmes, mêlées aux miennes, me semblaient celles de toute ma famille.

Je souhaitai d'aller à la chapelle remercier Dieu d'avoir conservé mon père; on m'en ouvrit les portes. Pendant le court trajet que nous avions à faire, Victorine, toute hors d'elle-même, m'embrassait, se pendait à mon cou, en disant avec transport : Dieu a sauvé mon père! J'essayais de la calmer; je voulais lui dire quelques paroles qui pussent arrêter l'excès de sa joie; mais, tout aussi troublée qu'elle, je ne savais que répéter : Dieu a sauvé mon père! Nous entrâmes, nous nous mîmes à genoux. Victorine joignit ses mains; elle commença à réciter ses prières tout haut. Combien cette chère enfant était touchante! Je demande pardon à Dieu de cette distraction, mais je ne pouvais me défendre, en la regardant, de songer qu'il fut un temps où je méconnaissais le bonheur d'avoir ma sœur près de moi. Je ne pensais alors qu'à mes plaisirs, ou plutôt à ma mauvaise humeur, qu'elle était trop jeune pour partager; et je ne prévoyais pas devoir éprouver un jour des peines qu'elle pût adoucir. Tu me blâmais, je m'en souviens, et la justesse de ton esprit te faisait voir bien loin d'avance ce que je n'ai pu sentir qu'avec le temps.

Adieu, mon Élisa, mon amie, ma sœur; parle de ma joie et de mon éternelle reconnaissance à ton brave frère.

LETTRE XX.

Élisa à Zoé.

Chabeuil, ce 14 juin 1808.

Chère Zoé, je suis enchantée de ta dernière lettre; elle est remplie de sentimens élevés. Mon amie, quel dommage si tu n'étais restée qu'une femme spirituelle et jolie! Cet esprit de gentillesse, qui ne repose sur rien, passe avec l'éclat de la jeunesse et n'intéresse plus sans elle. On trouve, dit souvent mon oncle, de vieilles femmes minutieuses, fatigantes, qui ont joui, dans leur jeunesse, de la réputation de femmes aimables, sans avoir eu d'autres avantages que ceux d'une jolie figure et de quelque gentillesse dans les manières. La femme pourvue d'une solide instruction, ajoute-t-il, perd sa fraîcheur et le charme de ses traits, mais elle prend à chaque époque de sa vie le maintien qui lui convient; une année de plus, une prétention de moins; et elle conserve, jusqu'à la vieillesse, les grâces de son âge et l'estime de tous. Elle a été jusqu'à dix-huit ans jeune fille modeste; tendre épouse et mère sensible, jusqu'à trente; institutrice de ses filles, jusqu'à quarante; conseil et amie de toute sa famille, le reste de sa vie. Voilà ce qu'assurent les principes salutaires d'une éducation pieuse et suffisamment étendue. Zoé, je te répète ce que j'entends dire tous les jours à ce cher oncle ; je te communique ces vérités dont je cherche à me pénétrer moi-même. Mais ne me crois pas exempte de défauts ni incapable de commettre des étourderies ; je dois te désabuser sur le trop grand mérite de ton Mentor. J'ai des aveux à te faire, je te les réserve pour ma prochaine lettre ; j'y joindrai celle que mon oncle m'a écrite, et qu'il me remit au moment que nous quittâmes Fréville. Tu verras que je sacrifie mon amour-propre, afin de te faire profiter de la lettre précieuse qui contient des réprimandes que je ne suis pas fâchée d'avoir lues, mais que je voudrais bien n'avoir pas méritées.

LETTRE XXI.

De la même à la même.

Chabeuil, ce 16 juin 1808.

Ma chère Zoé, le jour choisi pour la réunion qui devait avoir lieu chez M. de Mirbot, fut lundi dernier. Il était convenu que nous serions tous rendus au château pour déjeuner à midi. Mon oncle s'était disposé à faire route à cheval avec mon frère; et nous avait laissé, pour ma mère et moi, sa petite carriole.

Je me préparai à cette journée de fort bon cœur. Je me parai d'une robe de crêpe blanc faite pour un bal de cet hiver, où je n'étais pas allée. Je me coiffai d'un chapeau garni d'une belle branche de lilas artificiel. J'en cueillis une pareille dans le petit bosquet de mon oncle, et je m'en fis un bouquet. Je mis des gants blancs; et cette simple toilette, accompagnée d'une belle parure d'ambre que mon frère m'a rapportée de Berlin, avait, à la vérité, un ensemble très-agréable. Je m'en assurai plusieurs fois en me regardant dans la glace. J'entrai dans le salon, je saluai, je souris pour voir l'effet que je produirais. Tu vois que cette journée avait commencé par un sentiment de coquetterie qui devait m'être funeste. Nous arrivâmes à onze heures et nous trouvâmes, sur le perron du château, mon frère et mon oncle, qui nous introduisirent dans le salon où la plus grande partie de la société était déjà réunie.

Je vis d'abord Mathilde et Rosalie Buret, qui s'empressèrent de me demander de tes nouvelles, et te plaignirent sur ta situation présente avec une exagération qui ne montrait aucun sentiment sincère, ni aucune idée juste sur les avantages dont tu jouis à Écouen. Je répondis avec fierté pour toi, et avec de justes éloges pour la maison d'Écouen ; ce qui fit promptement cesser cet entretien. La société était nombreuse : tes parens, le préfet et sa femme, le général D...., ses aides-de-camp, un jeune colonel, mesdemoiselles Buret, leur mère, une dame âgée qui fait les honneurs de la maison, une jeune personne que j'ignorais être la fille de M. de Mirbot, et quelques autres habitués, formaient en tout une réunion de vingt-cinq personnes. On félicita mon oncle sur le trait courageux de son neveu. Ton père dit à ce sujet des choses aimables et touchantes ; ta mère ne ménagea pas les réflexions sur l'imprudence de son mari qui, à peine convalescent de graves blessures, s'était exposé à faire, à cheval et seul, un trajet de plusieurs lieues. Les reparties du côté de ton père furent plaisantes ;

ce début mit toute la société en relation : chacun dit son mot, chacun fit sa réflexion ; et lorsqu'on annonça le déjeuner, on avait déjà franchi ce premier moment de sérieux qui a toujours lieu dans une grande assemblée. Le déjeuner fut gai : on but à la santé de ton père et de son jeune libérateur. J'étais placée entre le colonel et Mathilde Buret ; on parla de Valence, des bals, des cercles ; quelques plaisanteries du colonel, sur les ridicules de plusieurs dames, me firent parler bas à Mathilde et rire assez haut : mon oncle me regarda ; je rougis et me tus. Il faisait trop chaud pour se promener, on rentra dans le salon ; la jeune société resta dans la pièce voisine, et nous nous emparâmes, mesdemoiselles Buret et moi, d'un jeu de quilles de la Chine qui fait assez de bruit ; le colonel et les deux aides-de-camp se réunirent à nous ; on se disputait les meilleures quilles, on riait de tout et souvent pour rien. Pendant ce temps-là, madame de....., femme du préfet, s'était mise au piano du salon ; elle chantait quelques romances que lui indiquait M. de Mirbot. Je proposai de quitter notre jeu pour aller l'entendre : mais le colonel fit observer que cette dame, étant peu jolie, gagnerait beaucoup à être entendue de loin. Nous trouvâmes qu'il avait raison, et, sans quitter notre jeu, nous l'écoutâmes en faisant un tapage impardonnable. Ma mère vint nous chercher et nous fit rentrer dans le salon. Nous cédâmes, mais de fort mauvaise grâce, et nous nous plaçâmes toutes trois le plus loin du piano qu'il nous fut possible,

Plusieurs fois nous nous parlâmes à l'oreille et sous l'éventail. Le colonel fit quelques remarques plaisantes ; Rosalie éclata de rire. Au milieu de ces folies, j'avais un sentiment d'inquiétude qui aurait pu m'avertir de mes torts ; mais toute cette joie, ces rires, et je crois aussi le bruit, m'avaient étourdie. Heureusement la musique cessa, la chaleur devint moins forte, et M. de Mirbot proposa une promenade sur l'eau. Une belle cascade naturelle, qui tombe au fond d'un bois de pins et de mélèses, forme une rivière qui environne le château ; il y avait au bord de l'eau plusieurs barques fort bien décorées, nous y montâmes tous. Les demoiselles Buret, les deux aides-de-camp, le colonel, mon frère et moi, nous nous trouvâmes réunis dans la même, et là, comme dans le salon, nous eûmes, je l'avoue, un assez mauvais ton. Le colonel voulut se divertir à nous effrayer : il se mit au milieu du bateau, et commença à peser tantôt sur un côté, tantôt sur l'autre. Le bateau penchait à mesure ; nous criions, moitié en riant, moitié de peur, et nos craintes l'amusaient beaucoup. Il imagina ensuite d'autres plaisanteries ; il jeta brusquement les rames dans la rivière, et couvrit d'eau le général et ma mère dont la barque touchait à la nôtre ; ton père le lui rendit ; les aides-de-camp s'en mêlèrent : aussitôt tout le monde fut inondé, et le préfet, sa femme et M. de Mirbot, ne furent pas plus ménagés que d'autres. Tout ce bruit me plaisait fort ; mais M. de Mirbot ne fut pas du même goût, et il fit cesser les jeux d'un ton assez sévère. On commença à ramer paisiblement ; et remontant la rivière, on alla débarquer dans une jolie prairie. On revint à pied, et dans un petit temple où l'on s'arrêta, le colonel proposa à la société du bateau de s'arranger pour n'être pas séparée à table. Je n'ai pas à me reprocher d'avoir accepté, et mes compagnes seules prirent cet engagement ; mais, sans que je puisse dire comment cela se fit, il se trouva, à l'instant du dîner, parfaitement exécuté. On remarqua cette irrésistible sympathie qui porte la jeunesse à se réunir ; et, pendant tout le dîner, le côté où nous étions fut appelé le côté de la jeunesse. Après le café, la femme du préfet reprit sa place au piano pour y jouer des contre-danses et des valses. Le colonel m'engagea à danser ; les aides-de-camp invitèrent les demoiselles Buret, et mon frère fit danser mademoiselle de Mirbot. Ce fut la première politesse qu'on lui fit de la journée, car nous n'avions songé à elle que pour la surnommer *la silencieuse ;* mais comment aurait-elle pu parler ? Elle paraît timide, et nous ne lui avions rien dit. La journée avait commencé fort joyeusement, elle finit de même, comme tu peux le voir ; nous nous séparâmes avec beaucoup de regrets de part et d'autre. Le colonel me donna la main pour remonter en carriole, et je m'en allais toute satisfaite quand je vis auprès de la portière mon oncle qui m'attendait pour la refermer : je le regardai ; je lui trouvai un air grave qui m'inquiéta ; je voulus lui parler ; il me fit signe de monter, et me fixa avec un regard si triste et si sévère à la fois, que cela détruisit tout-à-coup l'illusion qui m'avait séduite tout le jour, et me fit voir de combien d'inconséquences je m'étais rendue coupable.

Ma mère ne me parla point pendant que nous fûmes en voiture; et je n'osai point risquer de lui adresser la parole. Quand nous fûmes arrivées, elle m'embrassa tristement; et le lendemain, lorsque nous quittâmes Fréville, mon oncle nous conduisit jusqu'à notre carriole, et me remit, à l'instant que j'y montais, la lettre que je t'envoie.

Adieu, ma Zoé; en lisant le récit de mes folies, songe un peu à la sincérité que je mets à te les confier.

LETTRE XXII.

Le Curé de Fréville à Élisa.

Fréville, ce 18 mai 1808.

Ma chère Élisa, la conduite que vous avez tenue lundi dernier, m'a trop affligé pour qu'il m'ait été possible de vous en parler avant de vous quitter; et puisque j'ai lieu de m'en plaindre, j'aime mieux le faire en vous écrivant, et séparer ainsi de nos entretiens tout ce qui pourrait en altérer la douceur. N'oubliez jamais, mon Élisa, la manière dont vous vous êtes conduite au château de Mirbot; conservez-en le souvenir comme d'un fâcheux exemple de tout ce qu'à l'avenir vous devez scrupuleusement éviter.

Je commence par votre toilette qui, assez convenable dans une réunion d'hiver à Valence, était déplacée à la campagne, surtout pour la nièce d'un curé de village. Lorsque je vis descendre, dans les bras de mon gros jardinier, une jolie personne ornée de branches de lilas et d'ambre éclatant, et que votre ceinture de ruban s'embarrassa dans le harnais à peau de mouton de ma vieille jument, le contraste ridicule de votre toilette et de votre équipage me blessa, mais malheureusement trop tard. Je l'avais pourtant répété, le goût consiste non-seulement dans le choix des objets, mais dans l'art de savoir les placer.

Vous rougissez actuellement, j'en suis sûr, d'avoir fait une toilette de bal pour sortir d'un modeste presbytère; l'envie de plaire, qui vous a fait commettre cette faute, est encore plus blâmable que la faute elle-même. Prenez-y garde, ma chère Élisa, le désir de plaire n'est pas encore la coquetterie, mais il y mène trop souvent; la coquetterie n'est point encore l'inconduite, mais elle peut y entraîner. La pudeur seule retient les femmes dans une route aussi glissante. Cette pudeur, mon Élisa, ne disparaît point avec la timidité du premier âge quand elle a notre sainte religion pour base; elle se développe avec les grâces, et vient encore, à l'âge mûr, ajouter à leur modeste éclat. En vain des femmes corrompues chercheraient-elles à imiter ce sentiment de modestie qui embellit jusqu'aux moindres actions d'une femme vertueuse; l'art même de l'actrice la trahit et fait distinguer l'apparence de la réalité. Dans ce jour, dont je veux graver le souvenir au fond de votre cœur, ma chère Élisa, si cette sainte pudeur vous eût guidée, vous n'auriez pas oublié en un instant toutes les lois de la bienséance; vous n'auriez pas quitté votre mère; vous n'auriez pas affecté de jouer et de rire, lorsqu'une femme intéressante par ses talens, respectable par ses mœurs et le rang de son mari, fixait l'attention d'une partie de la société.

Peut-être n'avez-vous manqué qu'à l'usage en négligeant d'adresser à la fille de la maison quelques paroles de politesse; mais à quel sentiment de convenance et de retenue n'avez-vous pas manqué, en passant par choix une partie de la journée avec deux jeunes personnes connues par la légèreté de leur conduite, et trois jeunes militaires que vous voyiez pour la première fois, et que cependant, à la promenade, à table, vous avez évités aussi peu que s'ils eussent été vos plus proches parens? Je n'ai vu dans cette conduite que de la légèreté, dans ce rapprochement continuel que du hasard; mais je pensais avec peine que d'autres y auraient pu voir les résultats de l'éducation la plus vicieuse.

Le premier pas que l'on fait dans le monde est si important, l'impression qu'un pareil début laisse dans les autres est si durable, que nous avons décidé, votre mère et moi, de couper court aux liaisons que votre légèreté vous a fait contracter. A l'époque des vendanges, vous reviendrez à Fréville et vous y passerez l'hiver; si nous avons la paix, votre frère peut espérer un congé; et j'aurai soin d'inviter la bonne madame Firmin à venir chez moi avec sa fille. Voilà, mon Élisa, ce qui a été décidé le soir même après notre promenade au château de Mirbot. Votre mère et votre bon oncle vous cachèrent leurs peines, mais ils veillèrent une partie de la nuit.

Vous dormiez paisiblement; vos songes vous

retraçaient peut-être les charmes de cette fausse gaieté qui vous avait séduite, tandis qu'un conseil de parens protecteurs délibérait sur les moyens de vous préserver des piéges qui pourraient être dressés sous vos pas. Ma décision, ma chère Élisa, ne pourra sûrement pas vous déplaire. Le bonheur que vous trouvez à vivre auprès de moi, l'habitude précieuse que vous avez contractée d'occuper tous les instans de votre journée, doivent écarter de votre pensée la crainte de l'ennui; et dans cette disposition, bien qu'elle soit un peu sévère, vous ne verrez, j'espère, aucune intention de vous punir, mais seulement le désir de vous éloigner d'amies dangereuses et qui vous auront bientôt oubliée.

Adieu, mon Élisa; quelque temps encore, et je me retrouverai, sur votre conduite future, dans cet état de parfaite confiance où j'étais avant cette alarmante journée.

LETTRE XXIII.

Zoé à Élisa.

Écouen, ce 12 juillet 1808.

Je sais par cœur tes deux lettres, mon aimable institutrice. Tu t'accuses pour mieux corriger; tu fais le récit de tes fautes pour avoir occasion de me communiquer les précieux avis de ton oncle. Eh bien! mon amie, reçois, pour récompense de tant de soins et de générosité, l'engagement que je prends de suivre tous tes conseils. Ne te reproche plus quelques momens d'étourderie; vivant auprès d'un guide si éclairé, ta raison s'affermira par ses conseils; elle te garantira des fautes de notre âge, et tu sauras en même temps m'en préserver.

Déjà je te dois beaucoup, ma chère Élisa; tu as rectifié mes idées sur tout ce qui m'environne. Je vois la maison où je suis sous un aspect tout différent, et je commence à trouver moins importune la vie régulière que nous y menons. J'ai fait quelques progrès, et j'en ai la récompense : j'ai déjà changé de ceinture; je suis passée à la section des nacarats lisérés de blanc : c'est la plus faible de la troisième division; mais au moins c'est la division des grandes. Je trouve de véritables plaisirs à ce changement. Pour les momens du lever, des repas, des récréations, il est agréable d'être avec des jeunes personnes de son âge.

J'ai été invitée hier, comme première de ma classe, à un goûter chez madame la Directrice ; on nous a servi des crèmes et des fruits dans un bosquet réservé pour ses promenades, et où nous sommes reçues certains jours de fête. Nous étions toutes assises, avec madame la Directrice, à une table ronde qu'on avait placée dans une salle de verdure. Nous voyions sur nos têtes de grands marronniers, et à travers leurs branches, le ciel qui était tranquille et d'un beau bleu d'azur. Je me suis rappelé Valence et toutes ces soirées que nous avons passées à nous promener avec ta mère et la mienne : puisque je ne puis encore l'aller rejoindre, me suis-je dit, pourquoi donc ne peut-elle pas venir? elle trouverait ici du plaisir, et cela ferait mon bonheur. Effectivement ta présence pourrait maintenant me rendre ce séjour agréable.

J'ai été fort contente de la soirée dont je te parle. Madame la Directrice nous a traitées avec bonté et avec politesse; après le goûter, elle nous a entretenues de choses fort intéressantes. Quelques-unes de nous, plus hardies que moi, lui ont fait des observations auxquelles elle a répondu avec beaucoup de complaisance. Les égards que madame la Directrice nous montrait, le peu de bruit et la bonne contenance de celles de mes camarades qui sont ordinairement turbulentes, donnaient à notre réunion un air de société qui me charmait.

Pourquoi suis-je si ignorante? Sans cela je serais de la classe des plus grandes : elles passent presque toutes les soirées d'hiver chez madame la Directrice : là on fait des lectures intéressantes; on écoute des conversations qu'elle fait naître entre elle et les dames, dans l'intention d'amuser les élèves; on s'instruit sans qu'il y paraisse, et sans cet appareil sévère de classes, de bancs, de règlement et de contrainte, auquel j'ai encore bien de la peine à m'accoutumer.

Victorine ne songe à rien de tout cela. Elle s'assied sur un banc de bois comme sur un canapé; quand la cloche sonne, elle rentre sans regrets, et quelquefois j'envie sa légèreté, puisqu'elle la rend insensible à tous les petits dégoûts que j'éprouve encore.

Mais peut-être que le temps où je dois arriver à la classe des grandes viendra bientôt. Je ne m'en croirais pas éloignée, si tu pouvais suivre de près ma conduite, et me communiquer chaque jour tes précieux conseils.

LETTRE XXIV.

De la même à la même.

Écouen, ce 23 juillet 1808.

Hier, ma chère Élisa, nous avons eu la première visite d'une élève chérie de la Directrice, la fille de Joséphine. Les travaux de la maison, un peu plus avancés, ont facilité les moyens de la recevoir convenablement. Madame la Directrice était au comble de la joie de la posséder dans la maison qu'elle dirige. Tout le monde fut charmé de ses grâces et de son air de bonté; son regard est doux, son maintien simple et noble. Elle entra d'abord à la chapelle; on y chanta le *Domine salvum*. Le premier aumônier la harangua, et son discours fut fort attendrissant.

Elle parcourut ensuite toute la maison avec un soin particulier; elle se fit présenter les registres des dames dépositaires, et voulut bien assister à la distribution du bouillon, du pain et de la viande, qui se fait, quatre fois par semaine, à vingt-quatre pauvres femmes du village. Le tablier de cuisine, dont les deux élèves chargées de ce détail entourent leur uniforme, parut au cœur sensible d'Hortense un honorable et pieux ornement. Elle a remis six cents francs à la bourse destinée aux charités des élèves. En ajoutant aux dons des parentes de Napoléon le produit de tous les profits qui auraient pu appartenir aux femmes de service, et dont elles sont privées par le règlement, notre caisse suffira aux besoins des pauvres.

La belle-fille de Napoléon s'est arrêtée dans notre atelier de dessin; elle a trouvé nos modèles très-bons, et a été contente de quelques-unes des copies : elle donnait son avis avec la modestie d'une élève, et parlait de l'art du dessin comme aurait pu le faire un professeur.

LETTRE XXV.

De la même à la même.

Écouen, ce 22 août 1808.

La fête de Napoléon, ma chère Élisa, m'a empêchée de répondre plus tôt à ta dernière lettre ; nous avions à terminer nos grands uniformes ; et comme je couds déjà assez habilement, j'ai été placée à la tête de vingt élèves qui ont reçu l'ordre d'aller travailler à la roberie : dans les momens pressés, on met ainsi les plus fortes élèves en réquisition pour les différens travaux de la maison.

Le jour de la fête a été très-brillant ; on l'avait aussi choisi comme un jour solennel pour l'inauguration de la chapelle. Celle dont on s'est servi jusqu'à présent, n'était que provisoire. M. l'évêque de Troyes, remplaçant le cardinal Grand-Aumonier, le maître des cérémonies de la chapelle des Tuileries, les six aumoniers et chapelains attachés à la chapelle de la maison d'Écouen, officiaient à la cérémonie et formaient un clergé nombreux. On nous avait fait mettre nos habits de fête, les dames étaient en grand uniforme, et tout cela était fort beau.

Le dîner avait été augmenté d'un plat d'excellente pâtisserie et d'une crême. Le service ordinaire est toujours bon; mais comme tu le penses, il ne peut être bien varié : ce que nous appelons un régal a donc ici, même pour les plus raisonnables, un grand mérite, et je t'avoue que les crêmes et les tartes m'ont fait beaucoup de plaisir.

La soirée fut très-belle : l'illumination du château produit un superbe effet. Avant le souper, nous avons dansé : quelques-unes des plus jeunes dames sont venues danser avec nous, et j'ai vu qu'il pouvait y avoir de la gaieté dans un couvent. Je me suis ensuite promenée dans notre superbe cour; je songeais à toi, je te désirais auprès de nous: mais on dit que la croix s'accorde de jour en jour plus difficilement. Il y a tant d'actions de bravoure à récompenser dans l'armée, qu'il en faut de bien marquantes pour obtenir une faveur de cette nature; et ces actions bien marquantes, mon Élisa, est-ce à nous de les désirer? Et ne devons-nous pas craindre de former des vœux qui puissent ensuite amener des larmes?

LETTRE XXVI.

Élisa à Zoé.

Valence, ce 18 août 1808.

Je suis ici pour vingt-quatre heures seulement, ma chère Zoé; un voyage auquel je ne m'attendais pas nous a fait quitter notre campagne. Nous sommes allées hier chez tes parens; nous les avons trouvés dans la plus grande joie. Tes frères, qui sont, comme tu le sais, au lycée de Lyon, se conduisent parfaitement; et lorsque nous sommes entrées, ton père venait de recevoir à la fois une lettre du proviseur qui lui donnait sur eux les meilleurs témoignages, et une lettre de toi, qui contenait deux bons cachets. Tu peux juger combien nous nous sommes trouvées heureuses, ma mère et moi, de partager avec tes chers parens ce moment de satisfaction.

Je vais à présent te parler de mon voyage, dont il était déjà question depuis plus de dix-huit mois. L'invitation qui nous était faite d'aller passer quelque temps au château de R.... n'avait jamais été que vague et polie; mais, depuis un mois, ma mère a reçu trois lettres si pressantes de madame de...., qu'il serait impardonnable de ne pas s'y rendre. Mon oncle a été parfaitement de cet avis.

Je ne t'ai jamais entretenue de nos anciennes relations avec madame de..... qu'on nommait autrefois la maréchale de...; elles datent de la jeunesse de mon père qui était attaché à l'état-major de son mari, le maréchal de..... Une profonde étude de l'histoire ayant, en quelque sorte, fait pressentir à mon père les événemens de la révolution française, il ne voulut pas émigrer. Le maréchal....., toute sa famille et la plupart des officiers de son régiment, passèrent en pays étranger; mon père se trouva seul à la tête de son corps; et, lors de nos premiers triomphes en Allemagne, il eut le bonheur de sauver la vie et les équipages du maréchal, qui, combattant pour l'ennemi, s'était trouvé enveloppé dans une déroute. Il fallut d'aussi éminens services, et le souvenir de vingt ans de soumission, pour rapprocher ensuite le maréchal de mon père : n'avoir pas émigré lui semblait un crime impardonnable; mais enfin mon père obtint le pardon de ce que le maréchal croyait être une offense envers sa patrie et envers lui, et celui-ci le chargea même de plusieurs commissions qui lui sauvèrent une partie de ses propriétés. Mon père se dévoua à ses intérêts comme s'il eût été son parent le plus proche. Le succès en fut complet : mais, les démarches qu'il fut obligé de faire ayant jeté de l'incertitude sur ce que les factieux appelaient son patriotisme, il fut destitué et mis en prison. La révolution qui plaça Napoléon à la tête du gouvernement releva la fortune de mon père; et il venait d'être réintégré dans son grade de colonel, lorsqu'à la journée de Marengo il périt sur le champ de bataille.

Le maréchal de...... a fini ses jours en Allemagne : un chagrin profond s'était emparé de lui. Trop peu résigné pour supporter la perte de son rang, mais en même temps trop sensible pour ne pas jeter sans cesse les yeux vers une patrie qu'il avait abandonnée, la Providence le favorisa en terminant bientôt sa douloureuse carrière. Sa veuve, rentrée en France, retrouva la terre que mon père lui avait sauvée par une acquisition simulée. Depuis elle a dû à la générosité de Napoléon l'avantage de recouvrer une partie de ses bois qui lui assurent un revenu considérable. N'ayant pas d'enfans, madame de...... a fait venir auprès d'elle les nièces de son mari. Elle a fait rechercher les anciens serviteurs de sa maison; sa fortune a réparé les malheurs de plus de trente individus; tous vivent dans son château, et elle appelle cette intéressante réunion sa colonie d'infortunés. Son ancienne amitié pour mon père nous eût offert ce pieux asile, si ma mère ne nous eût assuré par son économie l'avantage de vivre sans le secours d'autrui. Le spectacle de cette touchante assemblée, l'amour et le respect dont madame de...... est environnée, me font regarder comme un avantage précieux le séjour que nous allons faire à sa terre. Je ne crains que ma timidité et la gaucherie qui en sera nécessairement la suite, au milieu d'une famille accoutumée aux usages de la plus haute société. Je prendrai des conseils de mon oncle : comme gouverneur des fils du prince de..., il a vécu vingt ans dans les familles les plus distinguées. Je te communiquerai les avis qu'il me donnera, ils t'intéresseront sûrement, et l'avenir peut te les rendre un jour aussi précieux qu'ils me le seront en ce moment.

Tu adresseras tes lettres au château de....., près de Clermont, département du Puy-de-Dôme.

LETTRE XXVII.

Zoé à Élisa.

Écouen, ce 28 août 1808.

Tu n'es plus à Chabeuil, ma chère Élisa; tu ne reçois plus mes lettres dans un endroit qui me soit connu; je ne pourrai plus penser (au moins de quelque temps) que tu les lis sur cette petite terrasse ombragée qui borde la grande route! Fais-moi donc la description des lieux que tu vas voir, dépeins-moi le château que tu habiteras; mets à me donner ces détails ta complaisance ordinaire, afin que je puisse au moins te suivre de la pensée.

Je suis maintenant livrée à mes études avec une assiduité dont je m'étonne moi-même. Les inspections, qui ont lieu tous les trois mois, ne nous laissent pas le temps de nous reposer. C'est à cette époque qu'on remporte des prix, qu'on change de sections, et trois mois suffisent à peine pour avoir fait des progrès dans le dessin et dans l'écriture; tout le monde peut en juger, puisque les quatre dessins et les quatre pièces d'écriture de l'année sont attachés, les jours de concours, dans la salle de l'inspection. Il faut aussi avoir appris un cahier entier d'histoire, un de géographie, que l'on répète sur la carte. Il faut pouvoir subir un examen sévère sur les calculs, et donner un état des ouvrages à l'aiguille que l'on a faits dans cet espace de temps. Je travaille donc beaucoup ; je commence à apprendre l'histoire des empereurs romains. Je pourrais te parler du règne d'Auguste et de celui du méchant Néron, si, avec le peu que je sais, il était tolérable de faire la savante. La salle où se passent nos inspections s'appelle *la salle Hortense*. C'est un juste hommage rendu aux talens de celle dont cette salle porte le nom. La fille de Joséphine dessine d'après nature aussi bien que les professeurs ; elle compose de la musique charmante ; ses romances sont délicieuses. On en chante ici une dont l'idée est prise dans les guerres des *croisades* ; le sujet en est bien touchant : c'est une mère qui, au moment du départ de son fils pour l'armée, lui donne l'écharpe que portait son père mort au champ d'honneur sous les yeux de son roi. Je voudrais bien t'envoyer cette romance ; mais quand je la demanderais, je ne l'obtiendrais pas : l'auteur ne veut pas que ses compositions se répandent dans le public.

LETTRE XXVIII.

Élisa à Zoé.

Château de..... près de Clermont, ce 30 août 1808.

Après nous être reposées un jour à Clermont, ma chère Zoé, nous sommes arrivées au château de....; l'aspect en est majestueux. Lorsque l'on vient de passer à travers les gorges des plus hautes montagnes, quand on a gravi des routes tournantes, où l'on a d'un côté d'immenses rochers qui cachent une partie du ciel, et de l'autre, des précipices effroyables à regarder, on ne s'attend nullement à trouver une plaine et une longue allée de peupliers terminée par un magnifique château. L'entrevue de la maréchale et de ma mère a été bien touchante. Le souvenir des temps passés, la mémoire de leurs deux maris, la vue du changement que le temps a empreint sur leurs propres traits, toutes ces diverses sensations les ont précipitées dans les bras l'une de l'autre. « Oh! Madame, disait la vieille » maréchale, que d'événemens se sont passés de- » puis le jour où ce brave major vous conduisit à » Paris! — Que vous avez souffert, Madame la ma- » réchale! répondit ma mère. — Et vous, Madame, » quelle perte irréparable vous avez faite, ainsi que

» moi ! — Assez, Mesdames, s'est écriée l'ancienne
» abbesse de...... sœur de la maréchale : calmez-
» vous ; une si forte agitation peut vous être nui-
» sible. » Cette bonne dame s'était levée et les
embrassait l'une après l'autre ; elle cherchait à
donner un ton calme à sa voix ; mais elle était elle-
même vivement émue, et des larmes coulaient involontairement de ses yeux. « Ma sœur a raison,
» reprit la maréchale : commandons à la vivacité
» de nos douloureux souvenirs, et jouissons du
» calme que la Providence a daigné nous accor-
» der. » Alors elle m'appela, je m'approchai pour
prendre une de ses mains que je voulais baiser,
mais elle m'arrêta, et, m'embrassant avec une affection bien tendre : « Traitez-moi, dit-elle, comme
» une mère chérie ; bannissez ces formes de respect
» que mes années vous inspirent, mais qui gê-
» neraient les sentimens que je vous ai voués. Je
» n'ai pas oublié, dit-elle alors à ma mère, tout
» ce que nous devons au père de cet aimable en-
» fant. J'ai eu le bonheur d'apprendre que vous
» n'éprouvez pas le dénuement total qui réunit
» ici les parens et les amis qui m'environnent;
» sans cela votre place eût été marquée parmi nous
» à des titres bien sacrés. C'est au major que je dois
» la conservation de cette belle terre : Napoléon
» vient d'ajouter à mes revenus en me faisant
» rentrer dans tous les biens qui viennent de mon
» côté. Je suis plus riche ici maintenant avec qua-
» rante mille livres de revenu, que je ne l'étais à

» la cour avec cent mille écus. Je ne vous occupe
» de mes intérêts, Madame, continua-t-elle, que
» parce qu'ils deviendront les vôtres : mon testa-
» ment est fait; Élisa et son frère y sont portés l'un
» et l'autre pour une somme égale à celle que je
» dois laisser à chacune de mes nièces. Vous l'en-
» tendez, Mesdames, ajouta la maréchale; je connais
» vos sentimens, et je sais que vous m'approuverez
» en me voyant assurer le sort d'une famille si
» dévouée à votre oncle. » Elle adressait ces dernières paroles à trois jeunes demoiselles qui étaient
placées en face d'elle dans le salon. Toutes trois se
levèrent pour venir lui dire les choses les plus
sensibles et les plus nobles. Ma mère s'était in-
clinée vers la maréchale; je m'étais précipitée de
nouveau à ses genoux. Les jeunes dames me rele-
vèrent, m'embrassèrent, et contractèrent dès ce
moment l'engagement de m'appeler leur cousine.

J'aurais dû commencer ma lettre par des détails
si importans pour ma destinée future : ton amitié
me saura peut-être mauvais gré de ne l'avoir pas
fait; mais pardonne, ma chère Zoé. J'ai eu l'enfan-
tillage de vouloir t'amener par degrés au moment
de l'heureuse surprise que je viens d'éprouver.
Puisse le ciel récompenser et bénir ma digne protectrice, en la laissant, pendant de longues années,
jouir d'une fortune dont elle fait un si pieux usage!
Quelle louable et digne manière de reculer, pour
ainsi dire, les bornes de la vie, que celle d'être
bienfaisante, même après avoir cessé d'exister!

Quel noble caractère que celui de madame de....!
Supérieure aux événemens, elle juge ceux qui
l'ont frappée comme ceux qui n'ont pu l'atteindre.
Elle a vécu plusieurs années dans l'exil, séparée
de son mari, et souvent réduite à subsister du travail
de ses mains ; mais plus forte que le malheur, ce
qu'elle a souffert semble n'avoir laissé dans son ame
d'autre trace qu'un profond attendrissement sur le
sort des autres. Il est bien doux pour moi de devoir
mon bonheur à une personne aussi digne de vénération.

Tu seras, j'en suis sûre, aussi joyeuse que moi
de l'événement imprévu qui vient changer la destinée de ta plus tendre amie.

LETTRE XXIX.

Zoé à Élisa.

Écouen, ce 10 septembre 1808.

Que tu es aimable, ma chère Élisa, de me donner des détails si importans pour ton bonheur et si intéressans par eux-mêmes! Tu as bien jugé la joie sincère que je devais en éprouver. Que ta bonne mère, que ton oncle doivent être heureux! Pour moi, j'avais peine à me persuader ce que tu me mandais. J'ai lu ta lettre plus de vingt fois : je l'ai lue aussi à notre dame surveillante; elle en a été charmée : presque toutes mes compagnes m'ont félicitée comme si j'étais l'héritière. J'en ai été touchée, et depuis ce moment, je sens que je les aime sincèrement. J'avais méconnu d'abord la plupart de celles qui viennent de me montrer la bonté de leur cœur. Je m'étais liée avec une jeune personne fort drôle, qui, dans le commencement, lorsque je m'ennuyais, avait trouvé le moyen de me divertir : elle faisait mille singeries qui amusaient aussi beaucoup toutes mes camarades. Elle choisit ordinairement l'instant le plus sérieux de la leçon pour nous donner le plaisir de la récréation : alors elle se met en devoir de singer l'institutrice; elle tousse comme elle, imite son geste lorsqu'elle prend du tabac; et si la pauvre dame répète par hasard un mot qui lui soit familier, aussitôt le petit singe invente une phrase fort raisonnable pour placer ce mot favori; nous rions toutes, et la rusée garde son sérieux, comme si elle était étrangère à ce désordre. Tous ces petits tours de passe-passe, qui m'avaient d'abord séduite, ont souvent causé de grandes rumeurs. La dame institutrice allait se plaindre à madame la Directrice; mais l'esprit de corps nous empêchait de dénoncer la coupable. Madame la Directrice approuve cette coutume de ne pas se trahir entre compagnes, et dernièrement elle nous disait : « N'imitez pas le mal, Mesdemoiselles; mais » ne le dénoncez pas. Assez d'yeux clairvoyans » veillent sur vous et le découvriront : la délation » entre camarades est un vice, et les délateurs sont » voués au mépris de la société. »

Je ne dénoncerai certainement jamais cette jeune personne, mais j'ai cessé d'avoir aucune liaison avec elle. Elle a failli déjà m'entraîner dans bien des fautes auxquelles je n'ai échappé que par miracle; et tout à l'heure, lorsque les élèves de ma classe me témoignaient leur joie pour la bonne nouvelle que j'ai reçue, elle a bien fait voir par son indifférence qu'elle ne m'avait jamais recherchée que pour avoir en moi une compagne de folie.

Madame la Directrice m'a fait inviter ce matin à dîner, pour me donner la satisfaction de me réjouir avec elle de ton bonheur; j'y suis allée fort joyeusement, et il m'a paru bien doux, éloignée comme je le suis de ma famille et de tous ceux qui me sont chers, de voir qu'ici on s'intéressait même au bonheur de mes amis.

LETTRE XXX.

Élisa à Zoé.

Au château de....., ce 20 septembre 1808.

Mon séjour dans ce château me plaît chaque jour davantage, ma chère Zoé; une vie pieuse et calme est plus analogue à mon goût qu'une vie bruyante. Des entretiens mêlés d'anecdotes ou de remarques instructives viennent animer nos soirées. Madame de...... est encore si aimable, qu'on est surpris de trouver tant d'attraits dans une femme de son âge; quand elle n'a point à se plaindre de sa santé, le désir de plaire à ses amis lui fait retrouver ce choix heureux d'expressions qui la faisait citer comme une des femmes les plus aimables de l'ancienne cour. Elle ne paraît jamais avoir envie de parler, et l'on a toujours le désir de l'entendre. Rien n'égale l'intérêt de ses récits sur tous les événemens dont elle a été témoin. On n'y remarque ni prétention ni esprit de parti; elle sait se rappeler le passé et jouir de son bonheur actuel. Quelquefois elle nous reporte vers le règne de Louis XV, époque à laquelle elle faisait les délices de la cour. Les vieilles personnes de ce temps se plaisaient à l'instruire des anecdotes de la régence et des dernières années du règne de Louis XIV. Elle les raconte avec l'aisance de la conversation et ce caractère de vérité qui fait le mérite d'un récit : on croit que l'événement vient de se passer.

Les jours où elle est moins disposée à rendre la conversation intéressante, madame de..... fait apporter des tables de jeu. Quelques hommes s'établissent à un trictrac; d'autres font la partie de ma mère, le reste de la société joue au loto. On sert le souper à neuf heures. En quittant la table, on passe dans une pièce qui précède la chapelle. C'est une chambre particulièrement destinée à la prière du soir. Le prie-dieu de madame de...... et beaucoup de chaises se trouvent rangés du même côté; l'aumonier vient se placer en face de la maîtresse de la maison; les domestiques, et même les filles de basse-cour, entrent avec nous, et tous s'agenouillent pour entendre la prière.

Notre manière de vivre, quoique différente de la tienne, ma chère Zoé, est tout aussi régulière, et je ne puis te faire des récits bien variés : mais tu aimes tout ce qui me touche; et si, comme je le crois, tu commences à prendre quelque goût à la retraite, les détails de cette vie simple pourront te plaire.

Je t'envoie deux lettres de mon oncle; je les ai

reçues peu de jours après mon arrivée au château de...... Je te les ai copiées pour que tu puisses les lire, car je n'aurais pu me décider à m'en priver long-temps.

LETTRE XXXI.

M. le Curé de Fréville à Élisa.

Fréville, ce 7 septembre 1808.

Que la bonté du ciel est grande, ma chère Élisa, de m'avoir accordé de vieux jours pour me rendre témoin de votre bonheur et de celui de mon neveu! Dieu récompense en vous les vertus de vos estimables parens; il est le protecteur des familles qui respectent sa sainte loi. Fidèle à l'amitié, votre père risqua ses jours pour sauver à son général une partie de sa fortune; il y parvint : mais, bientôt après, il périt en défendant son pays. Après sa mort, votre mère, convaincue qu'il n'y avait plus rien qui dût l'attacher à la vie que le soin de ses enfans, se dévoua à la retraite, et destina presque tout son revenu à l'éducation de votre frère. Pour vous, mon Élisa, elle ne put que vous rendre témoin de ses vertus domestiques; mais elle vous apprit à vivre de peu, sans penser à des jouissances qui deviennent criminelles lorsqu'on ne les obtient qu'en contractant des dettes; elle vous donna le goût de l'ordre et de la propreté, parure de la médiocrité; elle forma votre jugement, et hâta le développement de votre raison : tant de vertus méritaient une récompense, et elle est enfin venue.

Je me félicite, ma chère nièce, de vous avoir appris à faire avec vérité le récit des choses qui vous frappent. Vous m'avez si bien peint la société du château de........., que je la chéris sans la connaître; et j'espère, malgré mes nombreuses années, y aller bientôt payer mon tribut de respect et de reconnaissance.

La prière du soir, dans l'intérieur des familles, est un ancien et louable usage. Cette réunion du serviteur et du maître, pour s'humilier tous les soirs devant l'Éternel, rappelle à quel point les hommes sont égaux devant le Créateur. Voilà l'égalité dont l'Evangile est la base; voilà celle qui, loin de porter atteinte à l'ordre de la société, tempère l'orgueil des grands et console les petits de leurs travaux et de leurs privations.

Quand vous vous trouverez dans ces cercles où les sophismes les plus dangereux sont avancés par des gens qui, pour paraître penseurs, ont mis de côté l'expérience des siècles, vous entendrez souvent cette phrase : *Le peuple a besoin de religion.* Ils ont raison, il en a besoin pour son bonheur; mais comme ce n'est pas ce qu'ils veulent dire, et que le bonheur du peuple n'est pas ce qui les inquiète, ils devraient s'exprimer ainsi : « Pour que
» nous jouissions en paix du charme de la gran-
» deur, il faut que le peuple ait de la religion; il
» sera plus soumis et plus content de son sort. »

Si cette religion, que vous rejetez parce qu'elle gêne vos habitudes vicieuses, procure de si grands avantages, insensés que vous êtes! pourquoi ne la point conserver pour vous-mêmes? Et si vous croyez nécessaire à votre repos qu'elle réside dans le peuple, ne faut-il pas lui en donner l'exemple?

Si vous êtes jamais mère de famille, ma chère Élisa, n'espérez pas de vos enfans et de vos serviteurs la pratique de vertus que vous n'auriez pas, et souvenez-vous que plus les exemples du bien et du mal partent des personnes d'un rang élevé, plus ils sont frappans, nuisibles ou utiles au bonheur de la société.

Restez toujours ferme dans vos principes religieux; méprisez les railleries imprudentes des hommes, et vous acquerrez l'estime de ceux même qui d'abord auraient voulu vous faire goûter leurs funestes systèmes.

LETTRE XXXII.

Du même à la même.

Fréville, ce 8 septembre 1808.

Vous me demandez des conseils sur la manière dont vous devez vous comporter dans la société respectable où vous vous trouvez en ce moment. Observez et écoutez, ma chère Élisa; les préceptes donnent peu l'usage du monde; le mot *usage* vous le dit assez.

Locke (1) s'exprime ainsi sur la civilité et la politesse : « Il y a deux sortes de défauts où l'on tombe » lorsqu'on n'a pas reçu une éducation soignée : » l'un est une pudeur niaise ; l'autre une négli- » gence choquante, qui fait qu'on n'a d'égards » pour personne : défauts que l'on évitera en ob- » servant exactement cette seule règle, *de n'avoir* » *mauvaise opinion ni de soi ni des autres*...... Il » faut s'exprimer sans peine et sans embarras de- » vant quelques personnes que ce soit, en conser- » vant toujours à chacun le respect qui lui est dû

---

(1) Auteur anglais, né à Wrington en 1632. Il a écrit sur l'éducation; son principal ouvrage est son Essai philosophique sur l'entendement humain.

» selon son rang et sa qualité. Lorsque le commun
» peuple, et surtout les enfans, se trouvent avec
» des étrangers ou avec des personnes qui sont au-
» dessus d'eux, une honte rustique éclate pour l'or-
» dinaire dans toutes leurs manières. Le désordre,
» qui paraît d'abord dans leurs regards et dans leurs
» paroles, les déconcerte à tel point, qu'ils ne
» sont plus capables de s'exprimer, ou du moins
» de le faire avec cette liberté et cette grâce qui ne
» manque jamais de plaire, et sans laquelle on ne
» saurait être agréable. Le seul moyen de corriger
» la jeunesse de ce défaut, comme de tout autre
» méchant pli, c'est de lui faire prendre, par l'u-
» sage, une habitude toute contraire. Mais, comme
» nous ne saurions nous accoutumer à la conversa-
» tion des étrangers et des personnes de qualité
» sans être de leur compagnie, rien ne peut dissi-
» per cette espèce de rusticité que de fréquenter
» différentes sociétés composées de personnes au-
» dessus de nous par l'âge, le rang et le mérite. »

M. de Moncrif (1), dans son *Essai sur la nécessité et les moyens de plaire*, donne de la politesse cette définition : « La politesse est l'oubli constant de
» soi pour ne s'occuper que des autres. »

Voilà, ma chère Élisa, ce qu'un des esprits les plus profonds des temps modernes, et ce qu'un

---

(1) Moncrif, lecteur de la reine Marie Leckzinska, épouse de Louis XV, et l'un des quarante de l'Académie française, mourut en 1770.

homme vivant dans une grande cour, ont dit sur la politesse. Après eux, que pourrai-je ajouter? Je serai porté naturellement à répéter ces réflexions probablement en termes moins choisis, et vous avez un trop bon esprit pour ne pas mettre à profit le peu de lignes que je vous ai transcrites, en jugeant, comme je le fais, que l'on a souvent imprimé des volumes qui renfermaient moins de substance.

On peut, je crois, distinguer deux sortes de politesse : l'une consiste dans la seule connaissance d'une foule d'usages qu'une femme aigre et désobligeante peut souvent exercer avec scrupule, sans avoir pourtant trouvé l'art de plaire ; c'est une politesse d'étiquette, que, dans ma retraite, je puis avoir oubliée et que vous apprendrez bientôt en observant ce qui se passe autour de vous : l'autre ne s'enseigne point; elle est de tous les temps et de tous les pays, et ce qu'elle emprunte de l'un et de l'autre est si peu essentiel, qu'elle se fait sentir à travers le style le plus ancien et les coutumes les plus étrangères. Bien qu'elle ait besoin d'être développée par l'usage, elle part de l'ame, elle tire son charme le plus grand d'un sourire ou d'un regard, elle est la politesse du cœur; et je peux vous le dire, ma chère Élisa, cette précieuse qualité qui répand la joie autour de nous, et qui attire la bienveillance et l'amitié, vous la possédiez dès votre enfance, et vous l'exerciez comme par instinct envers vos jeunes compagnes. Je suis donc beaucoup plus rassuré que vous-même sur votre politesse; je suis sûr que votre profond respect pour madame de..... et pour ses parentes, aura continuellement guidé vos discours et vos actions, et je gagerais presque que vous avez su distinguer quelque vieux serviteur auquel madame de..... doit être attachée de préférence, pour lui faire entrevoir qu'intérieurement vous lui savez gré des soins qu'il lui rend tous les jours et de ceux qu'il a dû lui rendre.

LETTRE XXXIII.

Zoé à Élisa.

Écouen, ce 7 octobre 1808.

Combien je te sais gré, ma chère Élisa, d'avoir pris la peine de copier les deux lettres de ton oncle! J'ai bien senti en les lisant qu'il était impossible d'en faire le sacrifice, même pour quelque temps. Que de charmes, que de choses utiles sont réunis dans ta correspondance! Laisse-le moi répéter, je te dois mon bonheur actuel, et je te devrai mes bonnes qualités.

L'inspection de madame la Directrice a eu lieu les 5, 6 et 7 de ce mois. On a employé une journée pour chaque division. J'ai obtenu cinq cartes de contentement : j'en fais partir quatre pour Valence et je t'envoie la cinquième. C'est un hommage que je te devais, mon Élisa; tu as été ma plus précieuse institutrice; sans tes avis, les soins des maîtresses m'eussent été inutiles. Jamais il n'entrera à Écouen de jeune fille plus ignorante, plus présomptueuse, moins disposée à s'instruire, plus ennuyée, je puis dire plus révoltée, que ta pauvre Zoé. Par la bonté que tu as mise à m'éclairer, tu as fait disparaître une partie de ces défauts. Enfin je te dois mes succès et je veux te les détailler.

Ma première carte de contentement est pour avoir été première à la grammaire;

La seconde, pour un résumé de l'histoire sainte dont j'ai récité plusieurs passages;

La troisième, pour les calculs et pour la comparaison des nouveaux poids et mesures avec les anciens;

La quatrième, pour un bouquet de fleurs dessiné d'après un tableau;

La cinquième, pour la géographie : j'ai été interrogée sur la carte d'Europe et sur celle de la France.

J'éprouve de jour en jour de bien douces surprises à voir combien les choses qui me semblaient autrefois si ennuyeuses, commencent à m'intéresser. J'avais une telle antipathie pour l'étude de la géographie, que c'était un dégoût pour moi de voir chez ma mère les grandes cartes qui tapissent les corridors. J'y passais en détournant la tête, et je me promettais bien en moi-même de ne jamais me tourmenter à les examiner. Mais aujourd'hui quelle différence! avec quel plaisir je trouve sur la carte le nom de *Valence*, ceux de *Romans*, de *Saint-Vallier* et celui de *Chabeuil*, si voisin de ton habitation! J'ai suivi ta route à travers l'Auvergne, j'ai lu toutes les descriptions qu'en donnent nos livres de géographie, et j'ai cherché long-temps aux environs de Clermont, pour voir si par hasard je n'y trouverais pas le village du château de......

Je demande à Dieu de faire que cette étude ne me donne jamais de souvenirs moins doux ; elle en peut aussi donner de cruels ; et lorsque le jour de l'inspection il m'a fallu montrer la plaine d'Austerlitz, je me suis rappelée tout-à-coup que c'est là où mon père a manqué de perdre la vie, et où il a reçu cette blessure dangereuse qui lui a causé une si longue maladie. Les larmes m'ont gagnée, et ce n'est qu'avec effort que j'ai pu continuer de répondre à madame la Directrice.

Je vais passer à la section des *nacarats unis*, c'est la dixième de la maison. Ma sœur a la ceinture violette ; elle commence à bien lire ; son écriture est bonne. Elle a récité des fables avec intelligence ; madame la Directrice semblait satisfaite, et moi, qui étais encore attendrie, j'ai recommencé à pleurer, car il me semblait que cette chère enfant était ma fille.

Elle a obtenu trois bonnes cartes : je les joins aux miennes, et j'en fais un paquet que j'envoie à Valence.

LETTRE XXXIV.

Zoé à Élisa.

Écouen, ce 10 décembre 1808.

Te sachant en route, mon Élisa, j'ai ralenti notre correspondance. Je vais me dédommager d'un silence qui m'a été pénible, en te parlant de la fête que nous avons eue hier pour l'anniversaire d'un jour célèbre dans la vie de Napoléon. Cette fête, ordonnée par le Grand-Chancelier, aura lieu tous les ans; si je parvenais à y figurer aussi honorablement que deux de mes compagnes l'ont fait hier, je me trouverais bien heureuse.

La solennité de notre fête a commencé par une grand'messe exécutée en musique. Un des aumoniers a prononcé un discours relatif à l'événement que nous célébrions.

A la sortie de la messe, toute la maison s'est rendue en procession à une allée qui porte le nom d'*allée des premières*. Là, mademoiselle Caroline de R......, première des grandes, et mademoiselle Juliette R......, première des petites, ont planté chacune un arbre auprès duquel on a placé un poteau et une inscription portant leurs noms et la date de la fête. Les deux arbres, garnis de rubans de la couleur de la Légion, étaient portés par des filles de service; les élèves tenaient les rubans, et celles qui ont eu cet honneur étaient choisies parmi les premières de chaque classe.

La récompense que viennent d'avoir Juliette et Caroline est celle que les élèves reçoivent avec le plus de joie ; il faut pour l'obtenir avoir été première à tous les devoirs pendant trois mois. Tu dois juger qu'il est difficile de se défendre pendant un si long temps de quelque mouvement de paresse ou d'étourderie; mais, quelque pénible que soit cette tâche, j'aurai un arbre à mon nom, tu peux en être sûre : tu le verras, tu en liras l'inscription, et tu t'intéresseras à sa belle venue.

Combien j'aime cette bonne et respectable maréchale de..... Elle a changé ta destinée. Tu me mandais, lors de mon arrivée à Écouen, que nous n'avions rien ni l'une ni l'autre, et qu'il nous fallait gagner notre dot : voilà au moins la tienne toute assurée.

Mon père et ma mère doivent passer quinze jours à Paris dans le mois de janvier. Ce voyage, malgré les affaires qui les y déterminent, n'aurait peut-être pas eu lieu, s'ils n'avaient l'espoir d'entendre le Grand-Chancelier faire mon éloge et celui de Victorine.

LETTRE XXXV.

Élisa à Zoé.

Fréville, ce 13 décembre 1808.

APRÈS avoir voyagé plus commodément que lors de notre départ pour le château de...., nous sommes arrivées à Fréville il y a trois jours, ma chère Zoé. Nous étions impatientes de revoir ce bon curé et d'apporter dans sa retraite toute notre satisfaction.

Quelle joie pour nous et pour lui quand nous le serrâmes dans nos bras! il embrassait ma mère, et des larmes coulaient de ses yeux. Des larmes, ma Zoé, avec des traits de soixante-dix ans et des cheveux blancs! Cela fit bien couler les miennes; et quand j'entrai dans le salon, les yeux encore tout remplis de pleurs, je fus quelques instans sans apercevoir combien mon oncle l'avait embelli pendant notre absence. Au lieu de la vieille peinture jaune de la boiserie, c'est maintenant une peinture fraîche et d'une agréable couleur; à la place des chaises de paille et du vieux canapé de canne, on a mis un meuble d'une jolie toile, une table d'acajou au milieu de la chambre, et sur la cheminée deux lampes fort belles. Pendant que j'admirais toutes ces nouveautés, ma mère fit un cri, et comme elle levait les yeux d'un côté du salon, j'y regardai et je vis un portrait de mon père, que mon oncle a fait copier en grand d'après une miniature. Que de bien vous me faites, a dit ma mère, et à la fois que de mal! Il me faudra du temps pour jouir sans peine de cette ressemblance. Quand elle fut un peu remise de son trouble, elle témoigna à mon oncle sa surprise sur les changemens qu'il a faits dans le presbytère. Mes chères amies, a-t-il répondu, les économies des bons parens sont le bien de leurs enfans, je vous les devais quand vous étiez peu riches ; mais depuis l'augmentation de votre fortune je suis devenu dépensier; me le reprocherez-vous ? ajouta-t-il en souriant. Nous l'embrassâmes pour tout reproche, et nous lui dîmes bien des choses qui durent satisfaire sa belle ame, car elles partaient du fond de nos cœurs.

Je te félicite sur le prochain voyage de tes parens à Paris. Quel plaisir vous aurez tous, et quel plaisir j'aurais aussi de me trouver à votre entrevue ! Mon oncle savait déjà que ta bonne conduite à Écouen donne la plus grande satisfaction à toute ta famille. On a beaucoup parlé à Valence de vos cachets de contentement ; on a surtout remarqué la composition de la vignette qui les entoure.

Nous avons eu des nouvelles de mon frère : il

n'ira point en Espagne, il restera dans l'armée du duc d'Auërstadt; ainsi point d'occasion d'avoir cette croix; mais aussi, ma chère Zoé, nous sommes en repos pour des jours qui nous sont si chers.

LETTRE XXXVI.

Zoé à Élisa.

Écouen, ce 25 décembre 1808.

Que je suis heureuse, mon Élisa! j'ai vu mon père et ma mère. J'ai trouvé mon père tout-à-fait guéri de ses blessures. Il espère obtenir de l'emploi en Espagne, il vient à Paris pour en demander : Napoléon se souviendra des champs d'Austerlitz, mon père ose y compter. Quelques campagnes lui sont encore nécessaires pour monter au grade de général de division, et il désire les faire pour le bien de sa famille. Il nous disait cela en nous tenant toutes deux serrées contre son cœur. Ma mère pleurait : « Voyez, mes enfans, disait-elle, ce qu'est » un brave et un bon père. » Ils ont été tous deux contens des changemens qu'ils ont remarqués en moi. Ma taille et surtout ma manière de me tenir, les ont beaucoup frappés. Que j'ai eu de joie à les revoir! et combien je sentirai mieux l'avantage de vivre près d'eux, après en avoir été si long-temps séparée!

Mon père et ma mère sont repartis le même soir; ils reviendront bientôt passer une semaine dans le village d'Écouen.

L'inspection approche; je travaille toute la journée; mes cahiers sont près de mon lit, et dès le matin je relis mes leçons. J'ai eu plusieurs bons cachets pendant ces trois derniers mois; j'espère monter à la section des *blanches lisérées.* Que je serais joyeuse si cela avait lieu pendant le séjour de mes parens à Écouen! J'en aurais plus de plaisir que je n'ai eu de peine à me mettre au travail.

LETTRE XXXVII.

De la même à la même.

Écouen, ce 9 janvier 1809.

Quelle bonne nouvelle j'ai à t'annoncer, ma chère Élisa : je suis de la section des *blanches lisérées*. Les trois cartes de contentement que j'ai reçues des dames depuis la dernière inspection, m'ayant été données pour le changement de mon caractère, madame la Directrice m'en a accordé une, comme marque de son contentement personnel, en me disant, devant toutes mes compagnes, que la douceur, acquise par l'effort de la raison, méritait un suffrage de plus. J'ai donc réuni en tout douze bons cachets; mais combien il m'en faut encore pour mériter le droit de planter un arbre !

Mes parens sont venus à Écouen le lendemain de l'inspection : madame la Directrice a bien voulu leur dire des choses agréables à notre sujet, car on est très-content de Victorine. Mon père avait déjà eu le bonheur d'entendre l'éloge de ses enfans de la bouche du Grand-Chancelier, à la visite qu'il lui fit en arrivant à Paris.

Je n'ai point de lettres de toi depuis ton installation au presbytère. Je sais que tu dois y vivre heureuse; mais d'où vient ce long silence? Ton oncle, ta mère, ou toi, êtes-vous malades? La douce habitude de recevoir souvent de tes nouvelles est devenue un besoin pour moi, et c'est dans ce moment la seule chose qui manque à mon bonheur.

LETTRE XXXVIII.

Élisa à Zoé.

Fréville, ce 28 décembre 1808.

Le remboursement inattendu d'une somme d'argent nous a forcées d'aller pour quelques jours à Valence. Je savais le départ de tes parens pour Paris; j'ai pensé que tu étais livrée tout entière au bonheur de les revoir; et j'ai différé à t'écrire jusqu'à mon retour au presbytère.

Nos affaires étant terminées, et le séjour de Fréville nous plaisant beaucoup, nous ne retournerons pas à Valence cet hiver. Madame Firmin, cette ancienne amie de ma mère, reste avec nous; mon oncle a fixé auprès de lui un ecclésiastique très-instruit, auteur de plusieurs recherches savantes sur l'histoire. Il est d'une extrême complaisance; il nous fait chaque soir quelque lecture intéressante pendant que nous travaillons à l'aiguille, et de la sorte les longues soirées d'hiver s'écoulent avec une surprenante rapidité. Ce n'est plus la crainte de rencontrer à la ville des personnes que l'on veut que j'évite, qui nous retient ici, mais seulement le bonheur que nous y trouvons. Il a fallu bien moins de temps que nous ne le pensions, pour disperser la société que nous avons vue cet été chez M. de Mirbot. Le préfet a été appelé à Paris; le colonel est parti pour l'Espagne, et le général a obtenu un commandement.

Mais ce qui est très-affligeant est de savoir que les demoiselles Buret se soient perdues par leurs inconséquences. Elles se sont crues assurées d'épouser, l'une l'aide-de-camp du général, et l'autre le colonel; toute la ville le croyait aussi. Ces deux officiers ne quittaient plus la maison de leur mère : on les voyait au spectacle dans sa loge; à la promenade, ils donnaient toujours le bras aux deux demoiselles. La mère confiait à ses amis que ces messieurs recherchaient ses filles en mariage; elle allait jusqu'à dire que les noces auraient lieu le même jour, et visitait des marchands pour acheter les trousseaux. On pense qu'elle croyait ainsi engager l'honneur des deux officiers, et les forcer à cette alliance à laquelle cependant ils ne songeaient pas.

Sur ces entrefaites, ils ont reçu l'ordre de partir pour l'Espagne; et avant de quitter Valence, craignant probablement d'y laisser une mauvaise réputation, ils ont dit hautement, dans plusieurs bonnes maisons de la ville, qu'ils n'avaient pas montré le moindre désir de se marier; qu'ils avaient été pressés par madame Buret de regarder sa maison comme la leur propre; que la faute était entièrement à cette dame d'avoir établi des relations trop familières entre deux militaires et ses filles ; mais qu'ils n'avaient en rien manqué aux lois de l'honneur. Toute la ville blâme la mère, et l'on trouve qu'il est inutile d'avoir quarante-cinq ans pour raisonner si pitoyablement et pour guider si mal les êtres que l'on chérit le plus.

LETTRE XXXIX.

Zoé à Élisa.

Écouen, ce 15 janvier 1809.

Mon père ne retournera pas à Valence, ma chère Élisa; il est employé à l'armée d'Espagne, et part de Paris dans quinze jours. Ma mère y restera jusqu'au printemps : elle voulait se fixer à Écouen; mais j'ai moi-même contribué à la détourner de ce projet. J'aurais souffert de la savoir reléguée tout le reste de la mauvaise saison dans un village pour voir ses enfans seulement le dimanche et le jeudi; car les autres jours nous sommes occupées sans relâche, excepté dans quelques momens de récréation que nous avons après les repas. Mon père m'a su gré d'avoir songé aux jouissances de ma mère, de préférence aux miennes. Il m'a tendrement embrassée en me disant qu'il voyait bien que j'avais maintenant le cœur d'une bonne fille, et non plus celui d'un enfant gâté.

Tes détails sur Valence m'ont bien intéressée. Ma mère m'avait dit seulement que les demoiselles Buret s'étaient perdues par leurs imprudences.

Adieu, ma chère Élisa : mon père part satisfait de ses enfans; ma mère doit venir me voir tous les dimanches, et je vais passer mon hiver bien agréablement; tu me parais contente des dispositions faites pour le tien : puissions-nous être toujours aussi heureuses !

LETTRE XL.

Zoé à Élisa.

Écouen, ce 9 février 1809.

Nous venons de passer, ma chère Élisa, quelques jours de carnaval fort gais. Nous avons eu un lundi et un mardi gras charmans. Madame la Directrice, les dames, tout le monde enfin s'est prêté à nos amusemens avec une bonté parfaite. Nous avons travaillé plusieurs jours à nous faire, avec des papiers de couleur, de fort jolis déguisemens. On a formé des marches, des quadrilles de femmes sauvages, de négresses. Il y a eu régal lundi et mardi : la dame dépositaire avait fait engraisser d'excellentes volailles ; on nous a donné de la pâtisserie, des crèmes ; et la gaieté des petites, lorsqu'elles voient quelques friandises ajoutées à leurs repas ordinaires, est tout-à-fait divertissante. La salle *Hortense* était éclairée et décorée ; c'est là que l'on dansait au son d'un *piano-forte*, souvent interrompu par les éclats de rire et les battemens de mains des petites classes, lorsque les grandes élèves entraient ridiculement parées, et se promenaient deux à deux avec un air de majesté. Le mercredi des cendres nous a rendues à notre calme et à nos occupations. Deux journées bruyantes me font retrouver nos habitudes régulières très-précieuses; les éclats de la gaieté de trois cents enfans ne se supporteraient pas long-temps.

Adieu, mon Élisa : rends-moi compte de l'emploi de ton temps pendant les jours gras; ils doivent avoir été aussi simples, mais bien moins bruyans que les nôtres.

LETTRE XLI.

De la même à la même.

Écouen, ce 24 février 1809.

Bien peu de jours, ma chère Élisa, ont changé l'aspect d'Écouen. Aux amusemens de toute cette jeunesse a succédé, tout-à-coup, une rougeole presque générale. Nous avons eu d'abord quelques élèves atteintes de cette cruelle maladie, et le lendemain plus de cent étaient déjà alitées. J'ai été attendrie des soins qui ont été prodigués à ces pauvres petites malades: on était aussi éveillé dans la maison la nuit que le jour; plusieurs de nos dames se sont dévouées au point de veiller toutes les nuits pendant la durée de cette épidémie. Ces soins vraiment maternels, et les secours de médecins habiles, n'ont pu nous empêcher d'avoir trois victimes de cette funeste maladie. Je n'ai pas cessé de craindre pour Victorine. Maman a eu la bonté de venir nous voir fort souvent; elle nous tranquillisait, et paraissait ne pas craindre pour nous qui avons eu toutes deux la rougeole il y a trois ans. Une belle et bonne petite élève de la classe *violette* a eu le malheur de perdre sa sœur cadette. La tranquillité de l'aînée pendant la maladie de la plus jeune, et même au moment que le danger a été évident, avait fait craindre à quelques-unes des grandes élèves qu'elle ne fût peu touchée de sa mort. Combien elles se sont reproché d'avoir porté un jugement si faux et si offensant pour le cœur de cette pauvre enfant! Il est impossible d'éprouver une douleur plus profonde. Lorsqu'elle fut instruite de la perte qu'elle avait faite, elle s'empara des plus petits objets qui avaient appartenu à sa sœur; elle les baigna de larmes, et depuis ce temps elle les porte sur elle. La maladie est calmée, et les petites convalescentes sont déjà levées dans les dortoirs dont on a formé de vastes infirmeries.

Écris-moi, mon Élisa : je sens que le presbytère de Fréville fournit encore moins d'événemens à raconter que n'en offre la réunion de trois cent cinquante personnes; mais tu trouves dans ton cœur, dans ton esprit et dans les entretiens de ton oncle, tant de choses précieuses pour notre correspondance, qu'un peu de paresse peut seule te porter à la ralentir. S'il te faut une amie indocile pour faire renaître ton ancienne exactitude à m'écrire, que ferai-je? Puis-je regretter d'avoir mis tant d'empressement à répondre à tes soins, en me corrigeant d'une partie de mes défauts? Tu le vois, mon Élisa, j'acquerrai le droit de te gronder à mon tour si je ne reçois promptement une longue lettre de toi.

LETTRE XLII.

Élisa à Zoé.

Fréville, ce 2 mars 1809.

Tu as raison, ma chère Zoé; tout se ressemble ici, à peine distingue-t-on la journée qui précède de celle qui la suit. Cette uniformité n'est point désagréable; c'est la vie la plus douce; mais elle offre peu d'événemens à communiquer et même peu de remarques à faire. Un dîner, le lundi gras, à tous les curés et à tous les vicaires des paroisses environnantes; un autre, le mardi, aux principaux habitans du bourg voisin de la cure de mon oncle; voilà de quoi se sont composés les plaisirs de notre carnaval. Nous nous en sommes pourtant procuré de réels en aidant notre bon curé à bien recevoir ses amis. Ma mère et moi nous avons déployé tous notre savoir-faire en pâtisserie d'entremets et en compotes. Mon oncle a reçu mille complimens sur sa manière de donner à dîner, et il était ravi de nous en attribuer tout le mérite.

J'ai lu tes dernières lettres à mon oncle; il m'a félicitée sur la part que j'ai eue à te faire apprécier ta position. Une fois disposée à profiter de l'éducation que l'on donne à Écouen, tes succès n'étaient pas douteux. Mon oncle nous a dit que ta gaieté et ce petit air avec lequel tu débitais mille riens, lorsqu'il te vit il y a dix-huit mois à Valence, lui avaient fait penser que tu étais disposée à pouvoir profiter d'une bonne éducation. Je suis allée lui chercher ta première lettre; en la comparant à la dernière, il ne pouvait comprendre comment, en si peu de temps, tu as pu acquérir une orthographe aussi correcte : il pense très-avantageusement de la méthode d'enseignement de la maison d'Écouen. Que de choses j'aurais pu apprendre, si j'avais été assez heureuse pour te suivre! Mais le temps s'écoule; je touche à ma dix-septième année. Je suis sûre que madame de......... serait très-satisfaite de me voir acquérir quelques talens : elle m'aurait donné des maîtres pendant le temps que nous avons passé chez elle, s'il eût été possible d'en trouver à Clermont : mais Paris retient tous les artistes; ils y sont, dit-on, en foule, et ne peuvent se décider à quitter, en faveur des départemens, cette ville célèbre que Napoléon rend plus que jamais le centre des beaux-arts.

Le triste récit que tu me fais de l'épidémie que vous venez d'éprouver est accompagné de détails bien touchans sur les soins religieux de vos dames, et sur le caractère sensible de cette pauvre petite élève qui sortira seule d'une maison où elle était entrée avec une amie dont la nature semblait l'avoir favorisée pour toujours. Voilà les plus terribles coups du sort; lorsqu'on les éprouve, on doit mêler à ses pleurs un sentiment de regret d'avoir souvent troublé des jours heureux par des peines imaginaires.

Je te félicite sur l'activité de service de ton père : ayant deux fils destinés à la carrière militaire, il devait briguer l'avantage de servir encore, et d'attirer plus particulièrement par ce moyen la bienveillance de Napoléon sur eux. Le séjour de ta maman à Paris apporte un changement bien doux à ta position; je jouis de ton bonheur en bonne et fidèle amie.

LETTRE XLIII.

Zoé à Élisa.

Écouen, ce 4 mars 1809.

Hier, 3 mars, ma chère Élisa, fut un jour bien mémorable pour la maison d'Écouen ; nous avons eu la première visite de Napoléon. A midi personne ne l'attendait ; à midi et demi il était dans l'intérieur de notre enceinte. Quelle surprise ! quel désordre ! quels éclats de joie ! puis, tout-à-coup, quel silence respectueux ! Madame la Directrice se promenait dans le bois lorsqu'on vit arriver sur la plate-forme extérieure un page et des palefreniers à la livrée de Napoléon ; on courut l'avertir, elle se rendit en toute hâte à la grille. Le page lui dit qu'il était sur la route d'Écouen, et serait arrivé dans peu de minutes. Alors toutes les dames courent à la fois vers madame la Directrice. Que faut-il faire ? Fera-t-on habiller les élèves ? Où se tiendront-elles ? Que feront-elles ? Le temps manquait pour mettre les grands uniformes : *en classe, et les dames à leur poste ;* ces mots furent les seuls ordres donnés. Le Grand-Chancelier, auquel Napoléon n'avait fait dire qu'à onze heures qu'il allait à

Ecouen, arriva heureusement quelques minutes avant lui.

A midi et demi, sa voiture entra dans la cour. Il était accompagné de S. A. le prince de Neufchâtel; les autres personnes de sa suite étaient dans une seconde voiture. Son Excellence le Grand-Chancelier et madame la Directrice reçurent le fondateur d'Écouen sous la voûte d'entrée. Il parcourut d'abord les réfectoires et les classes du rez-de-chaussée; il interrogea quelques petites sur plusieurs choses fort simples : elles répondirent très-juste et furent peu troublées. Napoléon examina les bas que les petites élèves tricotaient; il les ouvrit, y passa la main, et les inspecta comme l'aurait pu faire une bonne ménagère. Pendant que Napoléon visitait les dortoirs, l'atelier de dessin, l'infirmerie, la pharmacie, on nous faisait toutes placer à la chapelle; le clergé se rendit à la porte avec la croix pour le recevoir et le haranguer; le discours du premier aumonier fut simple et très-touchant. Napoléon alla s'agenouiller à la place qui lui était destinée dans la chapelle; il se leva lorsque nous commençâmes une prière qu'il n'avait pas encore entendu chanter par un si grand nombre de jeunes voix, et qui parut lui faire plaisir. En sortant de la chapelle, notre bienfaiteur alla examiner la terrasse du *nord*. On nous avait fait passer sur la plate-forme qui sépare le château du bois; nous y formions deux haies qui se prolongeaient jusqu'au commencement du parc : « Je ne passe pas souvent

» de semblables revues, dit Napoléon; ces jeunes
» personnes ont toutes l'air de la bonne santé. »
Quelqu'un répondit avec raison que cela était dû
à la pureté de l'air; *et aux bons soins*, ajouta Napoléon. Ce mot fut recueilli par les dames qui sentirent combien il est honorable pour elles. Lorsque
celui à qui nous devons tant fut arrivé à l'extrémité
de l'allée, madame la Directrice lui demanda s'il
permettait que les élèves eussent un moment de
récréation, et dansassent en sa présence des rondes
que nous avons coutume de danser les jours de fête.
« Je le veux bien, répondit-il, faites-les danser. » A
l'instant, huit ou neuf rondes furent formées dans
la longueur de l'allée. Mademoiselle Caroline de R....
chantait seule chaque couplet, qui était répété en
chœur par les élèves. Napoléon accorda quelque
attention à nos chansons, lorsque nous en fûmes
aux deux couplets suivans :

>Cette plume qui donna
>Des lois à l'Europe entière,
>Dans un règlement traça (1)
>Nos devoirs, notre prière.

>Quand de son nom belliqueux
>Il fait retentir la terre,
>Ici nos plus simples jeux
>L'intéressent comme un père.

---

(1) Quatorze pages dictées par Napoléon sur l'éducation des
filles de la Légion d'honneur, pendant la campagne de Pologne,

Ce nom de *père*, prononcé au milieu de cette foule d'enfans qui doivent à Napoléon le bien inappréciable d'une bonne éducation ; cette réunion de jeunes filles dont les pères ont glorieusement terminé leur carrière, ou servent encore sous ses drapeaux, tout cela parut lui causer une vive impression ; son émotion se peignit sur ses traits : nous l'avons toutes remarquée.

A la fin de la ronde, Napoléon ordonna à madame la Directrice de lui nommer les quatre demoiselles les plus distinguées par leur instruction et par leur soumission. Elle fut embarrassée, sans doute ; un pareil choix est à la fois doux et pénible à faire : cependant le mérite et l'âge l'ont décidée, et nous y avons toutes applaudi. « Je donne à ces » quatre demoiselles, dit-il, une pension de 400 fr. » comme preuve de ma satisfaction. » Les élèves allèrent ensuite se mettre à table. Napoléon entra dans le réfectoire, et se trouva au-dessous de la chaire lorsque l'élève qui était lectrice termina le *Benedicite* par des vœux pour lui. Il releva la tête vers elle, et voulut bien la saluer avec autant de bonté que de grâce. Il fit ensuite quelques questions sur les repas : il demanda quel était le régal aux jours de fête ; madame la Directrice répondit que c'étaient des tartes ou des crèmes. « Eh bien ! di-

---

le soir d'un jour où il avait remporté une victoire, existent entre les mains de S. E. le grand-chancelier.

manche, continua-t-il, en réjouissance de ma visite, faites-leur donner des tartes et des crèmes. »
Au moment où Napoléon allait monter en voiture, il daigna dire à Son Excellence le Grand-Chancelier qu'il allait s'occuper de l'organisation des maisons d'éducation pour les filles de ses légionnaires; jusqu'à ce moment, notre maison n'était établie que *provisoirement*. Cette remarque a dû être bien précieuse à Son Excellence qui, depuis deux ans, s'est livrée avec le zèle le plus persévérant à un travail dont les détails minutieux sont peu d'accord avec les occupations que lui imposent ses importans devoirs.

J'avais dévoué ma récréation au plaisir de te communiquer tous ces détails; mais j'ai été interrompue par des battemens de mains et des cris répétés. Je suis allée à l'endroit d'où partaient ces cris, et j'ai vu toutes les classes réunies dans la cour. Elles étaient bien joyeuses; car on déballait une grande quantité de mannes d'osier, remplies de vingt sortes de dragées et de confitures que Napoléon envoie à madame la Directrice pour le régal de dimanche.

La joie des enfans est ce qu'elle doit être : la nôtre est d'une nature bien différente; nous sommes touchées jusqu'au fond du cœur d'avoir obtenu de Napoléon cette marque de bonté paternelle.

Les petites sont véritablement amusantes : une d'elles disait en voyant passer un panier de sucreries : « Ah! la belle chose que d'être un conquérant! que l'on a de bonbons! »

Adieu, mon Élisa : si tu étais capable d'envier le sort d'une amie, je crois que le récit d'une aussi heureuse journée pourrait t'inspirer ce sentiment.

LETTRE XLIV.

Élisa à Zoé.

Fréville, ce 12 mars 1809.

Tu me juges trop favorablement, ma bonne Zoé : je ne suis pas jalouse de ton bonheur, il est vrai ; les détails que tu me donnes sur la visite de Napoléon, m'ont intéressée ; j'aurais été ravie de le voir en simple père de famille, loin de ses camps bruyans et de la pompe de ses palais, n'ayant pour garde et pour cour que trois cents jeunes filles. Quel tableau ! Voilà de ces souvenirs qui doivent se conserver jusque dans l'âge le plus avancé. Qu'il sera curieux de pouvoir dire dans soixante ans à ses petits-fils : *J'ai vu Napoléon à Écoüen, où je fus élevée!* Hélas ! pourquoi mon frère n'a-t-il pas eu la croix de simple légionnaire, au lieu du grade de lieutenant ! Tu le vois, ma chère Zoé, je ne te cache point ce sentiment d'envie dont ta générosité se plaît à me dégager ; et je m'en fie à toi pour me le pardonner.

LETTRE XLV.

Zoé à Élisa.

Écouen, ce 9 avril 1809.

NAPOLÉON, ma chère Élisa, avait eu la bonté de dire, après avoir visité Écouen, qu'il s'occuperait de l'organisation de notre maison. Les intérêts de l'Europe, sans cesse sous ses yeux, ne lui ont pas fait oublier sa promesse. Un décret rendu le 29 mars annonce qu'il accorde aux maisons d'éducation des filles de la Légion d'honneur d'avoir une personne de sa famille pour *protectrice;* le titre de Directrice est changé en celui de *Surintendante* : une maison semblable à la nôtre sera établie à Saint-Denis. Les sœurs, les filles, les nièces des membres de la Légion d'honneur, qui ne seront pas élèves gratuites, pourront être mises comme pensionnaires en payant une demi-pension de 500 francs par an ou la pension entière de 1000 francs. Ce nouvel ordre de choses m'a fait renaître l'espoir de te voir parmi les élèves de la maison d'Écouen; il est possible que tes parens eussent craint, en demandant une place gratuite pour toi, d'en priver quelque famille peu fortunée. Peut-être est-ce parce que je le désire, mais je me figure déjà voir ton frère décoré de la croix avant la fin de la campagne; je te vois entrer à Écouen comme pensionnaire, y rester deux années, recevoir des leçons pour les talens que tu veux cultiver, et donner toi-même des soins à une des classes de nos petites compagnes. Je jouirai des suffrages que tu obtiendras; je serai si fière de mon amie et si heureuse de l'avoir près de moi, que le séjour d'Écouen deviendra pour toujours l'époque la plus heureuse de ma vie.

LETTRE XLVI.

Élisa à Zoé.

Fréville, ce 18 mai 1809.

Depuis long-temps tu n'as point eu de mes nouvelles, ma chère Zoé; pouvais-je écrire? Nos jours se passaient à attendre l'heure de la poste. Nous savions que le régiment de mon frère devait donner un des premiers : nous agissions, nous parlions encore de choses indifférentes, mais machinalement; et toutes les fois que les yeux de ma mère et les miens se rencontraient, des larmes venaient y dévoiler l'unique et secrète pensée de nos cœurs. Enfin hier, mon Élisa, nous avons reçu, de la main de mon frère, un court récit de la bataille de Ratisbonne. La victoire ne quitte jamais les drapeaux français; la guerre ne vient que de commencer, et l'ennemi a déjà essuyé une déroute. On parle de villages incendiés; que de familles sans asile! que d'enfans sans vêtemens et sans pain! Mon imagination me transporte vers ces pays dévastés. Ce sont des terres étrangères : mais j'en suis bien sûre, dès que la victoire est remportée, les cœurs de nos guerriers gémissent sur tant d'infortunes particulières; et si la renommée pouvait publier les actions que la vertu ordonne de tenir secrètes, l'univers retentirait des traits de sensibilité des Français, comme il retentit de leurs triomphes. Mon frère nous a raconté qu'un des généraux sous les ordres duquel il a servi, sortait toujours seul avec un de ses serviteurs, le lendemain d'une victoire; il parcourait les campagnes ravagées, et portait des secours aux infortunés que la bataille avait ruinés. Mon frère nous annonce que bientôt l'armée française sera dans Vienne; pourra-t-on refuser une glorieuse et solide paix à celui contre lequel on ne saurait faire la guerre? Le sort a jusqu'ici préservé notre cher Charles de la moindre blessure; tu dois t'en réjouir avec sa sœur : je t'entretiens de notre bonheur, car je sais toute la tendresse que tu as vouée à ta fidèle amie.

LETTRE XLVII.

Zoé à Élisa.

Écouen, ce 6 juin 1809.

J'AI regretté Valence depuis quelques jours, ma chère Élisa ; mais ce n'étaient plus les regrets d'un enfant : je m'affligeais d'être éloignée de toi dans des momens que l'inquiétude devait te rendre si longs. Je te savais, il est vrai, près de ta mère ; mais, comme tu le dis, la crainte de l'affliger te faisait garder le silence, et avec moi tu aurais pu verser toutes tes larmes et redire vingt fois le sujet de tes craintes.

Enfin tu as eu des nouvelles de ton frère : la campagne a commencé par des succès ; il espère que l'armée sera bientôt à Vienne : espérons aussi, et tandis que chaque Français contribue à nos victoires par sa bravoure, essayons de la fixer par nos prières.

Nous eûmes avant-hier une superbe cérémonie ; la procession de la Fête-Dieu a eu lieu avec une pompe et une solennité dignes de l'établissement d'Écouen. On avait fait construire un reposoir à l'extrémité de notre parterre. La procession était ouverte par les filles de service habillées en uniforme; elles portaient la croix : la bannière de la Vierge venait ensuite; l'honneur de la porter a été accordé aux élèves des sections bleues; les sections des *nacarats* et des *blanches* portaient le dais et les cordons du dais : cinquante petites élèves, avec des voiles de mousseline retenus sur leurs têtes par des couronnes de bluets, venaient ensuite ; elles tenaient des corbeilles remplies de fleurs, et marchaient devant le Saint-Sacrement. Le Grand-Chancelier et madame la Surintendante suivaient le dais, ainsi que les dames dignitaires et celles des autres dames qui ne conduisaient pas les élèves. Le reste des sections qui n'étaient pas employées dans la marche de la procession, formait deux files. Nous avons marché jusqu'au reposoir en chantant des cantiques; le temps était superbe, le soleil éclatant, et l'air était rempli de l'odeur des fleurs qu'on avait jetées sur notre passage; nous sommes ensuite revenues à la chapelle où nous avons chanté une messe en musique.

Adieu, ma chère Élisa, donne-moi les nouvelles que ton frère ne manquera pas de t'envoyer bientôt; je n'ai pas besoin, quelque occupée que tu sois de lui, de te recommander de songer à moi et à mes inquiétudes sur tout ce qui te touche.

LETTRE XLVIII.

Élisa à Zoé.

Fréville, ce 12 juin 1809.

Que d'événemens heureux j'ai à te raconter, ma chère Zoé! La première lettre de mon frère ne contenait que quelques lignes écrites peu d'heures après le combat; nous venons d'en recevoir une seconde. Quoique ma main tremble encore de la vive émotion que je viens d'éprouver, je prends la plume pour te faire jouir de notre bonheur. Bon et aimable Charles! à quels dangers ses jours ont été exposés! Ce n'est pas assez d'avoir couru les chances funestes d'un combat; une espèce de duel, au milieu du champ de bataille, vient de placer notre jeune brave au nombre de ceux qui ont eu l'honneur d'être remarqués par leur général en chef; il a combattu et vaincu un commandant de hullans qui paraissait vouloir, en quelque sorte, braver sa jeunesse. Napoléon a daigné le nommer capitaine et membre de la Légion d'honneur sur le champ de bataille. La voilà, cette croix! Voilà les portes d'Écouen ouvertes à ton amie, et cette réunion tant désirée aura lieu incessamment.

Le croiras-tu? Charles n'a pas un instant oublié

le vœu que je formais d'être auprès de ma chère Zoé; dès le lendemain, il a obtenu du maréchal duc de..... la promesse d'écrire à monseigneur le Grand-Chancelier, pour faire placer mon nom sur la prochaine liste des prétendantes au titre d'élève de la maison d'Écouen.

Ce travail doit incessamment être envoyé de Paris en Allemagne; Napoléon n'interrompt pas les travaux de ses conseils, même pendant les plus pénibles campagnes : j'ose donc me flatter d'avoir ma lettre de nomination avant la fin de la belle saison. Ce qui rend mon bonheur complet, c'est de voir ma mère partager ma satisfaction. En peu de minutes, nous avons fait tous nos arrangemens; nous partons la semaine prochaine pour le château de madame de........ Une de ses nièces vient de se marier; elle se rend à Paris dans le mois d'août, et consentira sûrement à nous y mener. Adresse donc tes lettres à Clermont.

Quelle joie, ma chère et bonne Zoé! je vais t'embrasser, je vais revoir l'amie la plus tendrement chérie; retrouver toutes les qualités aimables qu'elle doit à la nature, embellies par le développement de sa raison!

Adieu, présente mon respect à madame la Surintendante; ma mère aura l'honneur de lui écrire pour lui annoncer qu'une fois encore je jouirai de l'avantage de vivre auprès d'elle et de recevoir ses leçons avec respect et une tendresse filiale.

LETTRE XLIX.

Élisa à M. le Curé de Fréville.

Écouen, ce 14 août 1809.

Mon cher oncle,

Déjà ma mère vous a donné le détail de notre voyage et de notre séjour à Paris; elle vous a sûrement rendu compte de la manière honorable dont Son Excellence le Grand-Chancelier a bien voulu nous recevoir. Votre Élisa a besoin quelquefois, mon cher oncle, de se rappeler tout ce qu'elle vous doit, pour tenir loin d'elle un léger sentiment d'orgueil qui pourrait s'emparer de son cœur, et détruire les fruits de vos sages conseils. On me fait trop d'honneur en accordant à mes jeunes années le mérite d'une raison que vous avez fait éclore, et qui s'affaiblirait bien vite par les défauts naturels à mon âge, si votre bienveillante sollicitude se ralentissait. Continuez, mon cher oncle, à guider cette Élisa qu'une ambition pardonnable éloigne pour quelque temps de celui qu'elle révère comme son père. Je vous communiquerai mes plus secrètes pensées, comme si je jouissais encore de vos entretiens; combattez mes jugemens lorsqu'ils seront faux ou légèrement portés, et grondez-moi quand je le mériterai.

Zoé est devenue, charmante; elle croit m'être redevable des qualités dont tout le monde la félicite : mais c'est à vous, mon cher oncle, que doit s'adresser toute sa reconnaissance ; je n'étais que votre écho, et je n'ai fait que lui transmettre ce que je tenais de vos précieux entretiens. Zoé est grandie, et réunit à un excellent maintien un air modeste et gracieux. Souvent, à Valence, elle était parée sans être habillée; ici, avec l'uniforme le plus simple, elle semble avoir fait une toilette recherchée. Sa joie, en me voyant, a été des plus vives; nos larmes se sont long-temps confondues : ma mère nous tenait embrassées comme deux filles chéries. Madame la Surintendante nous a retenues toutes trois à dîner, et nous ne pouvons trop nous louer de l'accueil que nous en avons reçu.

Me voici donc élève de la maison d'Écouen : mais, après l'avoir si vivement désiré, les nouveaux engagemens que ce titre me fait contracter, me donnent une certaine crainte; je sens que l'on exigera beaucoup plus de moi dans le monde lorsque j'y reparaîtrai; le peu que j'avais acquis par mon seul travail, inspirait une bienveillance à laquelle je n'ai plus le droit de prétendre. Soutenez-moi, mon cher oncle, par vos utiles conseils, et diminuez par vos lettres la tristesse que notre séparation fait déjà naître dans mon cœur. Écrivez-moi le plus souvent qu'il vous sera possible. Je devrais dire, écrivez-nous ;

car Zoé partage et mes sentimens et l'admiration que vous avez fait naître dans le cœur de votre Élisa pour tout ce qui vient de votre indulgente sagesse. Faites, mon cher oncle, que nous soyons pour toujours, l'une et l'autre, dignes de nos parens et de l'honorable titre d'élèves de la maison d'Écouen.

FIN DU TROISIÈME VOLUME.

ÉCLAIRCISSEMENS HISTORIQUES

ET PIÈCES OFFICIELLES.

Note (A), *page* 16.

« Madame de Pompadour avait un maître-d'hôtel, nommé Collin, et elle ne le crut pas digne de la servir sans la décoration du cordon de quelque ordre. Peu de princesses auraient conçu une semblable idée; mais elle était d'une autre condition que celles à qui les droits du sang donnent les plus éminentes qualités. Elle conçut non-seulement cette idée, mais son crédit auprès du roi vint à bout de la mettre à exécution, et Collin fut maître des comptes de l'ordre royal et militaire de Saint-Louis. » (*Anecdotes de la cour de France pendant la faveur de madame de Pompadour*, par Soulavie.)

Note (B), *page* 21.

« Le peuple apprit l'assassinat du roi avec des transports de fureur et avec le plus grand désespoir. On l'entendait de l'appartement de Madame crier sous les fenêtres. Il y avait des attroupemens, et Madame (1) craignait le sort de madame de Châteauroux. Ses amis venaient à chaque instant lui donner des nouvelles. Son appartement était au reste comme une église où tout le monde croyait avoir le droit d'entrer. On venait voir la mine qu'elle faisait, sous prétexte d'intérêt; et Madame ne faisait que pleurer et s'évanouir. Le docteur Quesnay ne la

---

(1) Madame du Hausset ne désigne jamais autrement madame de Pompadour.

quittait pas, ni moi non plus ; M. de Saint-Florentin vint la voir plusieurs fois, et le contrôleur-général ainsi que M. de Rouillé ; mais M. de Machault n'y vint point. Madame la duchesse de Brancas était aussi très-souvent chez nous. M. l'abbé de Bernis n'en sortait que pour aller chez le roi; et avait les larmes aux yeux en regardant Madame. Le docteur Quesnay voyait le roi cinq à six fois par jour. « Il n'y a rien à craindre, » disait-il à Madame : si c'était tout autre, il pourrait aller au » bal. » Mon fils alla le lendemain, comme la veille, voir ce qui se passait au château, et il vint nous dire que le garde-des-sceaux était chez le roi. Je l'envoyai attendre ce qu'il ferait à la sortie. Il revint courant, au bout d'une demi-heure, me dire que le garde-des-sceaux était retourné chez lui suivi d'une foule de peuple. Madame, à qui je le dis, s'écria en fondant en larmes : *Et c'est là un ami!* M. l'abbé de Bernis lui dit : « Il ne faut pas » se presser de le juger dans un moment comme celui-ci. » Je retournai dans le salon une heure après, lorsque M. le garde-des-sceaux entra. Je le vis passer avec sa mine froide et sévère; il me dit : *Comment se porte madame de Pompadour ?*..... Je lui répondis : *Hélas! comme vous pouvez l'imaginer;* et il entra dans le cabinet de Madame. Tout le monde sortit ; il y resta une demi-heure. M. l'abbé revint, et Madame sonna. J'entrai chez elle, et il me suivit. Elle était en larmes. « Il faut que je m'en aille, dit-elle, mon cher abbé. » Je lui fis prendre de l'eau de fleur d'orange dans un gobelet d'argent, parce que ses dents claquaient. Ensuite elle me dit d'appeler son écuyer. Il entra, et elle lui donna assez tranquillement ses ordres pour faire tout préparer à son hôtel à Paris, et dire à tous ses gens d'être prêts à partir, et à ses cochers de ne pas s'écarter. Elle s'enferma ensuite pour conférer avec l'abbé de Bernis qui sortit pour le conseil. Sa porte fut ensuite fermée, excepté pour les dames de son intime société, M. de Soubise, M. de Gontaut, les ministres et quelques autres. Plusieurs dames venaient s'entretenir chez moi, et se désespéraient. Elles comparaient la conduite de M. de Machault avec celle du duc de Richelieu à Metz. Madame leur en avait fait des détails du duc, et qui étaient autant de satires sur la conduite de celle du garde-des-sceaux. « Il croit ou feint » de croire, disait-elle, que les prêtres exigeront mon renvoi » avec scandale, mais Quesnay et tous les médecins disent qu'il » n'y a pas le plus petit danger. »

» Madame m'ayant fait appeler, je vis entrer la maréchale de Mirepoix qui, dès la porte, s'écria : » Qu'est-ce donc, Ma- » dame, que toutes ces malles? Vos gens disent que vous partez. » — Hélas! ma chère amie, le maître le veut ; à ce que dit M. de » Machault. — Et son avis à lui, quel est-il? — Que je parte » sans différer. » Pendant ce temps je déshabillais seule Madame qui avait voulu être plus à son aise sur une chaise longue.

« Il veut être le maître, dit la maréchale, votre garde-des- » sceaux, et il vous trahit : qui quitte la partie, la perd. » Je sortis : M. de Soubise entra, M. l'abbé ensuite et M. de Marigny. Celui-ci, qui avait beaucoup de bontés pour moi, vint dans ma chambre une heure après. J'étais seule. « Elle reste, » dit-il, mais *motus*; on fera semblant qu'elle s'en va pour ne » pas irriter ses ennemis. C'est la petite maréchale qui l'a dé- » cidée; mais son garde (elle appelait ainsi M. de Machault) » le paiera. » Quesnay entra, et, avec son air de singe, ayant entendu ce que l'on disait, récita la fable d'un renard qui, étant à manger avec d'autres animaux, persuada à l'un d'eux que ses ennemis le cherchaient pour hériter de sa part en son absence. Je ne revis Madame que bien tard, au moment de son coucher. Elle était plus calme, les choses allaient de mieux en mieux, et Machault, infidèle ami, fut renvoyé. Le roi revint à son ordinaire chez Madame. J'appris par M. de Marigny que M. l'abbé avait été un jour chez M. d'Argenson pour l'engager à vivre amicalement avec Madame, et qu'il en avait été reçu très-froidement. « Il est fier, me dit-il, du renvoi de Machault qui laisse » le champ vide à celui qui a le plus d'expérience et d'esprit; » et je crains que cela n'entraîne un combat à mort. »

» Le lendemain, Madame ayant demandé sa chaise, je fus curieuse de savoir où elle allait, parce qu'elle sortait peu, si ce n'est pour aller à l'église ou chez des ministres. On me dit qu'elle était allée chez M. d'Argenson. Elle rentra une heure au plus après, et avait l'air de fort mauvaise humeur. Ensuite elle s'appuya devant la cheminée, les yeux fixés sur le chambranle. M. de Bernis entra. J'attendais qu'elle ôtât son manteau et ses gants, ayant les mains dans son manchon. L'abbé resta quelques minutes à la regarder, et lui dit : *Vous avez l'air d'un mouton qui rêve.* Elle sortit de sa rêverie en jetant son manchon sur un fauteuil et dit : *C'est un loup qui fait rêver le mouton.* Je sortis. Le maître entra peu de temps après, et j'entendis que Madame sanglotait. M. l'abbé entra chez moi et me dit d'apporter des gouttes d'Hoffman. Le roi arrangea lui-même la potion avec du sucre, et la lui présenta de l'air le plus gracieux. Elle finit par sourire et baisa les mains du roi. Je sortis, et le surlendemain j'appris l'exil de M. d'Argenson. C'était bien sa faute, et c'est le plus grand acte de crédit que Madame ait fait. Le roi aimait beaucoup M. d'Argenson, et la guerre sur mer et sur terre exigeait qu'on ne renvoyât pas ces deux ministres.

» Bien des gens parlent de la lettre du comte d'Argenson à madame d'Estrades ; la voici, suivant la version la plus exacte : « L'indécis est enfin décidé ; le garde-des-sceaux est renvoyé, » vous allez revenir, ma chère comtesse, et nous serons les maî- » tres du tripôt. » (*Journal de madame du Hausset.*)

Récit de ce qui s'est passé au château de Versailles, chez la favorite, au moment de l'attentat de Damiens.

« La consternation y fut générale ; le roi se crut perdu ; le Saint-Sacrement fut exposé à Paris et à Versailles. Le roi, qui s'était converti à Metz en 1744, se convertit de même le jour de ce forfait, et le lendemain encore. On pense bien que madame de Pompadour ne manqua pas d'accourir près du roi, pour lui prouver par ses larmes son tendre attachement ; mais tous les gens de bien, tous les ecclésiastiques qui environnaient le prince, se réunirent pour la repousser. Le roi ne fut confié qu'aux soins et à la tendresse de sa famille; et M. d'Argenson, ministre, trouvant l'occasion de satisfaire sa haine pour madame de Pompadour, se distingua parmi ceux qui la repoussèrent quand elle osa se présenter à la porte du roi.

» Le triomphe des prêtres et du ministre ne fut pas de longue durée. Madame de Pompadour, furieuse de n'avoir pu jouer sa comédie, songeait à se venger, s'il était possible, de l'affront qu'on lui avait fait avec tant d'audace. La blessure se trouvant bien différente de ce qu'on l'avait crue, dès le lendemain au soir, on cessa de s'inquiéter de ses suites. Au bout de deux ou trois jours, le roi presque guéri fut visible, et, comme en 1744, il reprit son train de vie. Une de ses premières visites fut celle qu'il rendit à madame de Pompadour. Elle le reçut de la manière du monde la plus propre à faire pitié. Ses yeux éplorés, son visage couvert de larmes, annonçaient une désolation qui ne pouvait manquer de produire son effet.

» Après l'avoir félicité, encore félicité de son heureux rétablissement, elle se répandit en plaintes amères sur la conduite qu'on avait tenue à son égard. Elle finit par dire que « puis-
» qu'il lui était défendu de le voir dans le temps que son devoir
» l'exigeait le plus, et que lui-même en avait le plus besoin, elle
» ne pouvait faire mieux que de se retirer à temps, pour ôter
» à ses ennemis la maligne joie de lui faire encore un pareil
» outrage. »

» Cette menace de se retirer, menace que cette femme ne fait guère que quand elle est assurée de n'être pas prise au mot, eut tout l'effet possible sur l'esprit du roi. Il résolut de lui donner la satisfaction la plus éclatante, et de lui accorder ce qu'elle n'avait pu ni osé demander. Il commença par exiler le trop consciencieux évêque, avec trois ou quatre courtisans qui avaient fait les empressés à lui défendre l'entrée. M. d'Argenson fut disgracié et obligé de se démettre de sa charge. On croirait qu'en lui donnant pour successeur le jeune marquis de Paulmy-d'Argenson, son neveu, le roi avait l'intention d'adoucir la douleur de la disgrâce; mais il n'en est effectivement rien. Le neveu ne ressemble pas à l'oncle. Le roi était content de M. de Paulmy; puisqu'il avait toujours tenu envers madame de Pompadour une conduite dont elle n'avait aucun sujet de se plaindre ; l'oncle, au contraire, n'avait fait aucun mystère du mépris qu'il avait pour elle. Elle n'attendait que l'occasion de lui faire porter la peine de son ressentiment; et aucune ne pouvait être plus favorable que celle-là.

» M. de Paulmy-d'Argenson n'a pas occupé long-temps la place de son oncle; la force des circonstances vient de l'en chasser pour avoir montré trop de zèle à servir la haine de madame de Pompadour contre M. d'Estrées. Sa faveur n'a pu le garantir; tant il est vrai que, dès que les choses ont pris à la cour un train mal réglé, la faveur même des personnes les plus puissantes n'est plus d'aucune utilité : cela arrive surtout quand tout y est dirigé par les caprices d'une femme telle que la célèbre marquise. S'opposer à ses vues, la contredire, c'est le moyen sûr de trouver une disgrâce; suivre aveuglément ses volontés, c'est encore s'exposer aux mêmes dangers, parce que les suites d'une action sont toujours mises sur le compte de ceux qui la font, et rarement sur celui de ceux qui les ordonnent.

» Tel était positivement le cas du jeune Paulmy-d'Argenson : le pauvre homme tomba pour avoir voulu obéir. Secondé de M. Rouillé, il poussa la complaisance pour madame de Pompadour jusqu'à prendre le parti de M. de Maillebois contre M. le maréchal d'Estrées. Ce dernier s'étant justifié de la façon qu'il l'a fait, on fut obligé de les sacrifier tous deux aux cris et à la vengeance du public qui fait souvent ici la loi au pouvoir le plus despotique, en l'obligeant de temporiser et de garder les mesures qu'il semble prescrire au roi. Mais ce qui a étonné le plus de monde, c'est que M. de Machault, garde-des-sceaux, fut renvoyé de sa charge en même temps et le même jour que le vieux d'Argenson. Il était à la tête d'un parti opposé à ce dernier ministre, et chacun savait qu'il faisait corps avec madame de Pompadour : il est vrai qu'il montra quelque chaleur dans les représentations qu'il fit au sujet des dépenses excessives qu'exigeaient les petits soupers du roi, auxquels avait été adjoint le département des plaisirs. Il aurait voulu qu'elles fussent plus modérées, ou, qu'à l'exemple du grand couvert, on les mît sur un pied fixe auquel on fût obligé de s'en tenir. Cependant un prétexte aussi vain de la démission, que celui d'avoir déplu au roi et à la Pompadour, ou plutôt à la Pompadour et au roi, par la liberté de ses remontrances, n'aurait fait aucune impression sur sa personne, si on ne s'en était servi avec un air mystérieux qui annonçait qu'on était au fait de celui de la cour. » (*Anecdotes du règne de Louis XV*, publiées par Soulavie.)

Extrait d'une notice communiquée à Soulavie sur l'assassinat de Louis XV par Damiens.

« La ville de Paris envoie ici (à Versailles) tous les jours trois ou quatre fois, pour savoir des nouvelles du roi; et M. le duc de Gesvres en envoie quatre fois par jour à M. le prévôt des marchands. Le jour que le roi fut blessé (par Damiens), dès que l'on sut cette nouvelle dans la ville, et que M. de Gesvres allait partir pour Versailles, il s'assembla dans la cour et à la porte un grand concours et une multitude de peuple, pour savoir des nouvelles du roi, et ils y restèrent jusqu'à cinq heures du matin, malgré la rigueur du froid, pour attendre l'arrivée du deuxième courrier. M. de Gesvres leur fit faire du feu dans la cour et dans la rue. Les spectacles finissaient quand la nouvelle arriva; mais depuis le jour des Rois, il n'y a pas eu de représentation. M. le duc de Gesvres et M. le prévôt des marchands assurent également que la consternation a été très-grande dans Paris, et qu'elle dura encore long-temps après.

» Monseigneur l'archevêque ordonne dans le moment les prières de quarante heures; on fait des neuvaines à Sainte-Geneviève où il y a une affluence prodigieuse de peuple. Ce n'est pas sans peine que le corps de ville, qui y va tous les jours, peut entrer. Les églises sont remplies; l'affection et l'inquiétude du peuple est aussi grande qu'en 1744, dans le temps de la maladie du roi. Une preuve non équivoque de ces sentimens, c'est que, malgré l'usage des soupers, la veille des Rois, et de tirer des gâteaux en criant le *roi boit,* il n'y a pas eu un seul cabaret dans Paris où l'on ait entendu ces cris de joie; c'est de M. le prévôt des marchands que je le sais. Il n'y en a même point eu dans les maisons particulières, et les rôtisseurs, qui vendent dans ce temps-ci un dindon à chaque bourgeois, ont été fort étonnés de voir la provision de l'année leur rester. Le greffier de la ville s'étant rendu ici pour marquer au roi la joie de la ville sur sa meilleure santé, M. le duc de Gesvres le mena chez le roi. Il venait d'y arriver le greffier en chef du parlement de Rouen, pour assurer Sa Majesté des alarmes, du respect et de l'attachement de cette compagnie. M. de Richelieu avait déjà annoncé deux ou trois fois le député de Rouen; enfin M. de Gesvres en ayant parlé à Sa Majesté, à l'occasion de celui de la ville de Paris, le roi permit qu'ils entrassent tous deux. Ils furent admis dans le balustre; le greffier de Rouen fit une assez longue harangue: le roi ne l'interrompit point, mais s'étant mis à son séant quand il eut fini, il dit au député: « Je me » porte fort bien; dites à mon parlement qu'il songe à me don- » ner des marques de son obéissance. » Immédiatement après, le député de la ville se présenta; le roi lui répondit en présence du député de Rouen : « Dites à ma bonne ville de Paris que je » suis fort content de son zèle et de son affection, et assurez-la » de ma protection et de mon amitié. » On sait que dans cette circonstance, les parlemens étaient dans une sorte d'état de désobéissance. La conduite des états de Bretagne leur fait beaucoup d'honneur. Il y avait eu de grandes difficultés sur l'enregistrement du second vingtième; et quoique l'on ait consenti que la province s'abonnât pour ses nouveaux droits, afin que la perception leur fût moins à charge, ils ont toujours refusé l'abonnement, parce qu'ils ne voulaient point payer ces droits. La nouvelle de la blessure du roi a fait un changement total dans les esprits : les états ont écrit à M. de Saint-Florentin qu'il ne serait plus question d'aucune difficulté de leur part; qu'ils voulaient obéir à tout ce que le roi désirait d'eux, et ne s'occuper plus qu'à lui donner des preuves de leur fidélité, de leur attachement et de leur respect, en sacrifiant leurs biens et leurs vies même pour son service. Ils envoient quatre députés qui doivent arriver demain; cet heureux changement fait honneur aux sentimens de la noblesse bretonne qui compose la plus grande partie des états.

» On ne peut en même temps refuser à M. le duc d'Aiguillon et à M. l'évêque de Rennes, qui agissent fort de concert, qu'ils ont profité habilement des circonstances et de l'impression qu'elles ont faite sur les esprits. Tout le monde convient que M. d'Aiguillon, depuis qu'il est en Bretagne, s'y conduit avec la plus grande application, et toute l'intelligence et la capacité possibles, tant dans les affaires qui regardent le militaire, que dans celles qui concernent l'intérieur de la province. Sa facilité pour le travail, le temps qu'il y donne, sa politesse lui ont mérité l'estime et l'amitié de toute la Bretagne. (J'écris le dimanche, 9 janvier 1757.)

» Monseigneur le dauphin a donné aujourd'hui une marque de bonté dont la nouvelle sera bien agréable aux Bretons. Il y a un monde prodigieux à son dîner depuis qu'il a commencé à dîner en public. Au milieu de la foule, il a aperçu M. le marquis de Poulpry, homme de condition de Bretagne, qu'il connaît médiocrement, et à qui peut-être il n'avait jamais parlé ; il lui a demandé s'il avait des nouvelles de Bretagne. M. de Poulpry ayant répondu que monseigneur le dauphin devait être instruit : « C'est pour cela que je vous ai appelé, a répondu
» monseigneur le dauphin, pour vous dire le plaisir avec le-
» quel j'ai appris la conduite des états, que je n'oublierai ja-
» mais. Je vous prie de le leur mander. » (*Anecdotes du règne de Louis XV pendant la faveur de madame de Pompadour*, par Soulavie.)

Note (C), page 33.

« Tout le monde parlait d'une jeune demoiselle dont le roi était épris. Elle s'appelait Romans et était charmante. Madame savait que le roi la voyait, et ses confidentes lui en faisaient des rapports alarmans. La seule maréchale de Mirepoix, la meilleure tête de son conseil, lui donnait du courage. « Je ne
» vous dirai pas qu'il vous aime mieux qu'elle; et si, par un coup
» de baguette, elle pouvait être transportée ici, qu'on lui don-
» nât à souper, et que l'on fût au courant de ses goûts, il y
» aurait pour vous peut-être de quoi trembler. Mais les princes
» sont, avant tout, des gens d'habitude; l'amitié du roi est la
» même pour vous que pour votre appartement et vos entours;
» vous êtes faite à ses manières, à ses histoires; il ne se gêne
» pas; il ne craint pas de vous ennuyer : comment voulez-vous
» qu'il ait le courage de déraciner tout cela en un jour, de for-
» mer un autre établissement, et de se donner en spectacle au
» public par un changement aussi grand de décoration? » La demoiselle devint grosse : les propos du public, de la cour même alarmaient Madame infiniment. On prétendait que le roi légitimerait son fils, donnerait un rang à la mère. « Tout cela, dit
» la maréchale, est du Louis XIV : ce sont de grandes manières
» qui ne sont pas celles de notre maître. » Les indiscrétions, les jactances de mademoiselle Romans la perdirent dans l'esprit du roi. Il y eut même des violences exercées contre elle dont Madame est fort innocente. On fit des perquisitions chez elle, on prit ses papiers; mais les plus importans, qui constataient la paternité du roi avaient été soustraits. Enfin la demoiselle accoucha, et fit baptiser son fils sous le nom de *Bourbon*, fils de Charles de Bourbon, capitaine de cavalerie. La mère croyait fixer les yeux de toute la France, et voyait dans son fils un duc du Maine. Elle le nourrissait et allait au bois de Boulogne, chamarrée des plus belles dentelles, ainsi que son fils qu'elle portait dans une corbeille. Elle s'asseyait sur l'herbe dans un en-

droit solitaire, mais qui fut bientôt connu; et là elle donnait à téter à son royal enfant. Madame eut la curiosité de la voir, et se rendit un jour à la manufacture de Sèvres avec moi, sans me rien dire. Quand elle eut acheté quelques tasses, elle me dit : « Il faut que j'aille promener au bois de Boulogne, » et donna l'ordre pour arrêter où elle voulait pour mettre pied à terre. Elle était très-bien instruite ; elle approcha du lieu ; elle me donna le bras, se cacha dans ses coiffes, et mit son mouchoir sur le bas de son visage. Nous nous promenâmes quelques momens dans un sentier d'où nous pouvions voir la dame allaitant son enfant. Ses cheveux d'un noir de jais, étaient retroussés avec un peigne orné de quelques diamans. Elle nous regarda fixement, et Madame la salua ; et me poussant par le coude, elle me dit : « Parlez-lui. » Je m'avançai et lui dis : « Voilà un bien » bel enfant. — Oui, dit-elle, je peux en convenir, quoique je » sois sa mère. » — Madame, qui me tenait sous le bras, tremblait, et je n'étais pas trop rassurée. — Mademoiselle Romans me dit : « Êtes-vous des environs ? — Madame, lui dis-je, je de-» meure à Auteuil avec cette dame, qui souffre en ce moment » d'un mal de dents cruel. — Je la plains fort, car je connais ce » mal qui m'a bien souvent tourmentée. » Je regardais de tous côtés, dans la crainte qu'il ne survînt quelqu'un qui nous reconnût. Je m'enhardis à lui demander si le père était un bel homme. « Très-beau, me dit-elle, et si je vous le nommais, vous diriez » comme moi. — J'ai donc l'honneur de le connaître, Madame? » — Cela est très-vraisemblable. » Madame, craignant comme moi quelque rencontre, balbutia quelques mots d'excuse de l'avoir interrompue, et nous prîmes congé. Nous regardâmes derrière nous, à plusieurs reprises, pour voir si l'on ne nous suivait pas ; et nous regagnâmes la voiture sans être aperçues. — « Il faut convenir que la mère et l'enfant sont de belles créa-» tures, dit Madame, sans oublier le père. L'enfant a ses yeux. » Si le roi était venu pendant que nous étions là, croyez-vous » qu'il nous eût reconnues? — Je n'en doute pas, Madame; » et dans quel embarras j'aurais été, et quelle scène pour les

» assistans, de nous voir toutes deux; mais quelle surprise » pour elle! » Madame fit présent le soir au roi des tasses qu'elle avait achetées, et ne dit pas qu'elle s'était promenée, dans la crainte que le roi, en voyant mademoiselle Romans, ne lui dit que des dames de sa connaissance étaient venues un tel jour. Madame de Mirepoix dit à Madame: « Soyez persuadée que le » roi se soucie fort peu de ses enfans naturels; il en a assez, » et ne voudrait pas s'embarrasser de la mère et du fils. Voyez » comme il s'occupe du comte du Luc qui lui ressemble d'une » manière frappante? Il n'en parle jamais, et je suis sûre qu'il » ne fera rien pour lui. Encore une fois, nous ne sommes pas » sous Louis le XIV. » C'est ainsi que s'expriment les Anglais. Elle avait été ambassadrice à Londres. » (*Journal de madame du Hausset.*)

« MADAME me fit appeler un jour et entrer dans son cabinet où était le roi qui se promenait d'un air sérieux. « Il faut, me » dit-elle, que vous alliez passer quelques jours à l'avenue de » Saint-Cloud, dans une maison où je vous ferai conduire: » vous trouverez là une jeune personne prête à accoucher. » Le roi ne disait rien, et j'étais muette d'étonnement. « Vous » serez la maîtresse de la maison et vous présiderez, comme » une déesse de la fable, à l'accouchement. On a besoin de » vous pour que tout se passe suivant la volonté du roi et se- » crètement. Vous assisterez au baptême et indiquerez les » noms du père et de la mère. » Le roi se mit à rire et dit: *Le père est un très-honnête homme.* Madame ajouta: *Aimé de tout le monde et adoré de tous ceux qui le connaissent.* Madame s'avança vers une petite armoire, en tira une petite boîte qu'elle ouvrit; elle en sortit une aigrette de diamans, en disant au roi: « Je n'ai pas voulu, et pour cause, qu'elle fût plus belle. — » Elle l'est encore trop, » et il embrassa Madame en disant: *Que vous êtes bonne!* Elle pleura d'attendrissement, et mettant la main sur le cœur du roi: « C'est-là que j'en veux, » dit-elle. Les larmes vinrent aussi aux yeux du roi, et je me mis aussi à

pleurer sans trop savoir pourquoi. Ensuite le roi me dit :
« Guimard vous verra tous les jours pour vous aider et vous con-
» seiller; et au grand moment, vous le ferez avertir de se rendre
» auprès de vous. Mais nous ne parlons pas du parrain et de la
» marraine; vous les annoncerez comme devant arriver, et un
» moment après, vous aurez l'air de recevoir une lettre qui
» vous apprendra qu'ils ne peuvent venir. Alors vous ferez
» semblant d'être embarrassée, et Guimard dira : Il n'y a qu'à
» prendre le premier venu, et vous prendrez la servante de la
» maison et un pauvre ou porteur de chaises, et vous ne leur
» donnerez que douze francs pour ne pas attirer l'attention. —
» Un louis, ajouta Madame, pour ne pas faire d'effet dans un
» autre sens. — C'est vous qui êtes cause de mes économies
» dans certaines circonstances, dit le roi. Vous souvenez-vous
» du fiacre? Je voulais lui donner un louis, et le duc d'Ayen
» me dit : Vous vous ferez reconnaître, et je lui fis donner un
» écu de six francs. » — Il allait raconter l'histoire; Madame
lui fit signe de se taire, et il eut bien de la peine à se contenir.
Elle m'a dit depuis que le roi, dans le temps des fêtes pour le
mariage de monseigneur le dauphin, avait été la voir à Paris,
en fiacre, chez sa mère. Le cocher ne voulait pas avancer, et le
roi voulait lui donner un louis. « La police en sera instruite de-
» main, dit le duc d'Ayen, et les espions feront des recherches
» qui nous feront peut-être reconnaître. »

« Guimard, dit le roi, vous dira le nom du père et de la
» mère; il assistera à la cérémonie qui doit être le soir, et il
» donnera les dragées. Il est bien juste que vous ayez les
» vôtres; » et il tira cinquante louis qu'il me remit avec cette
mine gracieuse qu'il savait prendre dans l'occasion, et que
n'avait personne autre que lui dans son royaume. Je lui baisai
la main en pleurant. — « Vous aurez soin de l'accouchée, n'est-
» ce pas? C'est une très-bonne enfant qui n'a pas inventé la
» poudre; et je m'en fie à vous pour la discrétion. Mon chan-
» celier vous dira le reste, » dit-il en se tournant vers Madame;
et il sortit. « Eh bien, comment trouvez-vous mon rôle? dit-

» elle. — D'une femme supérieure et d'une excellente amie, lui
» dis-je. — C'est à son cœur que j'en veux, me dit-elle, et
» toutes ces petites filles qui n'ont point d'éducation, ne me
» l'enlèveront pas. Je ne serais pas aussi tranquille, si je voyais
» quelque jolie femme de la cour et de la ville tenter sa con-
» quête. » Je demandai à Madame si la jeune personne savait que
c'était le roi qui était le père. « Je ne le crois pas, dit-elle ; mais
» comme il a paru aimer celle-ci, on a craint qu'on ne se soit
» trop empressé de le lui apprendre. Sans cela on voulait insi-
» nuer à tout le monde, dit-elle en levant les épaules, que le
» père est un seigneur polonais, parent de la reine, et qui a un
» appartement au château. Cela a été imaginé, à cause du
» cordon bleu que le roi n'a pas souvent le temps de quitter
» parce qu'il faudrait changer d'habit, et donner pour raison
» du logement qu'il a au château si près du roi. » C'étaient
deux petites chambres du côté de la chapelle, où le roi se
rendait de son appartement, sans être vu de qui que ce soit,
sinon d'une sentinelle qui avait ses ordres et qui ne savait pas qui
passait par cet endroit. Le roi allait quelquefois au Parc-aux-
Cerfs ou recevait ces demoiselles dans l'appartement dont j'ai
parlé.

» Madame me dit : « Tenez compagnie à l'accouchée pour
» empêcher qu'aucun étranger ne lui parle, pas même les gens
» de la maison. Vous direz toujours que c'est un seigneur po-
» lonais, fort riche, et qui se cache à cause de la reine qui est
» fort dévote. Vous trouverez dans la maison une nourrice à
» qui l'enfant sera remis, et tout le reste regarde Guimard.
» Vous irez à l'église comme témoin, et il faudra faire les choses
» comme le ferait un bon bourgeois. On croit que la demoi-
» selle accouchera dans cinq ou six jours. Vous dînerez avec
» elle et vous ne la quitterez pas jusqu'au moment où elle sera
» en état de retourner au Parc-aux-Cerfs ; ce qui, je suppose,
» sera dans une quinzaine de jours, sans qu'elle coure aucun
» risque. » Je me rendis le soir même à l'avenue de Saint-Cloud,
où je trouvai l'abbesse et Guimard, garçon du château, mais

sans habit bleu ; il y avait de plus une garde, une nourrice, deux vieux domestiques, et une fille, moitié servante, moitié femme de chambre. La jeune fille était de la plus jolie figure, mise fort élégamment, mais sans rien de trop marquant. Je soupai avec elle et avec la gouvernante qui s'appelait madame Bertrand. J'avais remis l'aigrette de Madame avant le souper, ce qui avait causé la plus grande joie à la demoiselle, et elle fut fort gaie. Madame Bertrand avait été femme de charge chez M. Le Bel, premier valet de chambre du roi qui l'appelait Dominique, et elle était son confidentissime. La demoiselle causa avec nous après souper, et me parut fort naïve. Le lendemain j'eus avec elle une conversation particulière et elle me dit : « Comment se porte M. le comte? (c'était le roi qu'elle appelait » ainsi); il sera bien fâché de n'être pas auprès de moi, » me dit-elle, « mais il a été obligé de faire un assez long voyage. » Je fus de son avis. « C'est un bien bel homme, » ajouta-t-elle, « et il m'aime de tout son cœur; il m'a promis des rentes, mais » je l'aime sans intérêt, et s'il voulait je le suivrais dans sa » Pologne. » Elle me parla ensuite de ses parens et de M. Le Bel qu'elle connaissait sous le nom de Durand. « Ma mère, » me dit-elle, « était une grosse épicière droguiste, et mon père » n'était pas un homme de rien : il était des six corps, et c'est, » comme tout le monde le sait, ce qu'il y a de mieux ; enfin il » avait pensé deux fois être échevin. » Sa mère avait, après la mort de son père, essuyé des banqueroutes, mais M. le comte était venu à son secours, et lui avait donné un contrat de quinze cents livres de rentes et six mille francs d'argent comptant. Six jours après elle accoucha ; et on lui dit, suivant mes instructions, que c'était une fille, quoique ce fût un garçon; et bientôt après, on devait lui dire que son enfant était mort, pour qu'il ne restât aucune trace de son existence pendant un certain temps; ensuite on le remettait à la mère. Le roi donnait dix à douze mille livres de rentes à chacun de ses enfans. Ils héritaient les uns des autres à mesure qu'il en mourait ; et il y en avait déjà sept ou huit de morts. Je revins trouver Madame à qui j'avais écrit tous les jours par Guimard. Le lendemain, le roi me fit dire d'entrer; il ne me dit pas une parole sur ce que j'avais fait, mais me remit une tabatière fort grande où étaient deux rouleaux de vingt-cinq louis chacun. Je fis ma révérence et je m'en allai. Madame me fit beaucoup de questions sur la demoiselle, et riait beaucoup de ses naïvetés et de tout ce qu'elle m'avait dit du seigneur polonais. « Il est dégoûté de la princesse, » et je crois qu'il partira dans deux jours pour toujours pour » sa Pologne. — Et la demoiselle? lui dis-je. — On la mariera » en province avec une dot de quarante mille écus au plus et » quelques diamans. » Cette petite aventure, qui me mettait dans la confidence du roi, loin de me procurer plus de marques de bonté de sa part, sembla le refroidir pour moi, parce qu'il était honteux que je fusse instruite de ses amours obscures. Il était aussi embarrassé des services que lui rendait Madame. »

(*Journal de madame du Hausset.*)

« PARMI les demoiselles d'un âge tendre, dont le roi s'est amusé après ou pendant la faveur de madame de Pompadour, on distingue aussi mademoiselle Tiercelin, à qui le prince ordonna de prendre le nom de madame de Bonneval, le jour même qu'elle lui fut présentée. Le roi avait aperçu le premier cette enfant, qui n'avait encore que neuf ans, gardée par sa bonne dans le jardin des Tuileries, un jour qu'il était venu en cérémonie dans sa bonne ville de Paris; et le soir ayant parlé à Le Bel de la beauté de cette enfant, le serviteur s'adressa à M. de Sartine, pour découvrir ce qu'était devenu un joli petit minois de neuf ans, beau comme l'amour, et gardé par sa bonne dans le jardin des Tuileries, le jour que le roi était venu à Paris. Ce M. de Sartine est un personnage très-habile dans son métier; il mit tant de monde en campagne, que, de bonne en bonne, on parvint à retrouver celle qui avait plu au roi : la figure angélique de cette enfant le fit découvrir, et quelques louis suffirent pour l'acheter de la bonne. C'est la fille de

M. Tiercelin, homme de qualité, qui n'a pas enduré avec patience un affront de cette nature; il a été obligé de se taire, car on lui a dit qu'il avait perdu son enfant, et qu'il en devait faire le sacrifice pour son profit, à moins qu'il ne voulût perdre la liberté.

» Mademoiselle Tiercelin, étant devenue madame de Bonneval, fut introduite sous ce nom dans les petits appartemens à Versailles pour les amusemens du roi. Comme elle était très-follette de son naturel, elle ne l'aimait pas. *Tu es un laid*, lui disait-elle, jetant par les fenêtres les bijoux et les diamans que le roi lui donnait. C'est de cet enfant et de son père, aussi peu dangereux l'un que l'autre, que M. le duc de Choiseul a eu la faiblesse de se montrer jaloux. On lui a dit que le roi de Prusse, lassé de madame de Pompadour, travaillait en secret à faire de mademoiselle Tiercelin une maîtresse déclarée: le roi a réellement beaucoup de faiblesses pour elle. On a ajouté à ce ministre que le père Tiercelin s'occupait avec beaucoup de moyens de cette intrigue étrangère. Le père et la fille, en conséquence, ont été renfermés séparément à la Bastille. » (*Anecdotes du règne de Louis XV*, par Soulavie.)

Note (D), *page* 37.

« Louis XV avait conduit les mœurs nationales à un tel état de désordre, qu'il n'avait point d'exemple dans nos annales. On racontait cent aventures de maris qui avaient surpris leurs femmes dans un libertinage furtif et nocturne. Tout ce qu'il y avait à Paris d'honnête et de décent applaudit au jeune d'Aguesseau de Fresnes, qui déjoua une fois le crime parvenu au dernier degré d'audace. Les fameuses Gourdan, Brisson et Montigny, voulant séparer une jeune et jolie femme de son mari, délivrèrent des certificats qui constataient qu'elles l'avaient reçue chez elles. Le descendant du grand d'Aguesseau, indigné de la témérité du vice qui trafiquait de sa puissance, au point de disposer de la réputation d'autrui, bien ou mal méritée, demanda l'exécution des lois contre la prostitution publique. On s'attendait tous les jours à voir les trois dames précitées condamnées aux peines portées par nos lois anciennes. Le libertinage du siècle était plus puissant. » (*Mém. hist. du règne de Louis XVI,* par Soulavie, tome VI.)

Note (E), page 46.

« L'hermitage de madame de Pompadour avait été bâti depuis quelques années aux frais du Trésor royal, pour servir aux menus-plaisirs du roi et de sa favorite. Le peuple, dont elle était haïe et méprisée, en voyant bâtir cette habitation, en avait murmuré très-hautement. Le bâtiment et le jardin occupaient une très-grande place dans le parc de Versailles, sur la route de Saint-Germain ; et le peuple n'a jamais enduré avec patience qu'on diminuât le local de ses promenades ou de ses plaisirs. On n'a pas dit que le roi fût instruit des vues et des soins officieux de madame de Pompadour : le roi toutefois ne pouvait guère présumer que sa favorite ignorât les détails d'une liaison qui était connue de toute la cour (avec une jeune personne qui n'est pas nommée dans l'ouvrage); mais il lui sut gré d'avoir cherché à l'obliger de si bonne grâce, et des formes de sa délicatesse et de sa prudence, en sorte qu'à mesure que le roi perdait ses inclinations sensuelles pour madame de Pompadour, son amitié pour elle semblait en augmenter. Il accepta donc la restitution de l'*Hermitage* avec d'autant plus d'empressement, qu'il n'y avait dans les environs aucun local propre à remplir ses vues sur mademoiselle de ***.

» Telle fut l'origine du fameux *Parc-aux-Cerfs.*

» L'imagination ne peut se représenter rien de si agréable que la petite maison de madame de Pompadour. L'artiste qui avait présidé à son embellissement, en avait conservé l'air champêtre et les agrémens qu'elle tenait de la nature. Au dehors elle ressemblait en quelque sorte à la maison d'un fermier. L'intérieur était d'un goût exquis, analogue à l'oisiveté et aux plaisirs sensuels d'un grand monarque.

» Si le château de Versailles présente ce qu'exigent l'éclat et la majesté d'un roi de France, l'Hermitage offrait tous les détails de sa destination. Les meubles des chambres étaient de fine perse; des paysages, de jeunes amans, des Tircis, des bergères, un vieil hermite et divers autres objets analogues, peints par les premiers peintres de Paris, en étaient les ornemens.

» Les jardins n'avaient pas le ton monotone et symétrique des parcs des maisons royales, dessinés par le Nôtre. Une longue ligne droite, et le sentiment qu'elle inspire, ne plait pas à des amans. Des allées tortueuses, des bosquets, sont favorables aux rêveries solitaires et à l'amour. On voyait dans les jardins de l'Hermitage un bosquet de roses, au milieu duquel s'élevait un Adonis de marbre blanc. On admirait les berceaux de myrtes et de jasmins, les pièces d'eau, les terrasses et les allées de verdure dessinées dans le dernier goût.

» C'est dans cette maison que madame de Pompadour s'était déjà perfectionnée dans l'art de la galanterie. Si le roi lui donnait des rendez-vous, elle prenait les devants, et Louis la surprenait déguisée, tantôt en petite laitière, tantôt en sœur grise, d'autres fois en abbesse ou en servante aux vaches, offrant au roi du lait tout chaud.

» Elle s'habillait un jour en jardinière ou en paysanne; un autre jour en bergère : tant était devenu difficile l'art de distraire un roi dévoré de mélancolie. L'amusement d'un prince de ce caractère était devenu la partie la plus difficile de l'emploi de la favorite.

» Mademoiselle de ***, ayant succédé à madame de Pompadour dans ce délicieux séjour, fixa, pendant quelques mois, l'attention et le goût du monarque. Elle avait de la vivacité dans l'esprit et dans les manières; elle montrait de la facilité à tout saisir et comprendre. Le roi lui rendait des visites très-fréquentes; mais sa vie était très-retirée, et peu de dames de la cour avaient accès auprès d'elle.

» Un jour mademoiselle de *** dit au roi avec un sourire moqueur : *A quel terme en êtes-vous donc maintenant avec la vieille coquette ?* Le roi, bien persuadé qu'elle n'avait pas fait une pareille question de son propre mouvement, se crut outragé, fronça le sourcil, se mordit les lèvres, et fixant avec sévérité mademoiselle de ***, lui ordonna de lui dire sur-le-champ qui l'avait incitée à lui tenir ce propos.

» Mademoiselle de *** effrayée nomma madame la maréchale d'Estrées. Cette dame avait vécu long-temps dans la plus intime liaison avec madame de Pompadour, mais l'amitié respective des femmes est de sa nature peu solide : des brouilleries les détruisirent ; et le roi ayant appris que madame d'Estrées voulait commencer une intrigue pour perdre madame de Pompadour, odieuse à toute la cour de France et à la nation, ordonna à madame d'Estrées de se retirer dans une de ses terres.

» Quant à mademoiselle de ***, le roi lui était trop attaché pour ne pas pardonner à son inexpérience. Il continua ses habitudes avec elle jusqu'à ce qu'elle le rendît père d'un enfant. Il la maria à un gentilhomme, avec lequel elle vécut honnêtement. » (*Anecdotes du règne de Louis XV*, par Soulavie.)

Note (F), *page* 49.

« Un jour le maître (le roi) entra tout échauffé ; je me retirai, mais j'écoutai dans mon poste. « Qu'avez-vous, lui dit Madame ?
» — Ces grandes robes et le clergé, répondit-il, sont toujours
» aux couteaux tirés : ils me désolent par leurs querelles ; mais
» je déteste bien plus les grandes robes. Mon clergé, au fond,
» m'est attaché et fidèle ; les autres voudraient me mettre en
» tutelle. — La fermeté, lui dit Madame, peut seule les réduire.
» — Robert de Saint-Vincent est un boute-feu que je voudrais
» pouvoir exiler ; mais ce sera un train terrible. D'un autre côté
» l'archevêque est une tête de fer qui cherche querelle. Heureu-
» sement qu'il y en a quelques-uns dans le parlement sur qui
» je puis compter, et qui font semblant d'être bien méchans,

» mais qui savent se radoucir à propos. Il m'en coûte pour cela
» quelques abbayes, quelques pensions secrètes. Il y a un cer-
» tain *** qui me sert assez bien, tout en paraissant un enragé.
» — J'en sais des nouvelles, Sire, dit Madame; il m'a écrit hier,
» prétendant avoir avec moi une parenté, et il m'a demandé un
» rendez-vous. — Et bien, dit le maître, voyez-le et laissez-le
» venir; ce sera un prétexte pour lui accorder quelque chose
» s'il se conduit bien. »

» M. de Gontaut entra, et voyant qu'on parlait sérieusement,
ne dit rien. Le roi se promenait agité; puis tout d'un coup il
dit : « Le régent a eu bien tort de leur rendre le droit de faire
» des remontrances; ils finiront par perdre l'État. — Ah! Sire,
» dit M. de Gontaut, il est bien fort pour que de petits robins
» puissent l'ébranler. — Vous ne savez pas ce qu'ils font et ce
» qu'ils pensent, reprit le roi; c'est une assemblée de républi-
» cains! En voilà au reste assez; les choses, comme elles sont,
» dureront autant que moi. Causez-en un peu, Madame,
» dimanche avec M. Berrier. » (*Journal de madame du Hausset.*)

Note (G), page 50.

Opinion et témoignage du maréchal de Richelieu, consignés dans une note de lui, remise à Mirabeau, auteur de l'ouvrage intitulé : Mémoires du duc d'Aiguillon *sur la mort de M. le dauphin, père de Louis XVI.*

« M. le dauphin, ce digne prince, si peu connu pendant trente-cinq ans de sa vie, et qui aurait tant mérité de l'être, cet excellent fils d'un si bon père, avait vécu fort retiré dans les temps des troubles causés par l'empire des maîtresses; empire qu'il blâmait en silence, mais que son respect pour son roi ne lui permettait pas d'examiner.

» Depuis la mort de madame de Pompadour, voyant son père entièrement livré à ses enfans, et passant sa vie avec eux, il avait cru pouvoir développer davantage les sentimens dont son cœur était rempli.

» Le camp de Compiègne parut lui donner une nouvelle existence. Ce prince, aussi affable que vertueux, visitait les soldats, les secourait, *leur présentait sa femme,* les appelait *mes camarades et mes amis*, et causait parmi eux une ivresse universelle qui allait jusqu'au délire.

» Mais comme ce n'était ni l'intention, ni l'intérêt du ministre prépondérant, que le crédit de M. le dauphin augmentât à un tel point, que le roi ne pût lui refuser le degré de confiance qu'il méritait, c'est-à-dire sa confiance entière, M. de Choiseul ne fut pas long-temps à se débarrasser d'un tel concurrent. On sait quelle fut la maladie et la mort du meilleur des princes. Vingt fois il m'a dit ce qui la lui causait, les profonds calculs de son ennemi M. le duc de Choiseul. Mais il est inutile de s'appesantir ici sur des détails qui ne doivent point entrer dans le sujet que je traite. »

Anecdotes relatives à la mort de LOUIS, *dauphin de France, par M. d'Angerville.*

« A peu près dans le temps de la mort de madame de Pompadour, on s'aperçut que M. le dauphin, qui jusque-là jouissait d'une santé florissante, commençait à dépérir. Il perdit insensiblement son embonpoint; la fraîcheur de son teint s'altéra, et la pâleur effaça le bel incarnat de ses joues. On ne put dissimuler qu'une langueur secrète le consumait; on en chercha la cause, et chacun forma ses conjectures. On a prétendu que ce prince avait voulu faire passer une dartre dont l'humeur, répercutée sans précaution, s'était jetée sur la poitrine. Mais madame la dauphine n'ayant point fait part de cette anecdote au rédacteur des Mémoires de la vie de son auguste époux, on doit la regarder comme controuvée. Il est plus vraisemblable, suivant ce qu'elle en fait indiquer par l'historien, que le chagrin des maux de la religion, et surtout la destruction des jésuites, fut le principe de son mal. Quoi qu'il en soit, après avoir donné une lueur d'espérance par l'usage du raisin auquel il s'était mis pour toute nourriture, ce prince, s'étant fatigué à Compiègne aux exercices du camp qu'il aimait, il lui survint un gros rhume, et l'on ne tarda pas à s'apercevoir que sa poitrine était affectée. Il ne voulut rien déranger, ni au retour de ce voyage, ni à celui de Fontainebleau, dont il ne fut pas possible de le ramener. Le roi se conduisit à son égard comme il avait fait à l'égard de madame de Pompadour, et ne manqua à rien à l'extérieur. Il eut la complaisance de rester en ce lieu très-triste et très-malsain jusqu'au moment de la mort de son fils. Mais on calculait les derniers instans, et il en résulta, pour l'auguste moribond, un spectacle affreux que la religion seule lui adoucit. Il voyait de son lit tout ce qui se passait dans la cour du château, et cela faisait quelquefois distraction à ses souffrances. Comme il approchait de sa fin, et que le départ était fixé à l'instant où il expirerait, chacun s'empressait de se préparer, afin de prévenir la débâcle de toute la cour, qui devait être considérable. Le prince mourant remarqua les paquets qu'on jetait par les fenêtres, et qu'on chargeait sur les voitures. Il dit à La Breuille, son médecin, qui voulait lui éloigner encore l'idée du fatal moment et relever son espoir : *Il faut bien mourir, car j'impatiente trop de monde.*

» Le roi avait chargé le grand-aumônier de ne pas quitter son fils pendant son agonie, et de recevoir son ame. Dès que S. A. R. vit le prélat reparaître chez elle, elle jugea que c'en était fait. Prenant son parti sur-le-champ, le roi envoie chercher le duc de Berri, l'aîné des enfans de France, et, après lui avoir adressé un discours relatif aux circonstances, le conduit chez son auguste mère. En entrant le monarque dit à l'huissier : *Annoncez le roi et M. le dauphin.* La princesse sentit ce que signifiait ce nouveau cérémonial; elle se jeta aux pieds du roi, et lui demanda ses bontés pour elle et ses enfans. »

Réfutation des opinions antérieures relatives aux causes de la mort du dauphin de France, de la dauphine, de la reine et de madame de Pompadour, par M. d'Angerville, *auteur de la Vie privée de Louis XV.*

« Nous n'ignorons pas les bruits qu'on a fait courir sur la plupart de ces morts successives, toutes extraordinaires, quoique toutes différentes, toutes lentes, toutes prévues, toutes fixées à des époques certaines, déterminées et périodiques en quelque sorte; mais nous les regardons comme le fruit uniquement de l'imagination exaltée de quelques politiques avides d'anecdotes romanesques, et croyant les forfaits les plus périlleux aussi aisés à exécuter qu'à concevoir. Ces bruits ont pris leur source dans une première supposition que l'assassinat de Louis XV était le résultat d'un complot profond. Et comme le crime ignoré doit toujours s'attribuer à celui qui en recueille le fruit, on avait porté l'horreur jusqu'à soupçonner l'héritier présomptif du trône. Malheureusement, ou plutôt heureusement, ce qui commence à mettre en défaut les combinaisons de ces scrutateurs sinistres, c'est que madame de Pompadour se trouva la première dans la chaîne des victimes; c'est qu'on ne peut croire raisonnablement que la même main qui aurait empoisonné cette favorite, eût empoisonné le dauphin, madame la dauphine, la reine; c'est qu'alors il faut admettre à la cour deux sectes d'empoisonneurs, qui, luttant tour à tour l'une contre l'autre, se seraient exercées à l'envi à commettre des atrocités, et l'auraient fait sans autre fruit que l'impunité; tandis que le roi, du moins par son silence, autorisant ces exécrables jeux, aurait joui du plaisir barbare de voir immoler autour de lui les personnes les plus chères, spectacle qui, par sa longueur et l'effroi qu'il répandait, à moins de donner à Louis XV le cœur d'un Néron ou la dissimulation d'un Tibère, aurait été un supplice perpétuel pour lui, un supplice insoutenable, même pour le plus affreux scélérat. Telles sont les contradictions, les absurdités, les conséquences abominables qu'entraînerait l'admission d'un fait, sans lequel cependant les autres sont invraisemblables et s'écroulent. Il y a toute apparence que, s'il y a eu des assassins, ce sont les médecins. » (*Mém. hist. et politiq. du règne de Louis XVI*, par Soulavie, tome I.)

Note (H), *page* 53.

« Après les premiers momens que la nature abandonne à la douleur, madame la dauphine voulut s'occuper sérieusement de la tâche qu'elle s'était imposée. Elle avait soigneusement recueilli tous les manuscrits, les extraits, les notes de son époux, surtout ceux que ce bon prince avait étiquetés de sa main : *Papiers pour l'instruction de mon fils de Berri*. Madame la dauphine, qui les appelait son trésor, fit choix de plusieurs personnes pour les mettre en ordre. Son confesseur, l'abbé Collet, qui l'avait été de son mari, lui donna un de ses amis pour être à la tête de ce travail; et l'on dressa, en peu de temps, un plan d'éducation méthodique, dont les manuscrits originaux de M. le dauphin formaient la base.

» Les cahiers étaient remis successivement à madame la dauphine, à mesure qu'on les composait. Elle avait chargé un nommé *Pomiez*, aujourd'hui secrétaire de M. le comte de Lusace, de les prendre chaque semaine et de les lui remettre en mains propres, avec la défense la plus expresse d'en parler à qui que ce soit, parce qu'elle voulait en prévenir elle-même le duc de La Vauguyon qu'elle regardait comme incapable, et cependant à qui elle ne voulait pas déplaire. Mais elle avait résolu de ne lui en parler qu'au moment où elle entamerait ce nouveau plan d'éducation qu'elle commencerait à exécuter aux fêtes de Noël 1766, parce que l'année de deuil expirait alors, et qu'il ne fallait certainement pas moins de temps pour se familiariser avec un genre de travail, qui, jusqu'alors, lui avait été absolument étranger.

» Cette mère tendre se faisait dans cette occupation un devoir sacré et un plaisir qu'on ne peut exprimer. Elle apprenait par cœur presque tous les cahiers destinés à ses enfans. Sa mémoire avait été exercée de tous temps ; elle savait assez bien le latin et était familière avec Horace. Chaque jour l'abbé Collet lui faisait répéter sa leçon d'éducation dans son oratoire. Cette princesse, qui avait du talent naturel, de l'esprit, de l'énergie et infiniment de caractère, ne se lassait de rien. A mesure que cette veuve infortunée avançait dans une lecture où les extraits de M. le dauphin étaient disséminés avec art, elle versait des torrens de larmes. On peut, sur cette simple ébauche, deviner quelle influence une telle éducation aurait eue sur de jeunes cœurs bien nés et guidés sans relâche par la meilleure des mères. Quelle différence d'une pareille institutrice aux éducateurs ordinaires ! Combien des leçons si touchantes doivent être mieux accueillies que ces documens arides qui, le plus souvent, dégoûtent à jamais du travail auquel ils prétendent accoutumer.

» Madame la dauphine ne se bornait point à ces occupations relatives à l'éducation de son fils aîné ; elle pensait à elle-même; elle pensait au bien de l'État. Elle avait un homme de confiance qui l'instruisait par écrit chaque semaine *de ce qu'il fallait qu'elle fît :* c'étaient ses propres expressions. *Pomiez* était chargé de lui remettre tout à elle seule. Elle avouait que le roi lui parlait de beaucoup de choses, et l'évêque de Verdun, Nicolaï, lui conseillait bien de tout écouter.

» Cet évêque allait être premier aumônier de madame la dauphine. Caractère ardent, ambitieux, factieux même, c'était lui qui, en qualité d'agent du clergé, fit cette réponse à M. de Machault, contrôleur-général... *Vous sonnez le tocsin*, lui disait le ministre. — *Oui, Monseigneur, quand vous mettez le feu partout...* Ce mot, dit en pleine audience, était vigoureux. On agitait alors la fameuse question des immunités du clergé, à l'occasion de laquelle Silhouette fit son livre : *Ne repugnate vestro bono !*

» Tel était l'état des choses en 1766, lorsque la cour se transporta à Compiègne. Madame la dauphine n'avait point encore usé de la permission que le roi lui avait donnée de conserver son rang à la cour ; elle avait voulu laisser écouler les six premiers mois de grand deuil ; mais le jour de Saint-Jacques, elle parut et tint désormais la cour les jours de chasse. Alors se déploya, dans quelques occasions, la vigueur de son caractère. Un jour, entre autres, qu'on lui servit deux œufs qui, avec le lait qu'elle prenait à la rigueur, formaient son dîner, l'un de ces œufs se trouva couvé. Elle se tourna du côté de M. Du Muy, son maître-d'hôtel, et lui dit ces mots : « Voyez, Monsieur, comme l'on me sert, » mais d'un ton si fier, qu'on en parla tout le voyage. On n'était plus accoutumé à entendre ces phrases des maîtres, qui tuent les hommes quand elles sont appliquées à propos. La vue de ce poulet formé fit horreur à la princesse ; il lui prit une quinte violente qui devint la ressource des partis furieux qui lui étaient opposés. »

On trouve dans le même ouvrage les détails suivans sur le caractère et les penchans que montrait Louis XVI dans sa jeunesse.

« Le dauphin de France, fils de Louis XV, avait présidé pendant plusieurs années à l'éducation de ses trois fils, du duc de Berri, depuis Louis XVI, du comte de Provence et du comte d'Artois.

» Le duc de Berri avait un maintien austère, sérieux, réservé et souvent brusque, sans goût pour le jeu, les spectacles et les plaisirs, véridique et jamais menteur, s'occupant à copier, et dans la suite à composer des cartes de géographie et à limer du fer.

» M. le dauphin avait témoigné à cet enfant un sentiment de prédilection qui excita la jalousie des autres. Madame Adélaïde qui l'aimait tendrement, lui disait en plaisantant pour vaincre sa timidité : *Parle donc à ton aise, Berri ; crie, gronde, fais du tintamarre comme ton frère d'Artois ; casse et brise mes porcelaines, fais parler de toi.* Le jeune duc de Berri, toujours plus silencieux, ne pouvait sortir de son caractère. » (*Mém. hist. et polit. du règne de Louis XVI*, par Soulavie, tome II.)

Note (I), *page* 60.

« En 1750 madame de Pompadour fut à l'Opéra, et put s'apercevoir de l'opinion que le public avait déjà conçue de sa personne.

» Vis-à-vis d'elle était son mari, M. Le Normand d'Étioles, et pourrait-on s'imaginer qui réunit les suffrages, ou de la favorite du roi ou du......? Ce ne fut pas celle qui voit à ses genoux les grands, les prélats, les ambassadeurs, les généraux et cette suite de ministres qu'elle élève ou qu'elle humilie ; ce fut le bonhomme d'Étioles qui fut l'objet des transports. Ah! le pauvre cher homme, comme il a été décontenancé! Je l'ai beaucoup étudié, beaucoup lorgné dans cette circonstance ; il a pâli, il a rougi et rembruni d'une réception à laquelle il n'avait pas droit de s'attendre.

» Comme la marquise était de mon côté à sa loge, et comme personne n'a avoué sa mine, et ne s'est avancé pour la fixer, j'ai interrogé plusieurs personnes des loges opposées qui ont pu l'observer.

» Madame de Pompadour a eu un front d'airain : tout ce que l'on a cru observer, c'est qu'elle s'est mordu la lèvre supérieure et fort long-temps. Elle a soutenu l'insulte comme elle aurait soutenu une belle harangue ou bien une longue flatterie.

» Depuis cet événement, madame la marquise n'a pas manqué de faire dire à son mari qu'elle se trouverait à telle pièce, à tel concert, à tel lieu ; c'est l'ordre tacite et convenu de ne pas s'y trouver lui-même, pour éviter des inconvéniens de cette nature. Le bonhomme d'Étioles s'y soumet à cause de Louis XV : cependant quand il exige que sa femme emploie sa faveur dans une affaire, ce qui est extraordinairement rare et toujours d'une indispensable justice, ou quand il veut l'empêcher de faire une opération qui n'est pas dans l'ordre, relativement aux intérêts de la famille, il dit à l'abbé Bayle

qui est leur intermédiaire : « Dites à ma femme que j'irai au
» château, que je l'ai résolu, et que je ferai retentir les voûtes
» et les plafonds de l'équité des choses que je demande et
» que j'exige. »

» C'est ensuite le prince de Soubise qui arrange tout. Le pauvre d'Étioles ne savait pas au commencement comment il l'appellerait.

» *Mademoiselle Poisson ?* Elle était son épouse légitime : il en avait eu un enfant, et elle n'était pas demoiselle quoiqu'elle ne fût plus sa femme.

» *Madame d'Étioles ?* Elle avait puni au commencement un imprudent qui avait négligé de la nommer suivant sa nouvelle qualification.

» *Ma femme ?* Cette qualité fut réservée à M. Le Normant d'Étioles pour les occasions d'une menace. Elle voulait ravoir un jour le superbe portrait par La Tour, qu'il avait encore d'elle. « Allez dire à ma femme de venir le reprendre elle-
» même, » lui fit-il dire par l'abbé Bayle. Cet abbé m'a appris d'autres traits et circonstances que j'ai consacrés dans ce recueil. » (*Anecdotes du règne de Louis XV*, publiées par Soulavie.)

Note (J), page 61.

« MADAME éprouvait beaucoup de tribulations au milieu de toutes ses grandeurs. On lui écrivait souvent des lettres anonymes où on la menaçait de l'empoisonner, de l'assassiner; et ce qui l'affectait le plus, c'était la crainte d'être supplantée par une rivale. Je ne l'ai jamais vue dans un plus grand chagrin qu'un soir, au retour du salon de Marly. Elle jeta, en rentrant, son manteau avec dépit, son manchon, et se déshabilla avec une vivacité extrême; ensuite, renvoyant ses autres femmes, elle me dit à leur sortie : « Je ne crois pas
» qu'il y ait rien de plus insolent que cette C***. Je me suis
» trouvée au jeu à une table de brelan avec elle, et vous ne

» pouvez vous imaginer ce que j'ai souffert. Les hommes et
» les femmes semblaient se relayer pour nous examiner.
» Madame de C*** a dit deux ou trois fois en me regardant :
» *Va tout*, de la manière la plus insultante, et j'ai cru me
» trouver mal quand elle a dit d'un air triomphant : J'ai
» *brelan de rois*. Je voudrais que vous eussiez vu sa révérence
» en me quittant. — Et le roi, lui dis-je, lui a-t-il fait ses
» belles mines?— Vous ne le connaissez pas, la bonne;.... s'il
» devait la mettre ce soir dans mon appartement, il la trai-
» terait froidement devant le monde et me traiterait avec la
» plus grande amitié. Telle a été son éducation, car il est bon
» par lui-même et ouvert. » — Les alarmes de Madame durèrent quelques mois, et Madame me dit un jour : « Cette
» superbe marquise a manqué son coup ; elle a effrayé le roi
» par ses grands airs, et n'a cessé de lui demander de l'ar-
» gent; et vous ne savez pas que le roi signerait pour un
» million, et donnerait à peine cent louis sur son petit
» trésor.

» Lebel, qui m'aime mieux qu'une nouvelle à ma place, soit
» par hasard ou par projet, a fait venir au Parc-aux-Cerfs une
» petite sultane charmante qui a refroidi un peu le roi pour
» l'altière *Vasti*, en l'occupant vivement. On a donné à ******
» des diamans, cent mille francs et un domaine. Jeannel (in-
» tendant des postes) m'a rendu, dans cette circonstance, de
» grands services, en montrant au roi les extraits de la poste
» sur le bruit que faisait la faveur de madame de C***. Le
» roi a été frappé d'une lettre d'un vieux conseiller au par-
» lement, du parti du roi, qui mande à un de ses amis : *Il*
» *est juste que le maître ait une amie, une confidente, comme*
» *nous tous, tant que nous sommes, quand cela nous convient;*
» *mais il est à désirer qu'il garde celle qu'il a : elle est douce, ne*
» *fait de mal à personne, et sa fortune est faite. Celle dont on*
» *parle aura toute la superbe que peut donner une grande nais-*
» *sance. Il faudra lui donner un million par an, parce qu'elle*
» *est, à ce qu'on dit, très-dépensière, et veut faire ducs, gou-*

» verneurs de province, maréchaux, ses parens qui finiront par
» environner le roi, et faire trembler ses ministres. »

» Madame avait l'extrait de cette lettre que lui avait remis M. Jeannel qui avait toute la confiance du roi. Il n'avait pas manqué d'examiner attentivement la mine que le maître avait faite en lisant cette lettre, et il vit qu'il avait senti la vérité des raisonnemens du conseiller, qui n'était point frondeur. Madame me dit quelque temps après : « La fière marquise s'est
» conduite comme mademoiselle Deschamps; et elle est *écon-*
» *duite.* » (*Journal de madame du Hausset.*)

Note (K), page 63.

« La correspondance secrète, dit Soulavie, occupe le roi dont l'apathie augmente avec les années. Madame de Pompadour travaille d'une autre manière, dans ces circonstances, à égayer le roi dans sa mélancolie. David adoucissait les fureurs de Saül avec sa musique; madame de Pompadour en a imaginé une pour relever Louis XV de sa misanthropie. Pendant la semaine sainte, madame de Pompadour invitait le roi, depuis plusieurs années, à venir dans ses appartemens assister à des concerts spirituels qu'elle lui donnait. Dans les grands motets, on entendait des voix choisies parmi les plus grands talens de la capitale, jointes aux musiciens du théâtre des petits cabinets. Madame de Pompadour, madame de l'Hôpital, mademoiselle Fel, M. d'Ayen fils, Jelyotte, célèbres musiciens, M. le vicomte de Rohan, madame de La Salle, chantaient : on y distinguait madame Marchais qui était de toutes ces parties. » (*Anecdotes du règne de Louis XVI*, T. II.)

Madame de Pompadour jouait aussi la comédie, mais avec moins de succès, si l'on en juge par ce passage des Mémoires de Collé.

« Le mercredi, 27 janvier 1751, madame de Pompadour représenta à Bellevue, devant le roi, *l'Homme de fortune*, comédie en cinq actes et en vers, de M. La Chaussée.

» Suivant ce que l'on m'en a dit, et ce que j'en ai ouï dire à La Chaussée lui-même, cette pièce n'a pas trop réussi : les acteurs ne savaient pas leur rôle. Le duc de Chartres n'était pas sûr du sien ; la tête tourna au duc de La Vallière; la mémoire de la marquise travailla aussi : bref, tous ces honnêtes comédiens n'étaient pas, à beaucoup près, aussi fermes sur leurs étriers qu'ils auraient dû l'être, pour soutenir une pièce qui n'est pas trop bonne par elle-même, à ce qu'on dit, et qui aurait, au contraire, un grand besoin du prestige de la représentation.

» On ne conçoit pas quelle a été la fureur de madame de Pompadour, de jouer cette comédie où je sais qu'il y a des traits dont on n'a pas manqué de faire des applications, du moins pendant qu'on la répétait. On a pourtant retranché des vers tels que celui-ci :

Vous fille, femme et sœur de bourgeois, quelle horreur!

» Ce vers était dans le rôle du duc de Chartres. Il a été supprimé, ainsi que quelques endroits qui attaquaient l'injustice des fortunes faites par la voie de finance.

» Mais on y a laissé une scène de généalogiste qui s'engage de faire descendre un bon bourgeois qui a acquis et qui porte le nom d'une terre titrée, de seigneurs à qui cette terre appartenait autrefois. » (*Journal de Ch. Collé.*)

On sent quels avantages devaient donner à la favorite des talens qui rehaussaient ses charmes. Nous placerons ici deux portraits de madame de Pompadour, d'autant plus curieux, quoique assez mal écrits, que l'un la représente dans tout l'éclat de sa beauté, et l'autre lorsque les soucis, les chagrins et des infirmités prématurées avaient déjà terni sa fraîcheur.

Portraits de madame de Pompadour.

« Lorsque madame d'Étioles eut réussi à fixer l'attention du monarque sur elle, on pouvait la citer encore comme une des plus belles femmes de la capitale, et peut-être comme la plus belle. Il y avait dans l'ensemble de sa physionomie un tel mélange de vivacité et de tendresse ; elle était si bien tout à la fois ce qu'on appelle une jolie femme et une belle femme, que la réunion de ces qualités opposées dans le physique et dans le moral, en avait fait une sorte de phénomène.

» Ce n'est pas tant de la charpente de son visage que je veux parler, que de l'usage qu'elle savait en faire, et de la mobilité de ses traits et affections.

» Cette femme avait si bien étudié sa figure, qu'elle lui donnait les moralités et le physique que lui dictaient les circonstances. Elle se composait à volonté telle ou telle figure.

» Voulait-elle en imposer au roi ; elle se donnait les formes de la beauté, en observant uniquement le calme convenable et la représentation paisible et posée de son visage, et ce calme était nécessaire au développement des belles formes qu'elle réunissait, et qui étaient en très-grand nombre.

» Voulait-elle relever le ton imposant, calme et représentatif par quelque séduction ; elle avait recours à la mobilité étonnante de ses yeux et de sa physionomie, et à ces mouvemens naturels que les bons connaisseurs appellent de la vivacité ; et cette addition donnait un nouveau prix à la beauté de sa divine figure.

» Madame de Pompadour était ainsi une belle femme tout simplement et à volonté ; ou belle et vive tout ensemble ou alternativement, ce qui provenait des leçons que sa mère lui a fait donner par des comédiens, par des courtisanes célèbres, par des prédicateurs, par des avocats. Cette femme diabolique avait été chercher, dans tous les arts qui exigent une grande physionomie et une physionomie variée, des leçons particulières pour faire véritablement de sa fille un *morceau de roi*, un morceau qui subjuguât un prince faible; pour en faire enfin une femme si séduisante, que, sans le vouloir, elle avait rendu, dans sa jeunesse, son mari éperduement amoureux de sa personne, comme, en le voulant, elle inspira depuis au roi les mêmes sentimens.

» Outre tous ces agrémens d'une belle figure, et d'une figure pleine de vivacité, madame de Pompadour possédait encore, au suprême degré, l'art de se donner un autre genre de figure ; et cette nouvelle composition, également savante, était un autre résultat des études qu'elle avait faites des rapports de ses moralités et de son ame avec sa physionomie.

» Ce ton langoureux et sentimental qui plait à tant d'individus, ou qui plait au moins dans beaucoup de circonstances à tous les hommes sans exception, madame de Pompadour savait le créer, le manier et le reproduire au besoin ; au point qu'elle avait ce qu'on a le moins à la cour, et ce que l'Écriture appelle le *don des larmes*; mais ce don, la dame ne l'avait dans le fond que comme les comédiens habiles en présence d'un public observateur de l'impression qu'ils éprouvent. Louis XV, à cet égard, était le public de madame de Pompadour. Comment donc pouvait résister à l'empire d'une telle comédienne un roi nul et apathique, quand cette femme dangereuse était, suivant les circonstances, ou même à son gré, belle et jolie tout à la fois, ou bien belle et jolie d'une part, et en même temps remarquable par ses vivacités ou ses langueurs? Ces différens caractères étaient, au besoin, les variétés de son visage : elle était à volonté superbe, impérieuse, calme, friponne, lutine, sensée, curieuse, attentive, suivant qu'elle imprimait à ses regards, sur ses lèvres, sur son front, telle inflexion, ou tel mouvement, ou tel degré d'ouverture, si bien que, sans déranger l'attitude du corps, son pernicieux visage était un parfait Protée.

» Quel dommage qu'avec tant de beautés, il y eût au milieu de sa figure, et au centre de tant de physionomies différentes, un vice dégoûtant! Madame de Pompadour avait les lèvres pâles et flétries, défaut qui provenait de l'abus qu'elle avait fait de les mordre si souvent, qu'elle en avait rompu les veines imperceptibles, d'où résultait la couleur pisseuse et sale qui s'y plaçait quand elle ne les mordait pas, ou quand depuis long-temps elle ne les avait pas mordues.

» Tant qu'on a pu croire à la cour que madame de Pompadour avait des couleurs au visage, elle n'a pas pris du rouge apparent; elle s'est contentée d'une nuance; alors elle a eu la faiblesse de dire beaucoup de mal et du rouge et des dames de la cour qui s'enluminaient la mine. Ses yeux ont reçu d'ailleurs de la nature un ton de vivacité tel, qu'il semble qu'un corps s'en détache quand elle donne un coup-d'œil. Ses yeux sont châtains, ses dents très-belles, ainsi que ses mains. Quant à sa taille, elle est fine, bien coupée, de moyenne grandeur et sans aucun défaut. Elle sait si bien tout cela, qu'elle a grand soin de l'aider de tous les secours de l'art. Elle a inventé des *négligés* que la mode a adoptés, et qu'on appelle des robes à la Pompadour, et dont les formes sont telles, qu'elles ressemblent aux vestes à la turque, pressent le col et sont boutonnées au-dessous du poignet; elles sont adaptées à l'élévation de la gorge, et collent jusque sur les hanches; rendent sensibles toutes les beautés de la taille en paraissant vouloir les cacher. On sait d'ailleurs qu'elle se déguise en paysanne, en laitière, en religieuse, en sœur grise, en fermière, en jardinière, pour surprendre et agacer le roi.

» Quant aux habitudes, aux mouvemens, au port et à la contenance de son corps, comme dame de la reine, elle n'a jamais pu être, et ne sera jamais *qu'une grisette, car son ton est bourgeois*. M. de Maurepas le lui a fait dire; il a plus fait, il lui a dit dans ses chansons qu'elle a été élevée *à la grivoise*. Le roi, blessé de ses premières inconvenances, était obligé de dire à ses courtisans : « C'est une éducation à faire, je le sens bien; mais
» il me faut une femme, ne fût-ce que pour réprimer les in-
» trigantes; et dans une éducation toute faite, on ne trouve-
» rait pas les autres agrémens que j'ai aperçus. »

» On a su du roi et de M. Le Normant qu'elle avait des

audaces d'un autre caractère; mais comme je prends des mesures pour que ces anecdotes soient publiées quand il en sera temps, il est fort inutile pour le public d'entrer dans ces détails ; ils ne pourraient être utiles qu'aux *Bonneau* du roi.

» Quant aux affections de l'ame de la marquise, on sait que le présent l'occupe uniquement; l'avenir l'intéresse quelquefois très passionnément; mais comme elle ne croit pas à la vie future, elle se soucie fort peu de ce qu'on dira et de ce qu'on écrira après sa mort. Elle a un adage sans cesse à la bouche, c'est celui-ci : *Après nous le déluge*.

» Occupée du présent, affamée d'éloges, d'hommages, de respects vrais ou simulés, de soumissions naturelles ou forcées, elle se présente en conversation dans un salon de compagnie, ou en se plaçant à table, ou en arrivant dans un cercle, avec un ton imposant d'une femme exigeante qui semble vous dire en arrivant : *Me voici, c'est moi*. Voilà le portrait que j'en ai fait il y a douze ans.

» Voici celui que je fis en 1758, lorsqu'on lui donnait 37 ou 38 ans.

» Quelle décrépitude! quelle dégénération dans les formes! quelle saleté dans son visage! Elle se plaît à s'ensevelir habituellement sous une couche de blanc et de rouge; sa vivacité n'est plus qu'une grimace, une espèce de rire sardonique; et sa langueur primitive un abattement. Elle s'imagine, comme les dames de la cour, qu'avec une couche étincelante de rouge elle dénaturera les formes sillonnées de son visage; elle a encore de grands et beaux yeux, mais quels regards partent de ces deux voûtes! comme elle réunit tout ce qui est nécessaire pour paraître une méchante femme! L'extrême maigreur de madame de Pompadour, son teint plombé, gras, luisant et livide, furent des avis qu'elle reçut de la nature que la machine se décomposait. Elle fut dès-lors bien plus méchante, bien plus inquiète dans la société, et plus difficile dans le service et les hommages qu'elle recevait. Elle ne vint plus du tout à Paris; à la cour elle n'osa plus se montrer avec autant d'audace; elle se couvrit la figure de blanc, de rouge et de noir; l'étude de sa mine, de sa toilette, de son habillement, devint chaque jour et plus longue, et plus difficile, et plus compliquée. Elle vit venir de loin la maladie, et elle ne trouva rien, ni dans sa raison, ni dans son esprit, qui la portât à la résignation. » (*Anecdotes du règne de Louis XV*, publiées par Soulavie.)

Note (L), page 82.

« JAMAIS reine ne jouit de plus d'estime sur le trône, et ne sut mieux se concilier l'affection de sa cour et le respect de ses sujets. Quoiqu'elle n'aimât pas à représenter, le goût du roi pour la chasse et les petits voyages la mettait souvent dans la nécessité de le faire. Elle tenait alors la cour; elle recevait les ambassadeurs, les grands du royaume et les étrangers, avec un ton d'aisance et un air de satisfaction qui eussent fait croire qu'elle était flattée d'un cérémonial auquel elle ne se prêtait que par devoir, pour conserver les décences à la cour et faire plaisir au roi. La taille de la princesse, qui était au-dessous de la médiocre, ne la servait pas dans la représentation; mais ce désavantage était amplement compensé chez elle par tout le reste de son extérieur. Elle avait dans les manières cette dignité facile qui annonçait que le trône était sa place; cet air de majesté, tempéré par la douceur, qui avertissait de sa supériorité sans la faire craindre; noble simplicité, qui se communiquait sans s'abaisser, et qui obtenait d'autant plus de respect qu'elle paraissait en dispenser.

» Parmi les personnes qui pouvaient s'applaudir des relations que les emplois ou la naissance leur donnaient avec la reine, les princes et les princesses du sang avaient surtout à se louer des égards et des bontés qu'elle leur marquait. Elle leur avait voué à tous un véritable attachement. Elle fut toujours reconnaissante envers le duc de Bourbon qui avait le plus contribué à son mariage. Elle respectait, dans le duc d'Orléans, fils du régent, la vertu embellie par le savoir. Elle avait beaucoup d'amitié pour la feue princesse de Condé, pour la comtesse de Toulouse, pour le duc et la duchesse de Penthièvre.

» Dans ses audiences particulières, dont elle n'était point avare, quoiqu'elles fussent un exercice pour sa patience, elle écoutait avec attention ce qu'on avait à lui proposer. Elle encourageait la timidité, elle rassurait la crainte par des questions pleines de bonté. C'était sans le moindre embarras, comme naturellement et sans y penser, qu'elle embrassait les extrêmes, entretenant successivement de leurs affaires des personnes de tous les rangs et de toutes les professions. Elle disait à chacun ce qui lui convenait; et soit qu'elle accordât, qu'elle promît ou qu'elle fût obligée de refuser, on se retirait satisfait d'auprès d'elle.

» Pour répondre au continuel empressement qu'on avait de la voir, elle mangeait toujours en public. Pleine d'attachement pour les personnes qui se trouvaient présentes, si elle apercevait un inconnu, que le respect et la timidité tinssent à l'écart, elle prenait plaisir à le distinguer de la foule. Elle adressait la parole à beaucoup de monde pendant ses repas, et il ne sortait de sa bouche que des expressions obligeantes sans jamais employer ces formules vagues qui ne flattent personne parce qu'elles conviennent à tous : elle trouvait dans les circonstances le mot encourageant que le cœur sent, et que l'amour-propre s'empresse de publier....

» On connaissait trop bien la façon de penser de la reine, pour se permettre, en sa présence, aucun propos qui eût pu porter une atteinte directe à la religion ou aux mœurs; mais il arrivait souvent qu'elle entendît mettre en principes incontestables ces préjugés du monde, qui avoisinent de fort près les erreurs dangereuses. Alors elle ajoutait le correctif avec plus ou moins de ménagement pour les personnes, selon qu'elle les croyait inspirées par l'ignorance ou par la mauvaise foi. Elle se donnait quelquefois adroitement une distraction, pour avoir droit d'ignorer un propos qu'elle ne pouvait ni approuver décemment, ni relever sans trop humilier la personne à laquelle il avait échappé. D'autres fois, prévoyant qu'une phrase, que quelqu'un avait commencée, allait se terminer par une médisance ou une calomnie, elle prenait la parole pour amener un sens tout différent, brisant ainsi le trait avant qu'il eût fait sa blessure. C'était encore une vraie satisfaction pour elle, quand elle avait pu épargner à quelqu'un la plus légère indiscrétion de la langue; et sa présence d'esprit servait en cela merveilleusement son cœur. Le duc de Lorraine, obligé à faire hommage au roi de France du duché de Bar, vint à Versailles pour cette cérémonie, gardant le plus profond *incognito*, sous le nom de duc de *Blamont*. Un jour qu'il se trouvait au dîner de la reine, il entreprit un récit qui le conduisait, sans qu'il y songeât, à trahir son secret en nommant la ville de Nancy sa capitale. Il avait déjà dit : « Quand je fus arrivé à...... » lorsque la réflexion lui vint et l'obligea de s'arrêter. La reine, ne lui laissant que le temps de tousser, ajouta : « A Blamont, sans doute ? — Oui, » Madame ? » reprit le prince en continuant son récit....

» Quelquefois la princesse cherchait elle-même l'occasion de marquer aussi ses bontés aux personnes les plus simples. Charmée quand elle pouvait leur rendre quelque petit service, elle jouissait de tout le plaisir qu'elle leur procurait. Se trouvant un jour à Marly, dans la belle saison, elle voit passer sous sa fenêtre une fille de Saint-Vincent, elle l'appelle : « D'où venez-vous si » matin, ma sœur? — De Triel, Madame, lui répondit la reli- » gieuse sans la connaître. — Vous avez déjà bien fait du che- » min, vous en reste-t-il encore beaucoup à faire? — Je » comptais aller jusqu'à Versailles, mais peut-être ne passerai-je » pas Marly, parce que je vois que la cour y est. — Vous avez » donc aussi des affaires à la cour? — Mes affaires sont celles » de notre hôpital, qui est fort pauvre. J'ai ouï dire qu'on avait » confisqué des indiennes, et que M. le contrôleur-général en » faisait distribuer à des hôpitaux : je désirerais bien qu'on

» nous en donnât pour faire quelques lits à nos malades. Ce
» serait une fort bonne œuvre. — Seriez-vous bien aise que j'en
» parlasse au ministre? — Je n'aurais osé, Madame, prendre la
» liberté de vous en prier; mais votre recommandation fera
» sûrement plus que la mienne, et vous rendrez un grand ser-
» vice à nos pauvres. — Hé bien! comptez, ma sœur, que je
» n'oublierai pas l'hôpital de Triel. » La religieuse se retire pénétrée de reconnaissance pour l'aimable inconnue qui vient de
lui marquer tant de bonté; mais à peine a-t-elle fait quelques
pas, qu'elle se reproche de n'avoir pas cherché à connaître
son nom. Elle retourne vers la fenêtre, la reine y était encore :
« Pardonnez, Madame, lui dit-elle, à la curiosité qui me ra-
» mène; je voudrais bien savoir qui est la dame qui m'honore
» si généreusement de sa protection? » — La princesse, en lui
souriant d'un air plein de bonté, lui répond : « N'en dites rien,
» c'est la reine.... »

» La reine marquait la plus grande considération au maréchal de Saxe, qui, de son côté, lui faisait fort régulièrement sa
cour lorsqu'il était à Versailles. Elle eût désiré que ce digne
émule de Turenne l'eût imité jusque dans son retour à la religion de ses pères. Un jour que ce général prenait congé d'elle
pour aller commander nos armées, elle lui dit, en lui souhai-
tant d'heureux succès, qu'elle prierait Dieu et qu'elle le ferait
prier pour lui. « Ce que je demanderais au ciel, répondit le ma-
» réchal, ce serait de mourir, comme M. de Turenne, sur le
» champ de bataille. — De quelque manière que meure le ma-
» réchal de Saxe, reprit la reine, il ne peut que mourir couvert
» de gloire : mais, ce qui comblerait mes vœux, ce serait qu'au
» bout de sa longue et glorieuse carrière, il fût, comme Tu-
» renne, enterré à Saint-Denis. » Le comte de Saxe n'eut ni
l'espèce de gloire qu'il désirait, ni la gloire beaucoup plus précieuse que lui souhaitait la reine. Lorsque cette princesse apprit
sa mort, elle le plaignit, en s'écriant : « Qu'il est triste, et que
» l'on souffre de ne pouvoir dire un *De profundis* pour un
» homme qui nous a fait chanter tant de *Te Deum!* »

» La vie de la reine fournirait la matière d'un volume entier de ces sortes de traits, par lesquels elle énonçait, avec une ingénieuse précision, ce que sentait son cœur. Quelques-uns d'un autre genre, échappés à des circonstances particulières, annoncent qu'elle eût pu aussi manier le ridicule et divertir par la causticité, si la religion ne lui eût interdit l'usage de ces armes. Le cardinal de Fleury, pour se disculper auprès d'elle d'avoir si mal secondé le roi Stanislas au temps de sa seconde élection au trône de la Pologne, lui disait après le succès de la guerre occasionée par la première faute : « Croyez, Madame, que le » trône de Lorraine vaut mieux pour le roi votre père, que » celui de Pologne. — Oui, répondit la reine, à peu près comme » un tapis de gazon vaut mieux qu'une cascade de marbre. » Il faut observer, pour sentir le sel de cette réponse, que le cardinal, pour épargner une dépense d'entretien de mille écus, faisait à cette époque, substituer un gazon à la magnifique cascade du parc de Marly, l'admiration des curieux et des étrangers. Une de ses dames du palais, qui se flattait que son inconduite était encore un mystère pour la princesse, lui demandait, sous un vain prétexte, la permission d'aller dans une maison de plaisance où était le roi : la reine lui répondit : « Vous êtes la » maîtresse. » La dame voulut bien prendre l'équivoque du bon côté; mais le courtisan inscrivit l'épigramme sur ses tablettes....

» Ennemie des cabales et des intrigues de cour, sans ambition et sans favoris qui en eussent pour elle, la reine était cependant animée du zèle, et l'on pourrait dire de la passion du bien public. Elle ne songeait point à gouverner et à s'attirer l'autorité; mais elle désirait que l'arbitre et les ministres du pouvoir ne l'exerçassent que pour faire triompher la justice et rendre les hommes heureux. Elle ne se mêlait pas de décider quand une guerre était légitime et inévitable; mais elle ne craignait pas de dire au roi, dans l'occasion, et de rappeler à ses ministres que les guerres les plus justes sont toujours à redouter, et que les plus heureuses sont encore des fléaux pour les peuples. Elle n'allait pas au-devant du roi pour lui suggérer ses idées; mais, lorsque ce prince paraissait désirer ses conseils, elle ne lui en donnait que d'utiles à sa gloire et au bien de son royaume. C'est ainsi, par exemple, qu'elle l'exhorta plus d'une fois à être plus décisif dans son conseil; qu'elle lui fit remarquer que de grandes affaires avaient échoué, parce que, se défiant trop de ses lumières, il avait préféré les vues particulières de gens qui le trompaient, à son propre jugement qui lui disait vrai. Louis XV, dans une occasion, lui parlait avec complaisance du succès qu'avait eu un acte d'autorité qu'il venait d'exercer: « Je n'en suis pas surprise, lui dit la reine: un roi n'est-il pas » sûr de se faire aimer et d'être obéi quand il parle en roi, et » qu'il agit en père?.... »

» Mais tout le bien qu'elle provoquait autour d'elle et celui qu'elle voyait en espérance dans l'héritier du trône, ne la consolaient point des maux de la religion, qui prenaient de jour en jour un caractère plus effrayant. Un des événemens qui affligèrent le plus sa piété pendant son séjour en France, ce fut la destruction des jésuites. Elle avait toujours singulièrement affectionné ces religieux. Ils n'eussent été que malheureux, qu'elle se serait efforcée de les secourir: mais elle les croyait encore, comme le dauphin son fils, utiles à la religion et nécessaires à l'éducation chrétienne de la jeunesse dans nos provinces. Aussi épuisa-t-elle tous les moyens humains pour conjurer l'orage qui les menaçait. Plus active à les servir que M. de Beaumont lui-même, elle eût voulu que ce prélat eût publié plus tôt la lettre pastorale qu'il donna pour leur justification, pièce la plus propre à démontrer leur innocence à tout tribunal où leurs ennemis n'auraient pas siégé comme juges. Dans le temps que cette affaire s'agitait, elle fit un jour appeler le duc de Choiseul, et lui dit: « Vous savez, Monsieur, que je ne me mêle » point d'affaires, et que je ne vous importune pas par mes de» mandes; c'est ce qui me donne la confiance que vous ne me » refuserez pas une chose que je crois bien juste, et à laquelle » est attaché le bonheur de ma vie: promettez-moi que l'affaire » des jésuites n'ira pas jusqu'à leur destruction. — Sa Majesté,

» répond le ministre, me demande un miracle. — Hé bien, pour-
» suit la reine, faites ce miracle, et vous êtes mon saint. » Le
miracle ne se fit point, et le duc, trop favorable au philoso-
phisme pour avoir jamais été le saint de la reine, le fut encore
moins depuis ce temps-là.....

» La seule ressource qui restât à la reine, dans la douleur de
ne pouvoir épargner aux jésuites le sort que leur avaient préparé les manœuvres concertées du vice et de l'impiété, fut de travailler à leur en adoucir la rigueur. Placés par leurs persécuteurs
entre le crime de l'apostasie et le plus cruel exil, tous ces religieux optèrent pour ce dernier parti : la reine obtint des passages
gratuits sur les vaisseaux du roi pour ceux d'entre eux qui dé-
sirèrent de se rendre dans les pays infidèles en qualité de mis-
sionnaires. Elle en adressa un très-grand nombre au roi Stanislas
qui les accueillit dans la Lorraine. Elle intéressa en leur faveur
toutes les personnes aisées de sa connaissance. Elle mit à con-
tribution la famille royale, et Louis XV lui-même, qui leur
payait régulièrement une pension de trente mille livres sur sa
cassette. De son côté, après avoir épuisé tous ses moyens, et
voyant qu'il restait encore des besoins à plusieurs de ces infortunés proscrits, elle emprunta, elle fit vendre ses bijoux, pour
procurer un viatique et des voitures à ceux à qui leur grand âge
ou des infirmités rendaient ce secours nécessaire pour gagner la
terre de leur exil. A la mort du roi de Pologne, la reine con-
jura Louis XV de conserver aux jésuites leur existence dans la
Lorraine, au moins tant qu'elle vécut; et ce prince, malgré le
vœu contraire des ennemis de sa gloire, prit sur lui d'accorder
cette satisfaction à sa vertueuse épouse.

» Jamais la reine n'avait voulu renoncer à l'espérance du rétablissement des jésuites en France, et toute sa vie, elle se flatta
que quelque heureuse circonstance pourrait le déterminer. Au
moins ne pouvait-elle douter que le premier acte de justice de
son fils, s'il fût monté sur le trône, n'eût été leur rappel. Un
jour qu'elle était occupée de la broderie d'un riche ornement
d'église, le P. Griffet qu'elle estimait pour son savoir et sa piété,

se présenta à son audience. « Tenez, père, lui dit-elle, voici
» une chasuble que je destine à la première de vos maisons qui
» sera rétablie.—Cela étant, Madame, répond le jésuite, Votre
» Majesté pourrait se contenter d'en faire un point par jour.
» —J'espère mieux que vous, poursuit la reine ; je verrai ce
» que je désire, je dirai mon *Nunc dimittis*, et je mourrai de
joie..... »

» Après la gloire de Dieu, ce qui touchait le plus la reine de
France, c'était le bonheur des peuples. Toutes ses vues se portaient à leur faire du bien, et toute sa conduite tendait à leur
soulagement : les exemples du roi son père parlaient sans cesse
à son cœur. Elle le disait quelquefois : « Qu'elle eût voulu pou-
» voir reproduire en France tous les monumens de charité dont
» il couvrait la Lorraine. » Protectrice généreuse de tous ceux
qui étaient dans le besoin, elle les accueillait avec bonté : son
crédit et ses richesses étaient leur patrimoine. Jamais elle ne
détourna ses regards de dessus les malheureux qui s'attachaient
en foule à ses pas. S'ils se présentaient sur son passage, elle les
écoutait ; s'ils lui remettaient des mémoires et des placets, elle
les recevait, les faisait examiner et les examinait elle-même.
C'était toujours elle qui, la première à la cour, entendait ces
cris de l'indigence et du malheur, qui s'élèveraient en vain du
fond des provinces, s'ils n'étaient portés par la bienveillance
jusqu'à l'oreille des rois..... »

« Quoique dans l'âge encore qui rend plus excusables les dépenses de fantaisie, d'un sexe auquel on les pardonne assez volontiers, et surtout d'un rang où les profusions passent pour
des bienséances, la reine, modérée dans tous ses goûts, ne
paraissait occupée que des besoins du pauvre peuple. « Il vaut
mieux, disait-elle un jour, écouter ceux qui nous crient de
loin : *Soulagez notre misère*, que ceux qui nous disent à l'oreille :
Augmentez notre fortune. » Elle eut le courage, et c'en est
un d'un grand mérite pour une reine, de supporter quelquefois le sérieux de certains visages mécontens, et d'entendre dire
autour d'elle qu'elle était peu généreuse. Mais ce reproche de

la cupidité fut pour elle un reproche honorable, et la postérité la louera d'avoir dit plus d'une fois à d'avides courtisans : « Les » trésors de l'État ne sont pas nos trésors ; il ne nous est pas » permis de divertir en largesses arbitraires des sommes exigées » par deniers du pauvre et de l'artisan. » (*Vie de Marie Leckzinska*, par l'abbé Proyart.)

Note (M), *page* 92.

« Louis XVI goûta beaucoup les premiers entretiens du comte de Maurepas qui cherchait à lui plaire, en lui racontant des anecdotes sentimentales sur le dauphin, son père, pour lequel Louis XVI était pénétré de vénération. Maurepas confirma le roi dans la croyance que le duc de Choiseul avait hâté la mort du feu dauphin, et ne cessa de le maintenir dans la résolution d'éloigner à jamais le duc de la cour, et surtout du ministère. Il présentait, dans des mémoires manuscrits et dans ses conversations intimes, le duc de Choiseul comme un dissipateur des deniers de l'État, qui, pour se former en France un parti inattaquable, avait prodigué plus de douze millions de pensions, accordées inutilement à des gens sans autre mérite que celui d'être protégés par la maison de Choiseul.

» Maurepas fit un jour dresser le tableau des grâces accordées à toutes les maisons qui portaient le nom de Choiseul, et démontra qu'aucune autre famille en France ne coûtait le quart de ce qu'avait envahi celle de ce ministre. Ainsi, à mesure que la reine tourmentait Louis XVI pour rappeler Choiseul à la cour, M. de Maurepas, travaillant en sens contraire, le faisait détester du prince. Sa haine pour M. de Choiseul l'avait élevé en place, la même haine l'y conserva. De-là les premières animosités de Marie-Antoinette contre M. de Maurepas. Elle avait résolu de tout faire en France pour rappeler au gouvernement l'ami de sa maison et l'auteur de son mariage.

» Les autres ministres travaillaient dans le même sens que M. de Maurepas. Celui-ci se servait adroitement de l'abbé Terray pour noircir le duc de Choiseul, avant qu'il le précipitât lui-même du ministère des finances. Après l'abbé Terray, Turgot, qui avait du duc la même opinion, continua à en médire dans ses entretiens particuliers et ses travaux avec le roi. Le chancelier Maupeou, coupable envers le duc d'une partie de ce qu'il avait fait contre lui, s'unissait à ce parti. On allait jusqu'à dire que Marie-Antoinette était fille du duc de Choiseul, et on calculait les mois et les jours de grossesse de Marie-Thérèse. On citait l'époque de l'ambassade du duc à Vienne, pour donner quelque vraisemblance à cette opinion que les seules dates contrariaient. Vergennes se trouvait l'ennemi de la diplomatie autrichienne. La Vrillière, qui avait exécuté les ordres du roi en l'exilant à Chanteloup, après avoir intrigué avec d'Aiguillon et madame Du Barry, y travailla autant que le pouvait un homme qui avait perdu son crédit et sa considération. Dans la famille royale les trois tantes du roi ne visaient qu'au même but. Ainsi, de quelque côté que Louis XVI se tournât, il ne trouvait que des ennemis implacables du nom de Choiseul, à l'exception de la reine, pleine de dépit de voir cette multiplicité d'oppositions à ses premiers penchans. » (*Mém. historiques et politiques du règne de Louis XVI*, par Soulavie, tom. II.)

Note (N), *page* 94.

« M. DE VERGENNES, président du conseil des finances, place lucrative et honorifique plutôt qu'administrative, était à peine instruit de l'existence d'un déficit secret que M. de Calonne portait à cent millions, qu'il prévit les réclamations, les éclats et le ressentiment de toute la France, lorsque la nécessité fatale arriverait de manifester cette plaie de l'État pour la guérir. Il aperçut de loin le parti que l'Angleterre tirerait alors de notre situation. La France, ayant surpris l'Angleterre dans le cruel embarras des insurrections coloniales, avait changé des rebelles en peuple souverain. Que ne ferait pas l'Angleterre dans l'intérieur de la France, quand tous les ordres de l'État se soulèveraient contre le déficit annuel de plus de cent millions, dilapidés par une cour que la procédure du collier jetait dans une espèce d'avilissement? M. Necker, dans un compte rendu, avait assuré, cinq ans auparavant, que la recette était supérieure à la dépense de plusieurs millions; et maintenant M. de Calonne trouvait un déficit de cent millions. A quoi attribuer ce déficit? Aux cinq dernières années? On ne pouvait ainsi accuser la cour sans l'avilir. Aux années antérieures? On ne pouvait assaillir la grande réputation de M. Necker. Quel parti ne devait pas tirer l'Angleterre de cette position embarrassante!

» On se ressouvint, dans cette circonstance, que la France et l'Angleterre s'étaient promis, à la fin de 1783, de négocier un traité. M. de Calonne et M. de Vergennes concoururent à le rendre favorable à la nation britannique, et, par leur calcul, nos manufactures furent sacrifiées. Pendant les douze années que devait durer le traité, l'Angleterre satisfaite devait jouir d'un bénéfice immense et s'occuper de rétablir ses propres finances. Ce traité, qui souleva tous les esprits, fut signé le 26 septembre 1786, sous le ministère de M. Pitt, victorieux de M. Fox, récemment sorti du ministère; et la résolution de convoquer les notables fut prise dans le conseil, à Versailles, le 29 décembre.

» Je n'entrerai pas dans le détail des reproches que la nation a faits à ce traité; il n'existe plus. J'observerai que les négocians anglais, pour nous donner le goût de leurs marchandises, de leurs poteries, par exemple, portèrent leurs spéculations au point de les donner, au-dessous de leur valeur, à crédit et à longs termes. Nous avons tous vu les poteries anglaises devenir, dans l'espace d'un mois, à la mode sur les tables les plus distinguées. Nous fûmes les témoins des banqueroutes de plusieurs manufactures françaises intéressantes. » (*Mém. hist. du règne de Louis XVI*, par Soulavie, tom. VI.)

Note (O), page 115.

« LE roi ayant acquis le château de Rambouillet, du duc de Penthièvre, se plut à y faire divers embellissemens. J'ai vu un registre, tout écrit de sa main, qui prouve des connaissances infinies de détail. Dans ses comptes, il insérait un article d'un écu, de quinze sous. Les chiffres et les caractères de son écriture, quand il voulait écrire bien lisiblement, sont mignons et très-jolis; les lettres sont bien formées; mais le plus souvent il écrivait fort mal. Il épargnait le papier à un tel point, qu'il en sous-divisait une feuille en huit, en six, en quatre morceaux, suivant la longueur de ce qu'il avait à écrire. Il paraissait regretter en écrivant de perdre du papier; vers les approches de la fin de la page, il serrait les lettres, évitait les interlignes. Les derniers mots touchaient la fin et la coupure du papier; il semblait avoir regret de commencer une autre page. Il avait un esprit méthodique et analytique; il divisait ses compositions en chapitres et en sections : il avait extrait des œuvres de Nicole et de Fénélon, ses auteurs chéris, trois ou quatre cents phrases concises et sentencieuses; il les avait classées par ordre de matières, et il en avait formé un second ouvrage dans le goût et suivant les formes de Montesquieu; il avait donné pour titre général à ce traité : *De la monarchie tempérée*, avec des chapitres intitulés : *De la personne du prince. De l'autorité des corps dans l'État. Du caractère de l'exécution de la monarchie*. S'il avait pu exécuter tout ce qu'il avait aperçu de beau et de grand dans Fénélon, Louis XVI eût été un monarque accompli; la France eût été une monarchie puissante.

» Le roi acceptait de ses ministres les discours qu'ils lui présentaient pour les prononcer dans des occasions d'éclat; mais il les corrigeait, il y mettait des nuances, il effaçait, il ajoutait et communiquait quelquefois l'ouvrage à son épouse. Dans ce travail, on voit qu'il cherchait le mot propre et qu'il le trouvait. Le mot du ministre, effacé par le roi, était parfois inconvenant, provenant de la passion du ministre; mais le mot du roi était toujours le mot naturel. On eût dit qu'il fallait être roi pour le trouver, tant il paraissait convenable. Il a composé lui-même trois fois et plus souvent ses fameuses réponses aux parlemens qu'il exilait. Mais dans ses lettres familières il était négligé et toujours incorrect.

La simplicité de l'expression était le caractère du style du roi; le style figuré de M. Necker ne lui plaisait pas; les sarcasmes de Maurepas le blessaient. Dans cette foule de vues, qui se trouvent dans un carton rempli de projets, on lit de sa main : *Cela ne vaut rien;* dans d'autres, il prévoyait l'avenir. L'infortuné! il avait prévu dans ses notices que, si tel malheur arrivait, la monarchie était perdue; et le lendemain, il consentait dans son conseil l'opération qu'il avait condamnée la veille, et qui le rapprochait du précipice. » (*Mém. hist. et politiq. du règne de Louis XVI*, par Soulavie, tom. II.)

Note (P), *page* 121.

« Ce système monstrueux fut appelé *constitution*, et ce que la postérité aura peine à croire, c'est que tous les partis vinrent s'y rallier. Nous l'avons dit, et d'autres l'ont répété avant nous, les hommes se laissent bien plus conduire par les mots que par les choses. Cette constitution reçut le nom de *monarchie démocratique,* ou de *démocratie royale*. Il n'en fallait pas davantage. Tous les aristocrates vinrent se ranger sous les étendards de la monarchie, et tous les démocrates sous ceux de la démocratie. Voilà l'une des raisons de ce phénomène. Ajoutez-y qu'au moyen de ces deux dénominations bizarres et incohérentes, cette constitution se pliait à toutes les passions, flattait tous les partis et leur laissait à tous des espérances.

» La France entière devint constitutionnelle : on n'y eut plus à la bouche que le mot *constitution*. Le peuple, la bourgeoisie se livrèrent à la joie la plus immodérée. Non-seulement le plus grand nombre des Français, plus honnêtes qu'éclairés, crurent de bonne foi cette constitution praticable, mais ils la regardaient comme la plus sublime des institutions politiques.

» Derrière les constitutionnels se cachaient trois partis : le plus odieux, dans son but, travaillait au retour du despotisme; le plus inconséquent cherchait, après avoir détruit la noblesse, à la ressusciter par l'introduction d'une chambre haute, et le plus fidèle aux principes, les vrais jacobins voulaient la république démocratique.

» Ici, dans l'ombre du mystère et sous des formes variées et changeantes, commence, entre tous ces partis, une lutte violée et un jeu secret d'intrigues et de factions, auprès duquel toutes les factions qui ont agité les empires et désolé la terre ne sont que des jeux d'enfans. Ici les factions se combinent, se compliquent, s'entrelacent en telle sorte qu'elles forment un labyrinthe, et que l'historien qui voudra un jour les décrire et suivre leurs sinuosités, fût-il aidé du fil même d'Ariane, aura bien de la peine à en sortir. Signalons d'abord les *aristocrates* et *démocrates* : c'est la division la plus générale. Sous la première dénomination rangeons les *monarchistes*, les *royalistes* ou les *amis du roi*, et les *ennemis de l'égalité*; sous la seconde les *patriotes* et les *amis du peuple et de l'égalité*. Entre ces deux classes flottent sans plan et sans système les *impartiaux* et les *indépendans*. Remarquons cependant qu'*aristocrate* et *démocrate* se prennent en plusieurs sens et reçoivent les acceptions les plus opposées. Un démocrate est royaliste, un monarchiste est démocrate, parce qu'ils sont également constitutionnels, et que la constitution favorise ces contre-sens. Ce n'est pas tout : les jacobins sont censés les plus ardens amis de la liberté du peuple et de l'égalité. Personne, à cet égard, ne veut rester en arrière : on se dispute la popularité, puisqu'elle est la route nouvelle que la révolution ouvre à la fortune, au pouvoir et à la renommée. Tous veulent donc être jacobins. Tous les constitutionnels vont aux jacobins et se disent jacobins. Ainsi, pendant un temps, la France entière est jacobine, excepté le côté droit de l'Assemblée constituante, qui se contente d'être constitutionnel, sans être jacobin.

» Cet état de choses subsiste tant que les jacobins sont constitutionnels et royalistes; mais, bientôt, le roi, prisonnier dans ses propres États, privé seul de la liberté dont jouit à l'excès le reste de la France, cherche à briser ses chaînes. Il s'enfuit à Varennes; on lui en fait un crime. Les jacobins cessent de feindre et se prononcent hautement pour une république démocratique. Ils placardent tous les murs de Paris de leurs vociférations contre les monarchies, les rois et les tyrans. Ils veulent que le roi soit jugé, déposé. Ils se rassemblent au Champ-de-Mars pour exprimer leur vœu, et reçoivent la mort, au pied de l'autel de la patrie, des mains de la garde nationale docile aux ordres de son maire et de son commandant.

» Cette expédition sanglante est le signal d'une division entre les jacobins. Le plus grand nombre se déclare pour la constitution et pour le roi, et se retire aux Feuillans pour y tenir ses séances, d'où il emprunte son nouveau nom de *feuillant*. Le peuple suit ses chefs, il est *feuillant*. La Fayette et Bailly sont les idoles du moment : le schisme sert la cour. La constitution est de nouveau revue, examinée, soustraite à l'influence des jacobins, *la révision* donne à l'autorité du roi une grande extension. Si le schisme a laissé apercevoir les partisans de la république démocratique, il a dévoilé de même les partisans du pouvoir arbitraire, et comme les Feuillans se trouvent placés entre ces deux extrêmes, également anticonstitutionnels, ils en reçoivent le nom de *modérés*.

» La cour déteste également et *modérés* et *jacobins*, et peut-être voit-elle des ennemis plus dangereux dans le parti de la modération qui peut affermir le système, que dans celui des excès bien plus propre à le ruiner. Marat paraît gagné par elle; il insulte à La Fayette qui maintient l'ordre dans Paris. Il ne prêche qu'insurrection et massacre, et par-là semble bien moins *ami du peuple* (titre de son journal à deux sous), que le pensionné de la cour et des puissances étrangères.

» Les jacobins ont pris le dessus. Le peuple des sections de Paris est revenu à eux. La minorité de la noblesse, qui, à la tête des constitutionnels, dominait la première assemblée, devenant chaque jour un peu plus nulle, s'aperçoit, mais trop tard, de ses fautes et de ses imprudences. Elle cherche à revenir en arrière, se ligue avec la cour qu'elle a persécutée, et n'est plus dans la seconde assemblée, dite législative, qu'une faction qui lui est dévouée. Les jacobins s'y sont introduits en grand nombre; ils y combattent sous les drapeaux de Brissot, Condorcet, Gensonné et Vergniaud. Les constitutionnels ont pour chefs, Vaublanc, Ramond, Dumas. Ils avaient naguère fondé de grandes espérances sur la constitution; ils la conservent encore, mais dans un sens tout opposé. Leur espoir aujourd'hui est de la détruire par elle-même; et pour cet effet ils se pressent autour de la constitution. Ils en demandent à grands cris la littérale exécution : c'est que les pouvoirs qu'elle a remis aux mains du roi, sont tels qu'ils l'ont placé au-dessus et l'en rendent le maître. Tous les partis sont donc d'accord en ce point, qu'aucun ne veut la constitution ; mais les constitutionnels en invoquent le maintien pour la faire tourner au profit du roi, et les jacobins en veulent la dissolution pour se défaire du monarque.

» La cour, dont le jeu est de fomenter la division et de se défaire de ses ennemis les uns par les autres, sourit aux jacobins, les élève et les place à la tête des affaires qu'elle aura soin de faire aller fort mal; elle en compose le ministère : le peuple toujours dupe en attend des merveilles. La machine politique ne roule pas mieux sous la main de ces nouveaux ministres que sous celui de leurs devanciers; ils sont congédiés. La foule des mécontens, la disette, le fanatisme, secondent les projets de la cour. Le discrédit des assignats, les troubles intérieurs, la confusion universelle, les revers de l'armée fuyant devant les Autrichiens (avril 1792), tout lui annonce des succès. La crise se prépare, et le moment approche de décider si la France sera gouvernée par un roi absolu ou par des démagogues.

» La cour a pour elle les Suisses, une partie des sections et de la garde nationale; mais la fortune se déclare pour les jacobins; et l'Assemblée tout entière passe en un instant sous le joug de dix ou douze factieux, tels que Brissot, Chabot, Bazire, Condorcet, La Source et quelques autres. Le trône et ses soutiens sont abattus; ce qui échappe le 10 août, tombe le 2 septembre sous le fer des assassins. Le ministère jacobin est rétabli, la république proclamée.

» La république! ah! disons mieux : la révolution du 10 août est l'inverse de celle du 14 juillet. Ici on s'élançait vers la liberté, là on recule vers l'esclavage. Le 10 août ne peut plus que décider si le peuple sera le jouet des rois et des factions. Tel est l'effet des fautes et de l'aveuglement des nobles de la minorité et des constitutionnels, ces premiers chefs de la révolution, que la France a été conduite par eux à cette extrémité funeste de n'avoir plus en perspective que le choix d'un tyran. Si le peuple est vaincu le 10 août, il retombe sous le pouvoir arbitraire d'un seul qu'il avait renversé le 14 juillet. S'il est vainqueur, il tombe sous la plus terrible des tyrannies, sous celle de ses propres excès, ou plutôt celle de la faction qui sera la plus habile à se servir de ces excès pour dominer; car la force populaire n'est qu'un levier que se dispute chaque faction. »

À ces considérations extraites de la *Philosophie de la politique*, par d'Escherny, je joindrai différens morceaux extraits de Soulavie sur les partis qui divisaient la France.

« Le ministère jacobin ne voulant ni se dépopulariser, ni partager avec Louis les dangers des plaintes, outrait les expressions de son patriotisme. Dumouriez parut touché des alarmes du roi. Roland et Clavières continuèrent à se comporter avec lui, le premier en homme inflexible, et le second en fourbe. Servan, mal connu de Louis, voulait conserver la constitution.

» Le roi résolut enfin de les renvoyer. Pour y réussir, il adhéra, dans ses transes, aux moyens d'exécution que lui offrit

Dumouriez, l'un des membres du ministère jacobin. Madame Roland, qui n'avait pu obtenir, des insinuations de son mari qu'elle gouvernait, que le roi sanctionnât le décret sur les émigrés et sur les prêtres, composa la fameuse lettre impérieuse de son mari au roi, qui le menaçait d'une autre révolution. La résistance du trône au vœu des peuples, disait-elle, la rendra *nécessaire*. Elle se donnait l'air de prophétiser, de conseiller et de conduire les destinées de l'État. Elle parlait de l'utilité et de l'obligation d'exécuter ces deux décrets. Le roi, devenu inflexible sur la sanction des décrets qui lui avaient été présentés, méditait déjà dans l'histoire sur les derniers malheurs de Charles Ier. L'abolition de l'épiscopat, que ce prince ne voulut jamais abandonner aux presbytériens, avait été la grande cause de ses malheurs. Louis XVI renvoya donc avec des billets très-laconiques Roland, Servan et Clavières. Roland porta sa lettre au corps législatif qui approuva sa conduite. L'Assemblée invectiva le roi, et déclara que les ministres renvoyés emportaient les regrets de la nation. Les chefs de la Gironde préparèrent en même temps une insurrection. Clavières, qui en avait appris l'art à Genève, en avait indiqué les moyens à Mirabeau, l'enseigna aux chefs de la Gironde, aux frais de l'Angleterre. La terreur inspirée à Louis avait causé l'élévation de ce ministère; la terreur du roi, mieux éclairée, les précipita, et ils avaient encore recours à la terreur pour se relever de la disgrâce du prince.

» La guerre ne fut pas plutôt déclarée, que les dénonciations contre la cour roulèrent sur des intelligences secrètes avec les ennemis. Servan, ministre de la guerre, n'était pas capable de leur abandonner ni les intérêts de la constitution, ni le territoire. Il était d'ailleurs du parti des accusateurs de ce projet. Brissot et Gensonné continuèrent leurs dénonciations en citant le cabinet autrichien. La reine avait effectivement près d'elle quelques personnages qui partageaient ses affections et secondaient ses vues; mais les intrigues de ce parti étaient si impuissantes, les royalistes de 1788, dont les opinions étaient si opposées à celles des royalistes constituans, étaient si déconcertées, et l'on présentait à la cour une si grande variété de projets, que les intrigues de ce temps-là ne feront jamais un chapitre ni suivi ni curieux pour l'histoire de la révolution. Les causes du 10 août sont toutes écrites; elles sont dans les pétitions féroces des révolutionnaires du faubourg Saint-Antoine, grandes puissances trompées dans leurs espérances, dans leurs proclamations; dans les correspondances des jacobins, dans l'audace des girondistes avant le 10 août; dans leur ambition furieuse de gouverner, qui les porta à adopter tous les moyens, soit étrangers, soit internes, pour y réussir. Anéantir l'empire de la reine et destituer Louis XVI étaient les opérations principales qu'ils avaient en vue. Le roi avait nommé une garde constitutionnelle qu'ils se hâtèrent de licencier. Bientôt ils supprimèrent les traitemens accordés aux frères du roi, qu'ils avaient déjà dépouillés par un décret *du droit à la régence* et à la succession à la couronne. Gensonné proposa une police de sûreté générale, invention renouvelée à Genève à chaque révolution, et que Clavières leur inspira.

» Servan proposa aussi à quelques députés le fameux camp de vingt mille hommes. Il a sans cesse assuré qu'il n'avait eu d'autres vues, dans cette mesure, que de réunir une force armée que la marche du roi de Prusse rendait nécessaire. La cour en fut effrayée; la reine appela cette armée projetée *l'armée de vingt mille brigands pour gouverner Paris*. Les royalistes, qui attendaient les Prussiens, en furent déconcertés; ils le furent au point qu'il fut signé la fameuse pétition des huit mille contre le camp des vingt mille. (*Mém. hist. de Louis XVI*, par Soulavie, tome VI.)

« La Gironde était flottante entre l'opinion de Brissot (pour l'ajournement de la déchéance) et l'insurrection des fédérés. En consentant à la déchéance, cette mesure pouvait manquer; en s'y refusant, elle se dépopularisait; car les Marat, les Danton et les Robespierre, conducteurs du mouvement révolutionnaire, ne s'arrêtaient pas. « Vos poignards ne sont-ils pas encore ai-

» guisés (disait Robespierre aux jacobins) : qu'on lise à cette
» jeunesse ardente et guerrière le chapitre de Brutus. Je suis
» persuadé que nous avons autant de Brutus en France que de
» fédérés; et ils comprendront ce qu'il y a à faire dans cette
» circonstance. »

» Le foyer principal de la révolution était aux Cordeliers....
De là le signal partit inopinément dans les sections où le peuple
s'assembla le 9 août à onze heures du soir. Le Gendre présidait celle du Luxembourg. Quelques minutes avant minuit, sa
femme, alarmée de ses propos de la veille, venait l'engager de
se retirer. « Quelle heure est-il donc, mon ami, lui dit-elle,
» pour que tu restes si long-temps à l'Assemblée? — L'heure
» qu'il est? répliqua Le Gendre en sortant sa montre; c'est
» l'heure des révolutions et celle de te retirer. » Il se lève soudain, et donne le signal de l'insurrection. Veut-on connaître
l'esprit de la section des Cordeliers? Voici les personnages qu'elle
députa à la commune : réservant pour les grandes occasions
Danton et Le Gendre, elle envoya Robert, Simon, depuis gardien de Louis XVI, et Billaud de Varennes. Le lendemain elle
députa Fabre d'Églantine, et deux jours après Chaumette et
Lebois, avec le pouvoir illimité de prendre toutes les mesures
nécessaires exigées par les circonstances. Le principe moteur
de tous ces mouvemens était si étranger aux girondins, que
Brissot, voyant les pleins-pouvoirs et les instructions unanimes
des sections, osa s'en moquer. « Vous allez voir, dit-il, que
» leurs pleins-pouvoirs iront jusqu'à nous faire pendre. » Il le
dit et il le fit imprimer dans son journal.

» La cour était dans la plus étrange sollicitude. Le roi montrait de l'embarras. La reine, au contraire, se croyait arrivée
au grand jour du dénoûment et de la victoire. Le roi paraissait
disposer des Suisses du château, de quelques gardes nationales
fidèles, et des gentilshommes enfin qui accouraient pour le secourir. En comparant ces forces à cette poignée de révolutionnaires, de Brestois, de Provençaux qui menaçaient la cour, la
victoire paraissait possible au parti du roi. Malheureusement

pour la cour, ses forces étaient hétérogènes et divisées. Elles étaient commandées par le vieux maréchal de Mailly, capable de tout imaginer et de tout exécuter s'il n'eût été plus qu'octogénaire. On le vit fléchir le genou en présence du roi, tirer l'épée et lui tenir ce langage : « Sire, vous êtes le roi des braves, votre » fidèle noblesse est accourue à l'envi pour vous rétablir sur » le trône de vos ancêtres et pour mourir avec vous : sécon» derez-vous ses efforts? — Je les seconderai, » lui répondit le monarque : paroles imprudentes dans le roi et dans le maréchal, qui, circulant de parti en parti et de rang en rang, déconcertèrent les royalistes aveuglés qui tenaient encore à cette monarchie éphémère des feuillans, qui allait être effacée de la surface de la terre. Le roi faisant la revue de ses troupes, put reconnaître que leur fidélité n'était pas unanime.

» Rœderer, procureur-syndic du département, était accouru auprès du roi. Observateur du ton d'incertitude qui régnait parmi les troupes nationales, et consulté par Louis, il conseille au prince, non d'encourir les dangers et les suites d'une défaite, mais de se retirer dans le sein de l'Assemblée, comme dans un lieu d'une plus grande sûreté. Le roi, se rendant à cet avis, part pour l'Assemblée nationale à travers une foule animée qui vomissait contre lui les plus étranges imprécations. Arrivé à la droite du président : « Je viens auprès de vous, dit-il, pour » empêcher un grand crime ; je me croirai toujours en sûreté, » ainsi que ma famille, au milieu de vous. » Vergniaud, président, répondit quelques paroles insignifiantes et obliques que tous les partis ont dénaturées. Un autre député (Gamon) observa que l'Assemblée ne pouvait délibérer en présence du monarque. Louis descend pour la dernière fois de ce trône mal établi qu'il partageait depuis 1789 avec la démocratie, et passe dans l'humble loge du logographe où il se trouve prisonnier et à portée d'entendre le bruit du canon qui démantelait son château. Le peuple est vaincu du côté de la Seine; au Carrousel il triomphe. Il se ranime en voyant couler le sang des patriotes, et emporte de vive force le château. Une partie des Suisses est massacrée, une autre se sauve du côté du roi dans l'Assemblée nationale ; une autre division conduite à la municipalité, au nombre de quatre-vingts, y est égorgée. » (*Mémoires du règne de Louis XVI*, par Soulavie, tome VI.)

FIN DES ÉCLAIRCISSEMENS HISTORIQUES ET DES PIÈCES OFFICIELLES.

TABLE
DES MATIÈRES.

PREMIER VOLUME.

                                                          Page

Avis des libraires-éditeurs.

Notice.   j

Avant-propos de l'auteur.   1

Chapitre premier. — Cour de Louis XV. — Son goût pour la chasse. — Son caractère. — Il vend des propriétés sous le seul nom de Louis de Bourbon. — Le *déboter* du roi. — Singuliers noms d'amitié qu'il donnait à ses filles. — Leur éducation tout-à-fait négligée. — Prières auprès d'un moribond. — Menuet couleur de rose. — Caractère de Mesdames. — Orgueil tempéré par la peur de l'orage. — Retraite de madame Louise aux Carmelites de Saint-Denis. — Madame Campan trouve la princesse faisant la lessive. — Paroles qu'on lui prête à sa mort. — Grave décision sur le maigre. — Abbé qui se permet d'officier comme un prélat. — Chagrins que cause aux filles de Louis XV son attachement pour madame Du Barry. — Elle assiste au Conseil-d'État. — Elle jette au feu tout un paquet de lettres cachetées adressées au roi. — La cour divisée entre le parti du duc de Choiseul et celui du duc d'Aiguillon. — Les filles de Louis XV peu disposées en faveur du mariage du dauphin avec une archiduchesse d'Autriche.   11

Chap. II. — Naissance de Marie-Antoinette marquée par un désastre mémorable. — Vers du poëte Métastase. — Pressentimens de l'empereur François Ier. — Un trait du caractère de Marie-Thérèse. — Elle ordonne à l'archiduchesse Josèphe d'aller prier dans le caveau destiné à la famille impériale. — Éducation des archiduchesses. — Charlatanisme employé pour faire croire à des connaissances qu'elles n'avaient pas. — Marie-Antoinette a la bonne foi d'en convenir. — Sa modestie, sa facilité pour apprendre. — Instituteurs que lui avait donnés la cour de Vienne. — Instituteur que lui envoie la cour de France. — L'abbé de Vermond. — Comment il est admis au cercle de la famille impériale. — Rôle équivoque qu'il joue à la cour de France. — Son portrait. — Changement dans le ministère français. — Le cardinal de Rohan remplace le baron de Breteuil, comme ambassadeur à Vienne. — Portrait de ce prélat : son luxe, ses prodigalités, ses fautes à la cour de Marie-Thérèse. 35

Chap. III. — Arrivée de l'archiduchesse en France. — Madame de Noailles, sa dame d'honneur. — Comment elle s'attira le surnom de *madame l'Étiquette*. — Brillante réception de la dauphine à Versailles. — Sa beauté, sa franchise : grâce et noblesse de son maintien. — Elle charme Louis XV. — Jalousie de madame Du Barry. — Événement malheureux de la place Louis XV. — Trait de sensibilité de la dauphine. — Mot spirituel. — Anecdotes. — Elle fait son entrée à Paris. — Enthousiasme des habitans. — Froideur du dauphin. — Intrigues de cour. — Société intime du dauphin, des princes ses frères, et de leurs épouses. — Les trois princesses et les deux frères du dauphin jouent la comédie en cachette. — Singulière circonstance qui interrompt ce genre d'amusement. — Les courtisans se rapprochent de Marie-Antoinette et du dauphin. 49

Chap. IV. — Maladie de Louis XV. — Tableau de la cour. — Renvoi de madame Du Barry. — Bougie placée sur une fenêtre, et qu'on souffle au moment de la mort du roi. —

Les courtisans quittent son antichambre pour se précipiter dans les appartemens de Louis XVI. — Départ de la cour pour Choisy. — Terme de la douleur sur la mort du feu roi. — M. de Maurepas, ministre. — Entretien de la reine avec M. Campan au sujet du duc de Choiseul. — L'abbé de Vermond en prend ombrage. — Louis XVI l'aimait peu. — Influence de l'exemple sur les courtisans. — Enthousiasme qu'inspire le nouveau règne. — Révérences de deuil à la Muette. — Anecdote à ce sujet. — On donne injustement à la reine le titre de moqueuse. — Premiers couplets contre elle. — Le roi et les princes, ses frères, se font inoculer. — Séjour à Marly. — La reine désire voir le lever de l'aurore. — Calomnies dont elle est l'objet. — Le joaillier Bœhmer. — Mademoiselle Bertin. — Changement dans les modes. — Hauteur des coiffures. — Étiquettes dont la reine ne peut supporter le joug. — Repas publics servis par des femmes. — Simplicité de la cour de Vienne. — Contributions levées d'une manière touchante par les princes de Lorraine. — Sobriété, décence et modestie extrêmes de Marie-Antoinette. 75

Chap. V. — Révision des papiers de Louis XV par Louis XVI. — L'homme au masque de fer. — Intérêts qu'avait le feu roi dans les compagnies de finances. — Son égoïsme. — Représentation d'Iphigénie en Aulide à laquelle assiste Marie-Antoinette. — Ivresse générale. — Le roi donne le petit Trianon à la reine. — Plaisir qu'elle trouve à y vivre simplement. — Reproches sur sa prodigalité : combien ils sont injustes. — Ses ennemis font courir le bruit qu'elle a donné le nom de Schœnbrunn ou de *petit Vienne* à Trianon : elle en est indignée. — Voyage de l'archiduc Maximilien en France. — Questions de préséances. — Mésaventure de l'archiduc. — Couches de madame la comtesse d'Artois. — Les poissardes crient à la reine de donner des héritiers au trône. — Sa douleur. — Petit villageois recueilli par elle. — Mort du duc de La Vauguyon. — Anecdote. — Portrait de Louis XVI. — De M. le comte de Provence. — De M. le comte d'Artois. — Scènes d'intérieur. — Aiguille d'une pendule avancée chez la reine : à quelle occasion. — Réflexions. 106

Chap. VI. — Hiver rigoureux. — Courses en traîneaux blâmées par les Parisiens. — Liaison de la reine avec madame la princesse de Lamballe. — Elle est nommée surintendante. — Libelle outrageant contre Marie-Antoinette. — Intrigues d'un inspecteur de police. — Il est découvert et puni. — Autre intrigante qui contrefait l'écriture de la reine, pour escroquer des sommes considérables. — Madame la comtesse Jules de Polignac paraît à la cour. — Son caractère noble et désintéressé. — Projets ambitieux de ses amis. — Moyens qu'ils mettent en usage. — Portrait de la comtesse Jules. — La reine se promet de goûter près d'elle les douceurs de la vie privée. — Le comte Jules obtient la place de premier écuyer. — La fortune de sa famille est long-temps médiocre. — La reine se félicite pour la comtesse du gain d'un billet de loterie. — Société de la comtesse Jules. — Portrait de M. de Vaudreuil. — Mot plaisant de la comtesse sur Homère. — La faveur dont jouit la famille de Polignac excite l'envie et la haine des courtisans. — Soirées passées chez le duc et la duchesse de Duras. — Jeux à la mode : *guerre panpan, descampativos*. — Paris se moque de ces jeux et les adopte. — Madame de Genlis y fait allusion dans une de ses pièces de théâtre. 130

Chap. VII. — Le duc de Choiseul reparaît à la cour. — La reine ne peut obtenir sa rentrée au ministère. — Elle protége une tragédie de Guibert. — Paris et la cour en blâment la représentation. — Chute d'une pièce de Dorat-Cubières, qu'on trouvait charmante à la lecture. — Mustapha et Zéangir : la reine obtient une pension de 1200 fr.

pour Chamfort. — Elle appelle Gluck en France, et protége avec succès la musique. — Iphigénie en Aulide : mot de Gluck. — Zémire et Azor : mot de Marmontel. — La reine a peu de connaissances en peinture.— Seul bon portrait qui existe de Marie-Antoinette. — Encouragemens donnés à l'art typographique. — Turgot; M. de Saint-Germain. — Réforme des gendarmes et des chevau-légers : la reine témoigne sa satisfaction de ne plus voir d'*habits rouges à Versailles*. — Plaisirs de la cour. — Spectacles deux fois par jour. — Parodie jouée à Choisy par mademoiselle Guimard. — Fête ingénieuse et galante donnée par M. le comte de Provence à Brunoy. — A l'indifférence du roi pour Marie-Antoinette succèdent les sentimens les plus vifs.—Détails d'intérieur.—Bals masqués de l'Opéra. — Le roi s'y rend une fois et ne s'y amuse pas. — La reine y arrive un jour en fiacre : par quelle aventure.—Bruits calomnieux à ce sujet. — Fatuité des jeunes gens de la cour. — Anecdotes de la plume de héron. — Portrait du duc de Lauzun. — La reine le bannit pour jamais de sa présence. —Autres particularités. —Attachement de la reine pour la princesse de Lamballe et madame la duchesse de Polignac : pureté de cette liaison. — Anecdote concernant l'abbé de Vermond. —Il s'éloigne de la cour et revient ensuite y reprendre ses fonctions. 150

Chap. VIII. — Voyage de Joseph II en France. — Son caractère. — Ses paroles. — L'étiquette est l'objet de ses railleries. — Leur amertume. — Il n'épargne ni les dames de la cour ni la reine elle-même. — Il critique le gouvernement et l'administration. — Anecdotes qu'il raconte sur la cour de Naples. — Il est présenté par la reine et accueilli avec transport à l'Opéra. — Fête d'un genre nouveau que donne la reine à Trianon. — Première grossesse de la reine. — Détails curieux. — Retour de Voltaire à Paris. — Mot de Joseph II. — On délibère sur la présentation de Voltaire à la cour. — Opposition du Clergé. — On décide qu'il ne sera point admis. — Réflexions de la reine à ce sujet. — Duel de M. le comte d'Artois avec le duc de Bourbon. — Assertions du baron de Besenval, dans ses Mémoires, réfutées. — Il ose faire une déclaration à la reine. — Conduite noble et généreuse de cette princesse. — Mot sensé qu'elle prononce. — Retour du chevalier d'Éon en France. — Détails sur ses missions et les causes de son travestissement. — Promenades pendant la nuit sur la terrasse de Trianon. — Anecdotes qui servent de texte aux libellistes. — Madame Du Barry se permet d'assister à l'une de ces soirées. — Concert donné dans un des bosquets. — Couplets contre la reine. — Indignation de Louis XVI contre d'aussi viles attaques. — Odieuse politique du comte de Maurepas. — La reine accouche de MADAME. — Dangers auxquels est exposée la reine. — Réflexions. 174

CHAP. IX. — Paroles que la reine adresse à la princesse qui vient de naître. — Soins bienveillans de la reine pour les gens attachés à son service. — Réjouissances publiques. — Anneau nuptial volé à la reine et restitué sous le sceau de la confession. — L'attachement de la reine pour madame de Polignac s'accroît de jour en jour. — Fausse couche ignorée. — Mort de Marie-Thérèse; douleur de la reine. — Louis XVI parle pour la première fois à l'abbé de Vermond. — Anecdotes sur Marie-Thérèse. — Naissance du dauphin. — Joie de Louis XVI. — Fêtes aussi brillantes qu'ingénieuses. — Discours et compliment des dames de la halle. — Banqueroute du prince de Guéménée. — La duchesse de Polignac est nommée gouvernante des Enfans de France. — Jalousie des courtisans. — Détails curieux sur les voyages de la cour à Marly. — Séjour à Trianon. — Manière d'y vivre. — La reine y joue la comédie avec les personnes de sa société intime. — Ces représentations amusent le roi. — Prétentions du duc de Fronsac. — Sollicitations que ces spectacles occasionent; critiques dont ils sont l'objet. — Guerre d'Amérique. — Franklin. — Son séjour à la cour. — Fêtes qu'on lui donne. — Anecdote ignorée; vers latin placé dans un vase de nuit avec le portrait de Franklin. — M. de La Fayette; vers à sa louange copiés de la main de la reine. — Ordonnance qui n'admet que les gentilshommes au grade d'officier. — Esprit du tiers-état; la cour ne veut porter que des familles nobles aux dignités de l'Église. — Anecdote.   205

Chap. X. — Voyage du comte et de la comtesse du Nord en France. — Leur réception à Versailles. — La reine éprouve un moment de timidité. — Réponse singulière du comte du Nord à une demande de Louis XVI. — Fête et souper à Trianon. — Le cardinal de Rohan pénètre dans le jardin pendant la fête, sans l'aveu de la reine. — Elle en est fort irritée. — Froide réception faite au comte d'Haga (Gustave III, roi de Suède). — Anecdotes. — Paix avec l'Angletetre. — Départ du commissaire anglais établi à Dunkerque. — Joie nationale. — Les Anglais accourent en France. — Détails intéressans. — Nuage léger qui s'élève entre le roi et la reine, promptement dissipé. — Conduite qu'il faut tenir à la cour. — Anecdote. — Mission du chevalier de Bressac auprès de la reine. — Cour de Naples. — Marie-Antoinette ne connaît rien de comparable à celle de France. — La reine Caroline; le ministre Acton. — Débats de la cour de Naples avec celle de Madrid. — Réponse insolente de l'ambassadeur espagnol à la reine Caroline. — Intervention de la France. — Trait de bonté de Marie-Antoinette. — Homme devenu fou d'amour pour elle. — Anecdote. — Marie-Antoinette obtient la révision des jugemens portés contre le duc de Guines et contre MM. de

Bellegarde et de Moutier.—Détails relatifs à ces derniers. — Leur famille reconnaissante vient embrasser les genoux de la reine. — Facilité de la reine à s'exprimer en public. — Elle déroge à l'usage adopté en pareil cas. — MM. de Ségur et de Castries, nommés ministres par le crédit de la reine. — Engagement pris par elle avec M. de Ségur. — Tour perfide joué par M. de Maurepas à M. Necker. — M. de Calonne est nommé contre le vœu de la reine. — Elle commence à sentir les inconvéniens d'une société intime. — Judicieuses réflexions de cette princesse. 239

Chap. XI. — La reine mécontente de la nomination de M. de Calonne.—Million qui lui est offert par ce ministre pour secourir les pauvres; elle le refuse. — Par quels motifs. — Actes et secours de bienfaisance. — Acquisition de Saint-Cloud; à quelle occasion. — Règlemens de police intérieure : *de par la reine*. — Ces mots excitent des murmures. — La reine en témoigne sa surprise. — État de la France. — Beaumarchais. — Le Mariage de Figaro. — Le roi veut connaître la pièce manuscrite. — Lecture qu'en fait madame Campan en présence de Leurs Majestés seules. — Jugement que Louis XVI porte sur la pièce. — Intrigues pour en favoriser la représentation. — Elle est défendue une première fois. — On la joue chez M. de Vaudreuil. — Nouvelles intrigues. — Elle est représentée. — Louis XVI et la reine surpris et mécontens. — Marie-Antoinette en conserve du ressentiment contre M. de Vaudreuil. — Caractère de M. de Vaudreuil. — Anecdote. — Il aspirait à devenir gouverneur du dauphin. — Réflexions de la reine à ce sujet. 268

Éclaircissemens historiques recueillis et mis en ordre par madame Campan. 285

Éclaircissemens historiques et pièces officielles. 321

DEUXIÈME VOLUME.

Pages

Chap XII. — Affaire du collier. — Détails sur le joaillier Bœhmer.—Parure de diamans qu'il avait réunie à grands frais.—Le roi veut en faire présent à la reine qui la refuse.—Bœhmer se jette aux pieds de la reine qui le renvoie sans vouloir acheter le collier. — Il annonce qu'il a placé cette parure à Constantinople.—Billet énigmatique qu'il écrit à la reine. — Entretien de Bœhmer avec madame Campan : il est dupe d'une intrigue. — Madame Campan l'apprend à la reine. — Surprise, indignation de cette princesse. — Conseils du baron de Breteuil et de l'abbé de Vermond. — Le cardinal de Rohan, interrogé dans le cabinet du roi. — On l'arrête. — Détails sur madame de Lamotte et sa famille. — Démarches que font les parens du cardinal. — La reine, ni personne de son service n'avait jamais eu de relations avec la femme de Lamotte. — Détails relatifs au procès. — Le clergé fait des représentations — Arrêt du parlement. — Douleur de la reine — Paroles de Louis XVI. 1

Chap. XIII. — Nomination de l'archevêque de Sens au ministère : joie qu'éprouve l'abbé de Vermond. — La reine est forcée de prendre part aux affaires. — Argent envoyé à Vienne contre son gré. — Anecdotes. — La reine soutient l'archevêque de Sens au ministère. — Joie publique à l'époque de son renvoi. — États-généraux. — La reine et M. le comte d'Artois n'ont pas la même manière de voir. — Ouverture des états-généraux. — Cris de *vive le duc d'Orléans !* — Leur effet sur la reine. — Mirabeau : il demande une ambassade. — Le malheur dispose la reine à des craintes superstitieuses : anecdotes. — Préventions des députés du tiers-état des provinces.

24 *

— Causes de ces préventions. — Mort du premier dauphin. — Anecdotes. 27

Chap. XIV. — Serment du Jeu-de-Paume. — Insurrrection du 14 juillet. — Le roi se rend à l'Assemblée nationale. — Anecdotes. — Spectacle que présentent les cours du château de Versailles. — Particularités singulières — On feint de croire que la salle de l'Assemblée nationale est minée. — Discours du roi qui rejette ces odieux soupçons. — Anecdotes. — Esprit des troupes. — Départ du comte d'Artois, du prince de Condé, du duc et de la duchesse de Polignac. — Elle est reconnue par un postillon qui la sauve. — Le roi se rend à Paris. — Terreurs à Versailles. — La reine veut se rendre à l'Assemblée : discours touchant qu'elle prépare. — Retour du roi : la reine est blessée du discours de Bailly. — Assassinat de MM. Foulon et Berthier. — Plans présentés au roi par M. Foulon, pour arrêter la marche de la révolution. — Mot affreux de Barnave. — Son repentir. 46

Chap. XV. — Création de la garde nationale. — Anecdote à ce sujet. — Départ de l'abbé de Vermond. — La reine presse madame Campan de lui faire le portrait de l'abbé. — Anecdote. — L'abbé fait des conditions à la reine. — Les gardes-françaises quittent Versailles. — Fête donnée par les gardes-du-corps au régiment de Flandre. — Le roi, la reine et le dauphin y assistent. — Journées des 5 et 6 octobre : odieuses menaces proférées contre la reine. — Dévouement d'un garde-du-corps. — On en veut aux jours de Marie-Antoinette. — Fatale circonstance qui expose sa vie. — Il n'est pas vrai que les brigands aient pénétré jusqu'à la chambre de la reine. — On veut que la reine paraisse au balcon : dévouement sublime. — La famille royale se rend à Paris. Marche du sinistre cortége. — Arrivée à Paris : présence d'esprit de la reine. — Séjour aux Tuileries. — Changement dans les esprits:

la reine applaudie avec transport par les femmes du peuple. —Elle refuse d'aller au spectacle. —Vie privée. — Mots spirituels du dauphin. — Anecdote touchante. —On propose à la reine de quitter sa famille et la France. — Noble refus.—Elle consacre ses soins à l'éducation de ses enfans. — Tableau de la cour. — Anecdote concernant Luckner. — Comment les ministres du roi avaient fait naître des préventions contre la reine. — Exaspération des esprits. 64

Chap. XVI. —Affaire de Favras. — Son procès et sa mort. — On présente imprudemment ses enfans à la reine. — Projet formé pour enlever la famille royale.—Anecdote. — Étrange lettre de l'impératrice Catherine à Louis XVI. —La reine ne veut pas devoir aux émigrés le rétablissement du trône. — Anecdote. — Mort de l'empereur Joseph II. — Gravures envoyées par lui à Marie-Antoinette, qui représentaient des moines et des religieuses d'Espagne. — Premier pourparler entre la cour et Mirabeau. — Louis XVI et sa famille habitent Saint-Cloud.— Nouveaux projets d'évasion. 98

Chap. XVII. — Première fédération. — Tentatives d'assassinat contre la reine. —Autre projet formé pour l'empoisonner. — Paroles remarquables de cette princesse. — Scène touchante. — Relation de l'affaire de Nancy écrite par madame Campan, la nuit dans la salle du conseil, sous la dictée du roi. —Madame Campan devient l'objet de dénonciations calomnieuses. —Marques de confiance que lui donne la reine. — Entrevue de cette princesse avec Mirabeau, dans les jardins de Saint-Cloud.—Il traite avec la cour. — Dérisions du parti révolutionnaire. — Pierres de la Bastille offertes au dauphin. — La reine sent augmenter son aversion pour M. de La Fayette. — Projet qu'avaient les princes de rentrer en France par Lyon. — Imprudence des personnes dévouées à la reine.

— Anecdote relative à M. de La Fayette. — Départ de Mesdames. — Mort de Mirabeau. 118

Chap. XVIII. — Préparatifs du voyage de Varennes. — Par qui la reine est observée et trahie. — Anecdotes diverses. — Le départ de madame Campan pour l'Auvergne précède celui de la famille royale pour Varennes. — Madame Campan apprend l'arrestation du roi. — Billet que lui écrit la reine aussitôt son retour à Paris. — Anecdotes. — Mesures prises pour garder le roi aux Tuileries : elles sont insultantes. — Adoucissemens qu'y apportent plusieurs officiers de la garde nationale. — Les chagrins blanchissent les cheveux de la reine. — Barnave, pendant le retour de Varennes, s'attire l'estime et la confiance de Marie-Antoinette. — Sa conduite honorable et respectueuse : elle contraste avec celle de Pétion. — Trait courageux de Barnave. — Ses conseils à la reine. — Particularités sur le voyage de Varennes. 138

Chap. XIX. — Acceptation de la constitution. — Avis de Barnave et de ses amis partagé par la cour de Vienne. — Politique secrète de la cour. — L'Assemblée législative délibère sur le cérémonial à suivre pour recevoir le roi. — Motion insultante. — Louis XVI est reçu avec transport par l'Assemblée. — Il laisse éclater dans son intérieur une douleur profonde. — Anecdote. — Fêtes et réjouissances publiques ; voix sinistre qui se mêle aux acclamations. — Entretien de M. de Montmorin avec madame Campan sur les imprudences continuelles des gens de la cour. — La famille royale va aux Français. — Spectacle changé ; par quel motif. — On se bat au parterre des Italiens. — Double correspondance de la cour avec l'étranger. — Maison civile. — Barnave insiste pour sa formation ; la reine s'y oppose. — Ses malheurs n'altèrent point la douceur de son caractère. — Anecdote sur l'abbé Grégoire. — Plan adopté par la reine pour sa correspondance.

secrète. — Conduite de madame Campan en butte aux attaques des deux partis. — Détails sur la conduite de M. Genet, son frère, chargé des affaires de France en Russie. — Lettre remarquable qu'elle reçoit de lui. — Témoignage écrit rendu par la reine au zèle et à la fidélité de madame Campan. — Le roi vient la voir et lui confirme ces témoignages de confiance et de satisfaction. — Projet d'entrevue entre Louis XVI et Barnave; ce qui fait manquer l'entretien. — Tentatives d'empoisonnement contre Louis XVI. — Précautions prises. — La reine consulte Pitt sur la révolution. — Sa réponse; la reine n'y voit rien que de sinistre. — Les émigrés s'opposent à toute alliance avec les constitutionnels. — Lettre de Barnave à la reine. — Elle est sans résultat. 161

Chap. XX. — Nouveau libelle de la femme de Lamotte. — On propose à la reine de lui vendre le manuscrit : elle refuse. — Le roi l'achète. — Anecdote. — La reine fait ses pâques en secret, en 1792. — Elle n'ose accorder sa confiance au général Dumouriez. — Derniers avis de Barnave. — Il quitte Paris et la reine qui lui donne, pour récompense, sa main à baiser. — Grossière insulte faite à la reine par un homme du peuple. — Abattement du roi. — Journée du 20 juin. — Détails, anecdotes. — Plastron porté par le roi lors de la seconde fédération. — Ses pressentimens funestes : sa résignation héroïque. — Douleur déchirante de la reine, en songeant à ses enfans. — Elle refuse de porter un plastron pour la cérémonie du 14 juillet 1792. — Bonté du roi pour madame Campan. — Armoire de fer. — Porte-feuille confié par Louis XVI à madame Campan. — Importance des pièces qu'il contenait. — Démarche de M. de La Fayette : pourquoi elle est sans succès. — Un assassin se cache dans les appartemens de la reine. — Trait honorable de cette princesse. 196

Chap. XXI. — Relations de madame Campan avec M. Bertrand de Molleville pour le service du roi. — Espoir d'une prochaine délivrance. — Réflexions de la reine sur le caractère de Louis XVI. — Outrage à la majesté royale. — Anecdote. — Sommes considérables offertes au roi par des serviteurs fidèles. — Enquête faite par la princesse de Lamballe sur les personnes de la maison de la reine. — Situation de la famille royale qu'on insulte même à la messe. — Dix août. — Particularités très-curieuses. — Combat. — Scènes de carnage. — Circonstances inespérées auxquelles madame Campan doit son salut. — Elle se rend auprès de la famille royale aux Feuillans. — Anecdotes. — Paroles remarquables et touchantes prononcées par la reine. — Détails pleins d'intérêt sur le séjour de la famille royale aux Feuillans. — Nobles mouvemens de la reine. — Traits qui peignent son attachement pour la France. 228

Conclusion. — Pétion refuse à madame Campan la permission de s'enfermer au Temple avec la reine. — Elle excite les soupçons de Robespierre. — Visites domiciliaires. — Madame Campan ouvre le porte-feuille qu'elle a reçu du roi. — Papiers qu'il renfermait avec les sceaux de l'État. — Correspondance secrète de Mirabeau avec la cour. — Elle est détruite ainsi que les autres papiers. — Seule pièce conservée. — Elle est remise à M. de Malesherbes au moment du procès de l'infortuné Louis XVI. — Fin des Mémoires. 262

Éclaircissemens historiques recueillis et mis en ordre par madame Campan. 274

Éclaircissemens historiques et pièces officielles. 342

TROISIÈME VOLUME.

SOUVENIRS, PORTRAITS ET ANECDOTES.

	Pages
Avant-propos de l'auteur.	1

Anecdotes du règne de Louis XIV.

Sur les termes en usage dans le service de table à la cour. — Molière dédommagé par Louis XIV des dédains des officiers de la chambre.	8
Faveur accordée par le roi à un de ses contrôleurs qui avait été conduit de la salle de spectacle de Versailles par un chef de brigade des gardes-du-corps.	10
Réponse du roi à un de ses porteurs de chaise, nommé d'*Aigremont*, qui s'était permis de lui présenter le placet d'un abbé.	11
Bazire et *Soulaigre*, valets de chambre du roi, restent interdits par l'air imposant de Louis XIV, auprès de qui ils venaient en réclamation. — Réponse plaisante du roi.	13

Anecdotes du règne de Louis XV.

Nouvelle de l'assassinat du roi apportée dans une maison où madame Campan se trouvait dans son enfance. — Aveux de Damiens qui prouvent l'excès de sa scélératesse.	19
Propos brusques qu'emploie M. de Landsmath auprès du	

	Pages
roi qui venait d'être frappé par Damiens, pour le rassurer sur le danger de sa situation.	22
Réponse de M. de Landsmath au roi qui avait voulu savoir son âge.	26
Épreuve que fait le roi de la fermeté d'ame de M. de Landsmath, et réponse de celui-ci.	27
Mot du roi en accordant à M. Campan une charge de maître de la garde-robe dans sa maison.	28
Comment mademoiselle de Romans devient maîtresse du roi. — L'abbé de Bourbon, son fils, meurt à Rome au moment où il allait avoir le chapeau de cardinal.	29
Louis XV, pendant plusieurs hivers, fréquente *incognito* les bals du bas-peuple.	32
Trois écoliers se déguisent en Arméniens pour être bien reçus à Versailles.	37
Le roi aimait à parler de la mort, quoique la craignant. — Réponse que lui fait un paysan.	39
Madame de Marchais, femme du premier valet de chambre du roi, célèbre par son esprit et par son crédit qu'elle employait avec succès en faveur des prétendans aux fauteuils de l'Académie. — Elle vivait encore à Versailles dans les premières années du règne de Napoléon.	40
Contrat de vente passé entre Sévin, premier commis de la guerre, et Louis XV, qui avait pris l'habitude de séparer *roi de France* de *Louis de Bourbon*, et traitait sous ce nom de ses affaires personnelles comme un simple particulier.	42
Madame de Périgord refuse les bonnes grâces du roi, qui lui écrit par la suite une lettre flatteuse en lui accordant la place de dame d'honneur de Mesdames ses filles.	46

Le comte d'Halville, d'une très-ancienne maison de la Suisse, arrête les propos légers d'un garde-du-corps envers la noblesse de son pays. 47

Mot de Louis XV, qui prouve que les parlemens n'auraient jamais obtenu son consentement pour la convocation des états-généraux. 49

Causes naturelles de la mort du dauphin, père de Louis XVI, et de la dauphine, princesse saxonne, en réponse à tous les bruits d'empoisonnemens répandus par Soulavie 50

Anecdotes relatives à Marie Leckzinska.

Marie Leckzinska devait épouser le duc d'Estrées. — Mot de cette princesse à la duchesse de ce nom qui était venue lui faire sa cour à Versailles. — Son portrait. — Elle avait peur des revenans. 57

Douleur que ressent la reine lors de la nomination de madame Le Normand d'Étioles, marquise de Pompadour, à la place de dame de son palais. — Éloges humilians qu'elle accorde à la beauté de la marquise, et petite vengeance qu'en tire celle-ci, malgré le respect qu'elle avait pour la reine. 59

Réponse d'une ambassadrice à la reine qui lui avait fait souvent la question si elle était grosse. — Contraste entre Marie Leckzinska et Marie-Antoinette relativement à l'étiquette. 63

Marie Leckzinska passait pour avoir de grands talens. — Doutes à ce sujet, et preuves dont ils sont appuyés. 68

Le duc, la duchesse et le cardinal de Luynes étaient les amis particuliers de la reine. — Amabilité du président Hénault; il conçoit le plan d'une fête pour madame de Civrac sur la route qu'elle devait parcourir en se rendant aux eaux. — Le cardinal de Luynes, dans sa vieillesse, avait l'habitude de débiter ses homélies dès cinq heures du matin, à la paroisse de Fontainebleau. 71

Préventions de la reine contre la princesse de Saxe, qui avait épousé le dauphin en secondes noces. 76

La princesse de Tallard, gouvernante des enfans de France, se retire de la cour. — Chagrin de la reine à ce sujet. 77

Naïveté du comte de Tessé, premier écuyer de la reine. 78

La canne du maréchal de Villars. 79

Courage et gaieté que montre Stanislas Leckzinski, lors de l'accident dont il mourut. 80

Anecdotes du règne de Louis XVI.

La reine Marie-Antoinette va visiter à Marly une personne qu'on croyait d'un haut rang, et qui s'était retirée dans une chaumière. — Ce qu'était cette femme. 85

Moyens employés par l'abbé de Vermond pour faire secouer à Marie-Antoinette, encore dauphine, le joug de l'étiquette. 87

Le théâtre était à la cour le fond de toutes les conversations. 88

Madame Louise, dans sa retraite, se livrait aux intrigues du clergé. 89

Motifs de l'inimitié qui s'était établie entre la reine et madame de Genlis. 90

Douleur du roi à la mort de M. de Maurepas. — Il avait le mérite de dérober la faiblesse du caractère de Louis XVI aux yeux de l'Europe entière. 92

Reconnaissance des Parisiens pour les secours qui leur sont accordés par le roi et la reine dans l'hiver de 1788. 93

DU TROISIÈME VOLUME. 381
Page

Dès l'âge de vingt-cinq ans, la reine ne se livrait plus à la parure, excepté les jours de grande réunion à la cour, et les jours de cérémonies. 97

Fausse démarche de M. Augeard, secrétaire des commandemens de la reine et fermier-général, qui fit croire que cette princesse disposait de tous les emplois de finance. — La reine en est affligée, et fait rendre justice à des particuliers qui avaient réclamé auprès d'elle plusieurs de ces emplois qui leur étaient dus. 99

La reine se fait la protectrice du chevalier d'Orville qui sollicitait en vain depuis quatre ans, auprès du ministre de la guerre, une place de major ou de lieutenant de roi. 101

Mot plein de sensibilité adressé par la reine à M. Loustonneau, lorsqu'il fut nommé premier chirurgien du roi. 102

Appréhensions de la reine, lors de la convocation des états-généraux. 104

Extrait des différentes lettres de madame Campan, première femme de chambre de la reine, du 5 octobre au 31 décembre 1789. 106

Opinion de la reine sur la noblesse. 111
Fautes politiques qui ont amené la révolution française. 112
Contestation entre l'empereur Joseph II et les Provinces-Unies. 121

Anecdotes diverses.

La femme de Lamotte a causé en grande partie les malheurs de Marie-Antoinette. — Effronterie d'une jeune fille qui prétendait avoir été séduite par M. Baret, curé de Saint-Louis. 127

L'abbé de cour. 132

Sur la cour. 133

	Pages
Réponse à M. Lacretelle le jeune, au sujet de son ouvrage.	136
Sur un portrait de Marie-Thérèse.	140
Pour mon fils. (Le 6 brumaire an v de la république, 29 novembre 1797.) A Saint-Germain-en-Laye.	141
Pour mon fils : sa famille maternelle.	147
Fragment d'une lettre de madame Campan à son fils.	156
Quelques notes sur sa conduite auprès de la reine.	159

LETTRES DE DEUX JEUNES AMIES,
SUR LA MAISON D'ÉCOUEN.

AVIS DES LIBRAIRES-ÉDITEURS.	171
LETTRES.	173
ÉCLAIRCISSEMENS HISTORIQUES ET PIÈCES OFFICIELLES.	305

FIN.

www.ingramcontent.com/pod-product-compliance
Lightning Source LLC
Chambersburg PA
CBHW070439170426
43201CB00010B/1154